相关资助来源：国家旅游局面上项目（编号：14TABG014）
课题项目名称：旅游目的地新媒体营销中负面偏差形成及引导机制研究

经济管理学术文库·管理类

旅游目的地新媒体
营销中偏差形成及引导机制研究

Research on the Formation and Guiding Mechanism of Bias in
New Media Marketing of Tourism Destination

陈旭辉／著

图书在版编目（CIP）数据

旅游目的地新媒体营销中偏差形成及引导机制研究/陈旭辉著 . —北京：经济管理出版社，2020.10

ISBN 978 – 7 – 5096 – 7501 – 4

Ⅰ . ①旅… Ⅱ . ①陈… Ⅲ . ①旅游业—网络营销—研究—中国 Ⅳ . ①F592.68

中国版本图书馆 CIP 数据核字（2020）第 168249 号

组稿编辑：曹　靖
责任编辑：张巧梅
责任印制：黄章平
责任校对：董杉珊

出版发行：经济管理出版社
　　　　　（北京市海淀区北蜂窝 8 号中雅大厦 A 座 11 层　100038）
网　　　址：www.E – mp.com.cn
电　　　话：（010）51915602
印　　　刷：唐山昊达印刷有限公司
经　　　销：新华书店
开　　　本：720mm×1000mm/16
印　　　张：16.75
字　　　数：272 千字
版　　　次：2020 年 12 月第 1 版　2020 年 12 月第 1 次印刷
书　　　号：ISBN 978 – 7 – 5096 – 7501 – 4
定　　　价：88.00 元

·版权所有　翻印必究·

凡购本社图书，如有印装错误，由本社读者服务部负责调换。
联系地址：北京阜外月坛北小街 2 号
电话：（010）68022974　　邮编：100836

前　言

多项研究表明，借助新媒体的口碑信息是做出旅游目的地选择的关键因素。但是，在旅游目的地新媒体营销中，游客对于出现的负面信息往往"宁可信其有，不可信其无"，而对正面信息信任度偏低。这种正向信息影响力低于负向信息的现象被称为"负面偏差"（Negativity Bias）。

在现实生活中，负面偏差有以下两种表现：第一，由于负面信息更显著，所以比起正面信息，消费者更加关注负面信息；第二，由于负面信息更加具有相关性、更加特别，所以消费者更愿意相信负面消息。负面偏差是公众面对多元化网络信息时所产生的心理错觉，往往倾向高估负向信息，低估正向信息，而这种现象会降低旅游目的地的形象和营销传播效果。

通过对负面偏差心理因素的分析，本书归纳为关系偏差和内容偏差，这也是本书主要逻辑框架。其中，关系偏差主要体现在传播者与受众之间，霍夫兰认为信源可信性是导致传播效果的决定性因素，格兰诺维特在《弱关系的力量》一书中将社会网络关系分为强关系和弱关系，后续研究也聚焦于何种社会关系有助于建立相互的信任，例如 Brown（2005）的实证研究也表明了关系强度较高者的信息传播对受众的行为影响力明显大于关系强度较弱者，其中意见领袖处于社会网的中心位置，是产生关系偏差的重要来源。

内容偏差是通过内容信息从而影响受众，而受众通过隐含在内容中的线索进行判断，其中，信息内容越生动具体，信息判断能力越强，其被受众采用的可能性就越大。此外，在网络口碑中，网民意见往往带着某种情绪，邱凌云（2008）通过心理实验的方法也证实了情绪化网络信息比非情绪化网络信息具有更大的说服效果。Zoey Chen 等（2013）通过在网络评论中加入时间线索信息，将正面评论归因于产品体验，从而削弱了负面偏差。

与其他相关研究比较，本书在以下方面有所创新：

第一，针对关系偏差，本书从意见领袖识别量表、社交媒体关系互动等多个方面展开了研究。以往的意见领袖识别更多通过心理学量表，这是一种自我评价方法，近年来兴起的社会网络分析方法，通过他人评价方法识别意见领袖更为精准，因此本书通过这两个方法比较，对意见领袖量表的适用范围进行了界定。最后通过"青岛天价虾"案例研究，以社交媒体关系互动视角，对该负面事件中的正面声音传播效果进行研究，从而判断在关系层面如何完成负面偏差引导。

第二，针对内容偏差，本书从受众心理、传播者发布、传播内容线索层面展开了研究。其中，本书从"议题属性"和"社会心理"双重视角，对网民意见表达影响因素进行了总体分析。此外，选择山东旅游局官方微博进行了内容分析，明确微博传播效果优化策略。最后，从传播内容角度，分别选择时间线索、影视旅游、共现效应等方面进行了量化研究。

第三，研究方法上引入了网络文本大数据方法。在新媒体营销的负面偏差研究中，城市旅游形象评价是一个难点，因此，本书中部分内容创新采用了网络文本数据构建评价指标体系，并完成了指标体系效度检验。

第四，旅游目的地新媒体营销的负面偏差现象消除，不仅仅是通过传播才能实现，更是从消费者体验优化角度中实现。因此，本书最后对京津冀的旅游消费展开调研分析，从而挖掘旅游目的地旅游消费瓶颈，有的放矢地提供解决方案，这也是从服务质量角度，从根本上加以解决。

本书研究选题起始于作者2011年的博士学位论文，其后持续展开对网络舆论引导问题的一系列研究，并在之后陆续获得基金资助，其中，2012年获得教育部人文社科项目基金资助（课题名称"当前我国网络舆论中意见领袖形成机制研究"，课题编号12YJC860007，结项）、2014年获得国家旅游局面上项目资助（课题名称"旅游目的地新媒体营销中负面偏差形成及引导机制研究"，课题编号14TABG014，结项）、2016年获得国家社科基金面上项目（课题名称"区域旅游目的地社交媒体营销中负面偏差引导机制研究"，课题编号16BGL120，在研），因此，本书是上述系列课题中的部分成果，在此作者首先对以上基金资助表示感谢。其次感谢多位研究生同学合作研究工作，具体参与工作如下：第三章（胡玉云、张曦元、刘书言、夏正正、杜静雅、陈孟婷）、第四章（支旭、刘涛、李玉如、苏惠、赵芮)、第五章(杨浩宇、苏醒、王琦英、刘洋、张雨、周晓晔、王娟),此外还有天津中医药大学管理学院的崔丽霞老师(第二章),是他们的参与和合作使得本人能够比较系统地去探讨和研究负面偏差问题。此外,还要感谢北京市消费者协会提供的旅游消费体验调查课题机会,让作者能够近距离了解旅游消费中的问题,从而进一步丰富本书的研究内容。同时,还要感谢天津财经大学商学院领导和市场营销专业各位同仁给予的支持和帮助,是他们创造的良好学术氛围让作者能够安心于学术研究。另外,在本书多处采用了海量大数据系统平台的数据采集和分析功能,在此感谢天津海量信息技术股份有限公司的支持。最后,感谢经济管理出版社编辑的辛勤劳作,让本书得以顺利出版。限于作者研究局限,本书的研究还存在很多问题和不足,敬请各位专家和读者批评指正,提出宝贵意见,以促使我们的后续研究持续深入。在此,一并予以感谢!

陈旭辉
2020 年 5 月 25 日

目　录

第一章　负面偏差研究概述 …………………………………………………… 1

第一节　负面偏差研究意义 …………………………………………………… 3
一、理论意义 ……………………………………………………………… 3
二、现实意义 ……………………………………………………………… 3
三、研究框架 ……………………………………………………………… 3

第二节　相关理论综述 ………………………………………………………… 4
一、网络口碑 ……………………………………………………………… 5
二、负面偏差 ……………………………………………………………… 7
三、关系偏差 ……………………………………………………………… 8
四、内容偏差 ……………………………………………………………… 13

第二章　关系偏差：意见领袖影响力 ………………………………………… 47

第一节　意见领袖的识别偏差及影响因素研究 ……………………………… 47
一、研究问题的提出 ……………………………………………………… 47
二、相关理论综述 ………………………………………………………… 48
三、研究设计 ……………………………………………………………… 50
四、数据分析 ……………………………………………………………… 52
五、总结与讨论 …………………………………………………………… 57

第二节　基于社交媒体关系互动的旅游城市形象负面偏差引导策略 ……… 59
一、引言 …………………………………………………………………… 59
二、相关文献综述 ………………………………………………………… 60

三、数据采集及分析方法 …… 62
四、研究结果 …… 64
五、结论与启示 …… 71

第三章　内容偏差：文本说服力 …… 74

第一节　网民意见表达影响因素研究 …… 74
一、引言 …… 74
二、相关理论综述 …… 75
三、研究设计 …… 76
四、主要研究发现 …… 80
五、总结与讨论 …… 84

第二节　旅游目的地新媒体内容策略研究 …… 85
一、旅游目的地官方微博研究案例选择 …… 85
二、研究方法设计 …… 86
三、山东旅游局官方微博内容的传播效果 …… 89
四、山东旅游局官方微博标题的传播效果 …… 95
五、总结与讨论 …… 99

第三节　时间线索对网络口碑负面偏差修正效果研究 …… 100
一、研究设计 …… 100
二、概念操作定义 …… 101
三、主要研究发现 …… 103
四、结语与讨论 …… 108

第四节　基于网络文本数据分析的国内影视旅游发展现状研究 …… 109
一、研究背景与意义 …… 109
二、研究思路 …… 110
三、研究结果 …… 113
四、结论和建议 …… 126

第五节　国内省级旅游局官方微信文章共现效应分析 …… 127
一、引言 …… 127

二、相关理论综述 ………………………………………………… 128
　　三、研究设计 ……………………………………………………… 130
　　四、分析结果 ……………………………………………………… 133
　　五、对策分析 ……………………………………………………… 136

第四章　基于网络文本的城市旅游形象评价研究 …………………… 140

第一节　引言 …………………………………………………………… 140
　　一、研究背景 ……………………………………………………… 140
　　二、研究目的与价值 ……………………………………………… 142

第二节　城市旅游形象文献综述 …………………………………… 143
　　一、城市旅游形象的作用 ………………………………………… 143
　　二、城市旅游形象评价方法 ……………………………………… 145

第三节　城市旅游形象评价思路 …………………………………… 147
　　一、研究对象及数据来源 ………………………………………… 147
　　二、构建城市旅游形象指标体系 ………………………………… 149
　　三、构建城市旅游形象专属词库 ………………………………… 152
　　四、构建城市旅游形象评分规则 ………………………………… 156

第四节　城市旅游形象评价结果 …………………………………… 159
　　一、原始数据评价 ………………………………………………… 159
　　二、赋权结果评价 ………………………………………………… 162
　　三、模型校验 ……………………………………………………… 169
　　四、最优模型评价 ………………………………………………… 172

第五节　研究结论与建议 …………………………………………… 179
　　一、研究结论 ……………………………………………………… 179
　　二、发展建议 ……………………………………………………… 180

第五章　京津冀旅游消费体验式调查结果 …………………………… 184

第一节　调查背景和意义 …………………………………………… 184
第二节　调查内容和方法 …………………………………………… 185

一、调查内容 ………………………………………………… 185
　　二、调查方法 ………………………………………………… 190
第三节　体验式调查结果 …………………………………………… 193
　　一、总体结果 ………………………………………………… 193
　　二、在线旅游平台 …………………………………………… 194
　　三、旅行社 …………………………………………………… 195
　　四、景区 ……………………………………………………… 199
　　五、退团调查 ………………………………………………… 199
第四节　网络文本调查结果 ………………………………………… 203
　　一、调查指标和方法 ………………………………………… 203
　　二、总体结果 ………………………………………………… 210
　　三、京津冀主要景区"旅游消费问题"调查结果 ………… 214
　　四、京津冀旅游消费"政府监管"调查结果 …………… 227
第五节　结论与建议 ………………………………………………… 232
　　一、研究结论 ………………………………………………… 232
　　二、对策建议 ………………………………………………… 234

参考文献 ………………………………………………………… 238

第一章　负面偏差研究概述

2020年4月28日,中国互联网信息中心(CNNIC)发布《第45次中国互联网络发展状况统计报告》,截至2020年3月,我国网民规模为9.04亿人,互联网普及率达64.5%,我国手机网民规模达8.97亿人,我国网民使用手机上网的比例达99.3%。庞大的网民构成了中国蓬勃发展的消费市场,也为数字经济发展打下了坚实的用户基础。

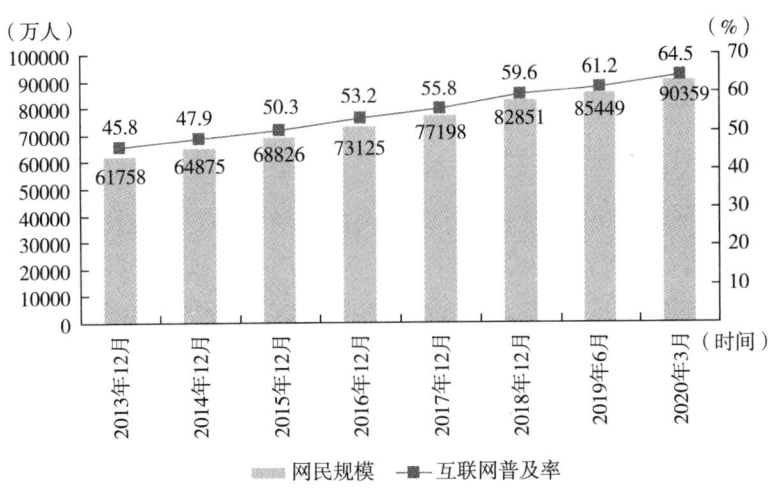

图1-1　中国网民规模和互联网普及率

资料来源:CNNIC中国互联网络发展状况统计调查。

互联网尤其是移动互联网的快速发展,给旅游目的地新媒体营销提供了良好的媒体应用基础,也使得旅游信息分享更为方便、及时。截止到2020年3月,我国在线旅游预订规模达3.73亿人。60.8%的用户在过去一年中有过旅游经历分享行为,通过在景点拍摄照片和短视频进行分享,数字化应用成为旅游预订行业发展新动能,这种旅游行为的线上化趋势重新塑造了用户旅行预订的决策习惯。

图1-2 2015~2020年在线旅行预订用户规模及使用率

资料来源:CNNIC中国互联网络发展状况统计调查。

在线旅游预订的持续上升,也从侧面验证了旅游市场的持续繁荣。早在2014年8月,国务院出台的《关于促进旅游业改革发展的若干意见》中就提到,"以转型升级、提质增效为主线,推动旅游产品向观光、休闲、度假并重转变,满足多样化、多层次的旅游消费需求;推动旅游开发向集约型转变,更加注重资源能源节约和生态环境保护,更加注重文化传承创新,实现可持续发展;推动旅游服务向优质服务转变,实现标准化和个性化服务的有机统一。到2020年,境内旅游总消费额达到5.5万亿元,城乡居民年人均出游4.5次,旅游业增加值占国内生产总值的比重超过5%"。

可以看出,旅游已经上升为国家战略层面,未来可供游客选择的旅游目的地也将日益增多。结合前面移动互联网的快速发展,微博微信等新媒体逐渐占据游客媒体接触习惯的主要类型,这也促使网络口碑信息传播呈现指数化特点,一旦引爆某个评论事件,将迅速占据网络口碑场的主流位置。在旅游目的地信息传播中,这也是非常重要的时代特色和背景,亟待加强并给出解决策略。

第一节　负面偏差研究意义

一、理论意义

以往的研究基本都是在认可新媒体网络口碑影响具有强大影响力的前提下进行的,但是由于负面偏差的存在,正负向新媒体信息对于受众的影响力是存在差异的。本书通过对旅游目的地新媒体营销中负面偏差形成影响因素分析,提出削弱负面偏差的引导机制,从而推动旅游目的地新媒体营销效果研究更深入一步,具有较高的理论价值。

二、现实意义

旅游目的地新媒体营销活动初期,由于信息不对称,公众基于风险规避考虑,更易引起网络传播负面偏差现象。本书通过对新媒体营销中负面偏差形成及引导机制研究,在旅游目的地新媒体营销方面,更加清晰准确地传递正面信息,从而提升营销传播效果。

三、研究框架

将研究内容整理为如下逻辑框架,加粗线条为负面偏差形成及引导路径。

本书的主要框架包括三个方面:

(一) 负面偏差形成影响因素研究

吸取并借鉴新媒体营销影响力效果方面的研究成果,从传播过程入手,分别涉及传播者身份、信息特征、受众心理三个层面;其中,传播者身份与受众心理之间构成了关系偏差,信息特征与受众心理之间构成了内容偏差,这两种偏差同时对受众心理产生影响,并存在交互作用。

(二) 负面偏差引导机制研究

根据负面偏差形成的影响因素研究结论,在虚拟关系和网络口碑内容两方面

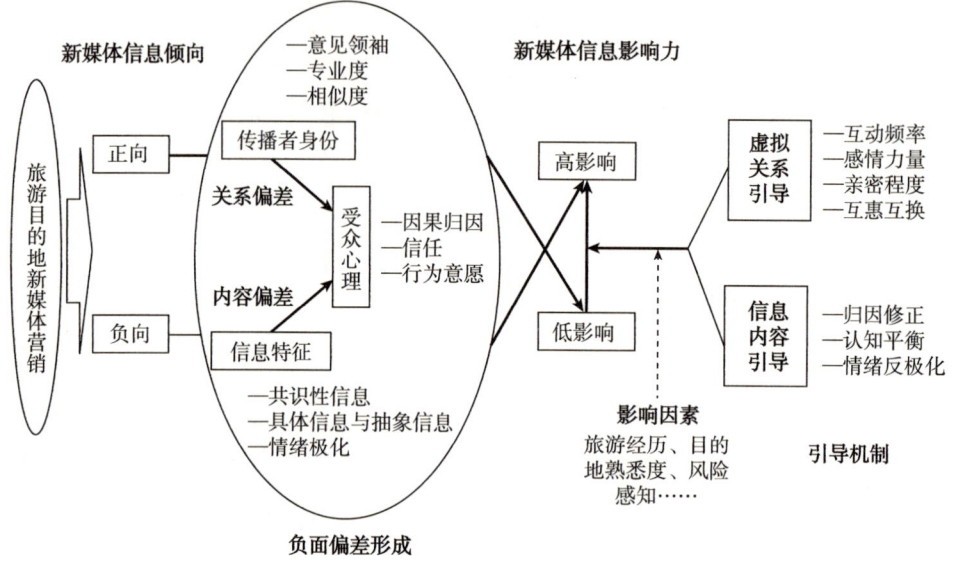

图1-3 研究框架

进行引导修正。这两个引导过程也存在交互作用，因此，通过实验设计，揭示出负面偏差引导的关键因素和心理作用过程，最终提出旅游目的地新媒体营销的负面偏差引导机制。

（三）影响引导效果的因素研究

负面偏差的引导效果还会受某些因素影响，例如网民旅游经历、目的地熟悉度、风险感知等，考察这些变量如何对信息内容引导和虚拟关系引导过程产生影响，并形成理论假设；找出影响负面偏差引导过程的调节因素，并探讨它们之间的交互作用。

第二节 相关理论综述

多项研究表明，借助新媒体的口碑信息是做出旅游目的地选择的关键因素（Shanka，2002；Janet H. & Stephen Kelly，2005；徐菊凤，2006）。但是，在旅游目的地新媒体营销中，游客对于出现的负面信息往往"宁可信其有，不可信其无"，而对正面信息信任度偏低。消费领域也存在类似现象，即正面在线评论对产品销售的影响力低于负面在线评论（Basuroy 等，2003；Chevalier 和 Mayzlin，2006；丁汉青，2012）。这种正向信息影响力低于负向信息的现象被称为"负面偏差"（Negativity Bias）（Baumeister 等，2001；Rozin 和 Royzman，2001）。

负面偏差是公众面对多元化网络信息时所产生的心理错觉，往往倾向高估负向信息，低估正向信息，而这种现象会降低旅游目的地形象和营销传播效果。

一、网络口碑

（一）网络口碑的内涵

1957 年，Brooks Jr. 和 Robert 率先在营销界发表了强调口碑在新产品销售中发挥着重要作用的论文，提出了口碑营销（Word of Mouth Marketing，WOMM）的概念。随着互联网技术的发展，传统的口碑传播逐渐发展成网络口碑。网络口碑（Internet Word – of – Mouth）也称为电子口碑（Electronic Word – of – Mouth）、鼠碑（Word – of – Mouse）、在线口碑（Online Word – of – Mouth）、虚拟口碑（Virtual Word – of – Mouth）等（毕继东，胡正明，2010）。具体的形式有：大众点评网（www.dianping.com）、专门的评价网站［如驴评网（www.lvping.com）］、在线消费和预订后的网络评价、电子邮件和在线论坛等。

由于研究目的的差异，不同学者对口碑内涵的理解也不尽相同，Stauss（1997）认为，网络口碑是指顾客通过公司网站的新闻群、留言板等处发表自己的意见、询问产品信息，来表达自己对公司的赞扬、抱怨和投诉不满。不过当时在线网络口碑的传播媒介仅仅局限于公司网站，而随着社会的发展，在线网络口碑的内涵也在不断丰富发展。Henning Thurau（2004）认为，公司先前、实际或者潜在的顾客对产品的正面或者负面的评论就是网络口碑，网络口碑传播方式可能是在线论坛、新闻组等，内容还包括对公司产品的体验、产品的价格等特征的评价，阅读网络口碑的顾客会对自己认为可信的评价做出反应，该定义强调了网络口碑的强交互性和多途径性。Stephen Ronald Bing（2007）则将网络口碑定义为：网络口碑是指顾客之间通过网络技术交流的所有关于产品的服务的具体特性、使用或提供商的信息沟通。本书采用 Henning Thurau（2004）提出的关于口碑的定义。

（二）网络口碑的主要传播形式及其与在线评论的关系

Biekart 和 Sehindle（2002）在其研究中发现，消费者可经由在线评论、邮件包裹、讨论区、分散式邮件系统、一对一邮件、聊天室与即时信息七种网络口碑传播形式来获取所需的资讯。其中，在线评论（Online Review）是指消费者基于自己的产品使用经历在网站上发布的各种评论，包括消费者的使用经历、评价和意见。在线评论是最重要的一种网络口碑形式，其作为一种新兴的市场现象，已成为一种日益流行和重要的产品信息渠道，在消费者购买决策中扮演着越来越重要的角色。Bickart 和 Schindier（2001）认为在线评论是让消费者发表个人产品意见的平台，可以存在于商业销售网站、产品网站、个人主页或消费者抱怨等网站。不同于网络口碑的其他形式，在线评论的内容在网络上通常持续在1年以上，一般的消费者都能获得。因此，在线评论是消费者比较容易获得的一种网络口碑形式，本书所探讨的网络口碑也主要是指在线评论。

（三）有关网络口碑的相关研究成果

近年来，随着网络口碑的影响力逐渐被人们所发现，很多研究者从消费者的理性视角出发，从认知途径、感知风险和感知价值等方面入手，运用认知适配理论、卷入理论、详尽可能性模型和负面效应等理论方法，对网络口碑做了一系列研究，本书对有关研究成果进行了归纳总结。

（1）从认知途径出发，针对网络口碑对消费者行为的影响的研究主要是从网络口碑可信度的影响因素、网络口碑对消费者购买意向的影响和网络口碑的说服理论这几方面进行研究的，并且取得了不错的研究成果。

（2）从感知风险角度出发，主要研究了网络口碑信息与消费者感知风险的关系，得出了网络口碑信息是降低消费者感知风险的主要手段（Murray，1991）；消费者的风险感知度越高，对口碑的依赖就越大，口碑对其购买行为的影响也就越大（Voyer，1998）等结论。

（3）顾客感知价值是指顾客在购买产品或服务时，在对其感知到的利益与付出的成本进行权衡之后，对产品或服务所做出的总体性评价。近年来，国内外有关研究者对感知价值、网络口碑和消费者行为进行了较多的研究，并得到了重要的研究结论，比如 Hartline（1996）的研究表明了积极的口碑传播意愿与消费者对质量和价值的感知呈正相关关系；在国内，相关的研究表明：正面的网络口碑对感知价值有正影响，进而正向影响顾客的购买意向（李欣，2010），而负面的网络口碑会降低消费者的感知价值，进而阻碍消费者的购买意向（杨雪青，2011）。

从上述的归纳总结，我们可以看出关于网络口碑现有的研究主要是从认知途径、感知风险和感知价值三个方面进行的，研究成果表明，网络口碑对消费者态度和行为的影响力受到传播者、传播机制和接收者等多方面因素的共同作用，再者消费者对正面口碑和负面口碑的态度倾向是不一致的，这种不一致的态度倾向影响着他们的感知价值和购买意向。

二、负面偏差

（一）网络口碑倾向

根据口碑倾向的不同，我们可以将口碑分为正面口碑和负面口碑，在上面的文献综述中，我们发现正面的网络口碑对于感知价值有正向影响，进而正向影响顾客的购买意向；而负面的网络口碑则会降低消费者的感知价值，进而影响消费者的购买意向。白宫消费者事务办公室的一项研究发现，90%对公司不满意的顾客不会再与该公司做生意。这些顾客平均可能至少向9个人抱怨，其中13%的人将会继续向至少30人诉说他们不愉快的经历。因而企业不仅要关注正面口碑的传播，也应对负面口碑的影响给予足够的重视。因为企业辛苦建立起来的形象，也许在一条负面口碑面前就会变得不堪一击而土崩瓦解，即能否把握网络口碑传播的规律及其如何对消费者产生影响，将成为决定企业沟通成效与竞争优势的关键要素之一。

（二）负面偏差概念

在现实生活中，负面偏差有以下两种表现：第一，由于负面信息更显著，所以比起正面信息消费者更加关注负面信息；第二，由于负面信息更加具有相关性、更加特别，所以消费者更愿意相信负面消息（阿卢瓦利亚，2000）。因此，负面口碑的存在可能是因为消费者觉得负面的信息提供了更多正确的信息且更有利于其做出判断（Rohinia Hluwalia，2000）。这一结论在大量的传统口碑和网络口碑的研究中被证实。例如，Jumin Lee 和 Do - Hyung Park（2007）利用口碑的质量和数量等因子研究了负面网络口碑与消费者对产品的态度两者之间的关系。但是有关的研究也发现负面口碑的影响力并不是永远大于正面口碑的影响力，也并不是永远都产生负面的影响，例如：

（1）Russell N. Laczniak（2001）运用归因理论进行的研究表明，如果消费者认为负面信息是因为评论者的主观原因而产生的，那么读者对被评论品牌的评价就会上升；而且那些具有很强连贯性、较低针对性和较少共识的负面口碑也会使消费者对品牌的评价上升。

（2）ShahanaSen 和 Dawn Lerman（2007）利用归因理论进行的研究显示，享乐型产品负面口碑的影响力没有高于正面口碑的影响力，因为消费者会认为这些负面口碑是由于评论者的主观原因产生的，在一定程度上继承了 Russell N. Laczniak 等的研究。

负面偏差是公众面对多元化网络信息时所产生的心理错觉，往往倾向高估负向信息，低估正向信息，而这种现象会降低旅游目的地的形象和营销传播效果。总结相关研究成果，负面偏差主要是由于两方面原因造成：关系偏差和内容偏差，下面将针对具体原因进行阐述。

三、关系偏差

（一）传播者与受众之间存在的关系偏差

霍夫兰（Hovland，1953）认为信源可信性是导致传播效果的决定性因素，主要包括了专业性和可信赖性。Ohanian（1991）在后续研究中又增加了吸引力维度。此外，信息发送方和接收方的相似性也会提高受众对信息的信任度（Backart 等，2001）。格兰诺维特（Granovetter）在《弱关系的力量》（1973）中将社会网络关系分为强关系和弱关系，后续的研究也聚焦于何种社会关系有助于建立互相的信任，比如通过交换关系（黄光国，1987）、强连带（Granovetter，1985；Krackhardt，1992；Uzzi，1996）、相互认同（Sheppard & Tuchinsky，1996）等。Brown（2005）的实证研究也证明了关系强度较高者的信息传播对受众的行为影响力明显大于关系强度较弱者；而意见领袖处于社会网的中心位置，对网络传播效果产生信任说服效果（Schenk 和 Russler，1997；Reid，2002；Eric Vernette，2002；余红，2008）。

（二）关系偏差中的意见领袖

拉扎斯菲尔德在《个人影响》（*Personal Influence*，1955）一书中指出：第一，大多数人是受别人的影响，而非直接受大众传播的影响，同时，大多数人可以说出自己所信赖的意见领袖，所以通过大众传播的观念是经由意见领袖的二次传播才能成为个人意见的。第二，意见领袖不见得是社会阶层高的人，尤其是在消费行为中，意见领袖是多元的，不同阶层的人，其意见领袖也有很大差异，而且常常是个人意见主动寻找意见领袖，而非意见领袖去主动影响个人意见。第三，不同的消费事项会有不同的意见领袖。

从1945年开始，拉扎斯菲尔德与合作者们花了10年的时间，从以下四个角度——市场中的意见领袖、流行资讯中的意见领袖、公共事务中的意见领袖、看电影中的意见领袖的考察，探讨"人"在信息传播过程中扮演的角色。

1971年，美国传播学者罗杰斯（Rogers）指出，将两级传播理论进一步扩充为"多级传播理论"（Multi-step Flow Theory），认为媒介信息传至普通受众的过程中有多种方式、多种传播渠道，也可能是由多级中介环节完成信息传播链。

从上面的研究可以看出，无论是两级传播还是多级传播，意见领袖在传播效果中都起到了重要的作用。根据西方相关学者的界定，意见领袖是人群中那些首先或较多接触大众传播信息并将经过自己再加工后的信息传播给其他人的人。意见领袖在传播过程中，加快了信息传播并扩大了影响，他们具有影响和改变其他人态度的能力。

（三）网络口碑质量与意见领袖的关系

1. 网络口碑的质量标准

根据前面的论述，网络口碑中混杂着理性与非理性、正面与负面的观点和情绪，这两方面的倾向在互联网这个所谓的公共空间中，有可能会形成真正代表公众立场的民意，促进事件进程朝向良性健康的方向发展；但也有可能产生群体极化现象，甚至网络暴民，进行网络审判，借网络公共之名，图自我一己之私。因此，黑格尔曾经描述过公共评论，"在公共评论中真理和无穷错误直接混杂在一起，所以绝不能把它们任何一个看作是的确真实的东西。"这句话对于网络口碑同样适用。

在网络口碑理性与非理性的争辩中，其实是引出了网络口碑质量的话题。17或18世纪的法国启蒙学者在批判封建社会及其意识形态时，建立了著名的"理性的法庭"（Court of Reason），理性成了他们衡量一切事物和观念的唯一尺度，他们所希望建立的则是一个完全沐浴在阳光下的理性的王国。不过，恩格斯指出："现在我们知道，这个理性的王国不过是资产阶级的理想化的王国。"恩格斯的观点既批判了法国启蒙学者心中的"理性"所谓的本质——意识形态的产物，同时也指出了理性标准的相对性，因此，建立普适标准的理性非常困难。

2. 互联网意见领袖对网络口碑的引导作用

网络口碑的发布初期，各种意见呈现散乱的分布状态，各种不同的信息和观点遍布于网络空间。需要注意的是，最初的"种子"帖子在其后的发展演变中并不一定是关键帖子，真正能够在网络空间产生影响、受到关注的帖子，有时也需要经过其他网民，特别是互联网意见领袖的重写、充实、修改、推荐（如申请置顶）等。从这个意义上说，论坛中特定事件的议程产生过程，本身可能是一个二级甚至多级传播的过程。在将这些类似"乌合之众"无序的意见引向相对有序和一致的过程中，其意见领袖起到了关键作用。

意见领袖概念的提出源自保罗·拉扎斯菲尔德和卡茨提出的两级传播理论。1940年美国总统大选期间，拉扎斯菲尔德研究影响选民投票意向的因素，结果发现，人们在投票的过程中，媒体的观点并非直接影响至普通选民，媒体信息是先被一些特定人物（意见领袖）认知和理解，由这些人物进而影响普通选民的态度。正是由于意见领袖的出现，大众传播过程也就由原先的"大众媒介→受众"转变为"大众媒介→意见领袖→受众"的模式。意见领袖承担着媒介和受众之间的链接和桥的作用，对受众信息的认知、理解、态度甚至行为都有直接的影响，某些意见领袖在两级传播中担当了"把关人"的角色。

传统意义上的意见领袖存在的理由之一是由于信息不对称，需要意见领袖消除知识鸿沟，为普通公众提供决策参考。互联网给每个参与的人提供了发言的机会，表面上看消除了信息不对称，但海量的信息却让人依然困惑，无所适从，这也可称得上是计算机技术引发的信息革命的一大应用悖论。在这个过程中，被普通公众所信赖的意见领袖仍然发挥重要的导向作用。因此，网络口碑的质量与意见领袖的引导息息相关。

3. 网络口碑质量与互联网意见领袖的关系

在互联网空间中，普通网民对意见领袖的支持方式之一是通过转发帖子这种方式，网民现实生活中的社会关系网络上的信息流动可以方便地延伸到互联网络中，从而使得互联网空间的信息来源更为多元化，贴近现实生活，同时其议题的覆盖面和相关性，也超出了互联网空间的范围。

相关研究表明，意见领袖的理性并非来自教育，在《理性选民》一书中，波普金（Samuel Popkin）说道，教育并不是通过"增加深度"而是通过扩展广度来影响选民的，也就是说，教育通过增加公民认知的与政治相关的议题数量以及增加公民认知自身生活与国家、国际事件之间联系的数量来影响选民。他的理由是，受教育水平高的人"会就更广范围的主题获得有限的信息，这些主题包括国家与国际事件，这些是距离日常经验更远的主题"。

波普金的观察是有事实依据的，在 1954 年到 1994 年，基于对 140 次盖洛普民意测验中对"最重要问题"的反应分析发现，受教育水平的提高影响到美国评论趋势的另一个方面：公众议程上的议题多样化。此外，迈克库恩（Michael Mackuen）认为，教育具有双重效果，既能提高个体对新闻媒介的关注程度，又能让他们关注新闻中更广范围的议题。但从另一方面来讲，受教育水平较高似乎并没有增强个体对新闻倾向的抵制力，与受教育水平低的人相比，受教育水平高的人在接受媒介议程方面并没有体现出更多的排斥或建立心理屏障的倾向。

通过前面的分析，网络口碑在从无序到有序的过程中，实现了网民意见和观点的相对统一，但这并不是真正意义上的网络口碑的质量，本书还试图理清网络口碑中的理性与非理性，由此，网络口碑的质量包含有序和理性两个维度指标。

根据有序程度和理性程度两个维度，可以将网络口碑的状态划分成四个象限（见图 1-4）：象限一是网络口碑处于有序和理性的状态；象限二是网络口碑处于无序但包含理性的状态；象限三是网络口碑处于无序且非理性的状态；象限四是网络口碑处于有序但非理性状态。

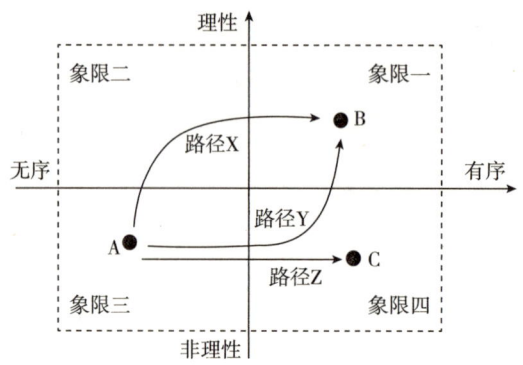

图1-4 网络口碑质量与意见领袖关系

在网络口碑形成初期,主要表现为象限三中的A点,处于无序状态,同时网民中有很多非理性的观点和意见,由A点出发,网络口碑可以经由三条路径发展:第一条是经过路径X到达B点,路径X从A点首先到达象限二,虽然网络口碑仍然处于无序状态,但是理性的观点和态度已经占上风,最终到达象限一的B点,实现有序和理性的状态。当然,路径X是一个理想的网络口碑发展路径,意见领袖在网络口碑形成较早期发挥理性的引导作用,从而使得网络口碑中理性观点和意见较早出现。

第二条是经过路径Y到达B点,路径Y从A点首先到达象限四,网络口碑首先趋向相对一致有序,不过非理性的观点仍然比较强势,但最终理性观点成为评论的主流,实现网络口碑的有序和理性共存,到达B点。路径Y是一个较为现实的网络口碑发展路径,意见领袖在网络口碑引发较大范围社会关注之后介入,在网络口碑的中后期发挥理性引导作用。

第三条是经过路径Z到达C点,路径Z从A点出发,网络口碑基本实现了相对一致有序,但非理性的观点一直占据上风,互联网意见领袖并没有发挥应有的正向引导价值,这样的事件一般表现为网络恶搞和网络暴力,网络恶搞最终以一种无厘头的形式在互联网空间达成共鸣,由此引发一系列诸如造词运动;而网络暴力对事件当事人的影响要大得多,甚至在现实社会也会有所体现。路径Z是一个负向的网络口碑发展路径,这其中也存在意见领袖,但是借助自己的影响力助推这种非理性,最终形成一种群体极化现象。

中国现阶段处于社会转型期，社会公众的利益诉求多元化，此外，引起网民情绪化的对象太多，网民能够宣泄情绪和不满的渠道有限，因此，网络目前承载着社会安全阀的功能。但不可否认的是，网络口碑仍然存在非理性。因此，本书认为，网络口碑提供了一个社会公共空间的机会，如果不加以呵护，则就成为泄私愤、恶搞的场所，距离公共空间的理想就会越来越远。在这个过程中，互联网意见领袖的价值取向对于网络口碑质量具有重大影响。同样，在旅游目的地的新媒体口碑传播过程中，意见领袖对于口碑传播走向具有非常重要的引导作用，这也是关系偏差的重要影响因素之一。

四、内容偏差

（一）信息内容与受众之间存在的内容偏差

在信息内容丰富方面，可获得性—判断性理论（Feldman & Lynch，1988）指出，一般而言，信息内容越生动具体，信息判断能力越强，其被受众采用的可能性就越大；Herr等（1991）进一步验证了鲜明具体的信息内容对产品判断产生了显著影响。此外，在网络口碑中，网民意见往往带有某种情绪，研究表明，团队内通过个体间的情绪感染容易形成团队情绪（Hatfield et al.，1993；Anderson，1998；Thomas，2005），邱凌云（2008）通过心理实验的方法也证实了情绪化网络信息比非情绪化网络信息具有更大的说服效果。

（二）网络口碑的内容类型

结合国内外的相关研究，本书将网络口碑的内容来源分为两大类：一类是网络媒体新闻报道，另一类是公众网络评论。具体见图1-5：

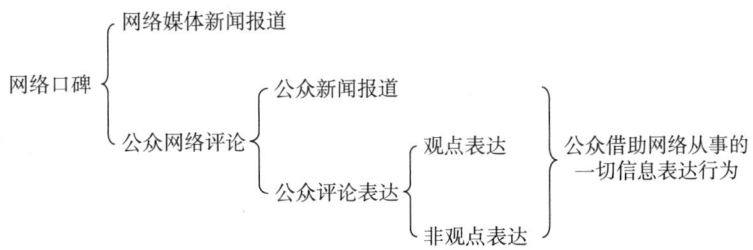

图1-5 网络口碑内容来源分类

1. 网络新闻报道

如今，互联网逐渐成为越来越多人获取新闻的主要渠道之一，信息的传播速度也大大加快，传播范围不断增大（Mitchelstein & Boczkowski, 2009）。同时，互联网新闻报道的呈现方式也发生了变化，除了多媒体、互动效果、超级链接等元素的加入外，公众也被赋予更大的选择空间，可以根据自己的需求或兴趣进行选择性阅读。基于此，学者们围绕着互联网新闻报道的内容、形式及其对公众的影响开展了相关研究。

(1) 网络新闻报道内容与形式。

第一，网络新闻报道的趋同与差异。一段时间内，对于互联网内容的研究多集中于网络媒体呈现新闻信息的形式，但对传播的具体内容的分析比较缺乏（Weare & Lin, 2000）。Riffe, Lacy 和 Fico（1998）则强调内容研究是大众传播研究的关键。尽管无法从内容本身判断内容的传播效果，但针对传播内容分析却对传播效果研究有着重要的意义（Hoffman, 2006）。近年来，一些学者开始关注网络媒体新闻报道的传播内容，从不同角度对其内容特点进行了分析。

考虑到主流媒体新闻网站对公众以及其他网络媒体报道的影响力，在对网络媒体报道内容进行研究时，学者们将研究重点放在主流大报的新闻网站上。对于大部分主流大报的新闻网站来说，其内容会在融合纸版母报报道内容的同时加入原创内容以及转载其他媒体的新闻报道。

在有关议程设置的研究中，通过对不同媒体的报道内容进行分析，学者们指出媒体在报道过程中会出现议题或议题属性趋同的现象，并将这种媒体间相互影响的现象称为"媒体间议程设置"（Lntermedia Agenda Setting）。关于媒体间议程设置最早源起于报纸媒体与通讯社之间的相互影响（Hirsch, 1977; White, 1950），随着研究的深入，学者们指出媒体间的相互影响会存在于主流大报之间、主流媒体与地方媒体之间、报纸媒体与电视媒体之间等，并且报道议题呈现出同质化的倾向（Lopez - Escobar, Llamas, McCombs & Lennon, 1998; Reese & Danielian, 1989）。

随着互联网的发展，网络媒体之间的议程设置也开始为学者们所关注，纷纷指出网络新闻报道的趋同性与差异性的具体体现。在这类研究中，学者们的研究重点主要集中在新闻报道数量、新闻所涉及议题、新闻发布位置等方面。其中关于新闻报道数量与所涉及议题与传统媒体议程设置研究较为类似，而有关新闻发布位置的研究则与传统媒体有很大不同。一方面，新闻网站可以实现多媒体效果、文本之间的超级链接等，并且人们可以根据自己的需求在网站内搜索相关内容；另一方面，新闻的实时更新使得新闻网站需要不间断地对新闻的发布位置做出判断，而新闻发布的位置往往会影响公众对新闻的关注度。通过记录公众在浏览新闻网站时的眼球运动轨迹，Outing 和 Ruel（2004）发现人们对新闻网站不同区域的关注次序存在一定的差异，首先是页面左上方，然后视野向外扩展，最后是页面底部（见图1-6）。Nielsen（2006）也指出在大多数情况下人们会以"F"形状的模式浏览网页。基于此，学者们多对新闻网站重点区域中不同议题的新闻的发布位置进行研究。

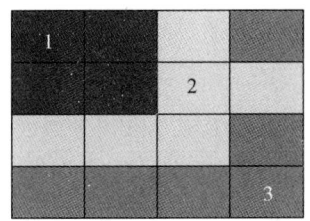

图1-6 新闻网站不同区域关注次序

Lim（2010）对《纽约时报》《今日美国》《华盛顿邮报》和《洛杉矶时报》上的新闻报道的重要性进行了分析，其中，一个衡量标准是议题报道的数量，另一个是新闻的发布位置，监测范围主要集中在首页左边上部至中部这一区域。结果表明，在相同时间，四家网站在报道主题上具有较强的趋同性，这与编辑们在编辑新闻时观察其他网站的报道主题以及新闻价值（新闻位置）判断以降低新闻报道中的不确定性有很大关系。但对于相同议题，新闻的发布位置在不同网站之间会存在一定差异。Lim（2009）还指出，议题的同质化并不一定导致新闻具体内容的同质化。为了在激烈的竞争中占据有利位置并吸引更多的公众，媒体通常会使用不同策略实现新闻报道的差异化，在该研究中，新闻报道的差异化主要通过对某媒体相邻时间点的相同内容与不同内容的数量进行衡量，指出与其他媒体在报道内容上的差异性和新闻在页面上的具体位置（即对新闻价值的判断）

会对媒体间新闻报道的差异性产生显著影响。Barnhurst（2002）也指出，尽管报纸网站中都包含相应纸版报纸的内容，但在内容的呈现方式上存在一定差异，如新闻发布的页面、新闻在页面上的具体位置、标题与内容之间的链接方式以及多媒体效果的运用等。

同时，一些学者指出网络新闻报道与传统媒体之间在内容上同样具有一定的趋同性。除以整篇新闻为分析对象对报道主题、报道态度、新闻来源等方面进行研究，并与传统媒体进行对比外，有学者进一步对新闻报道中的动员信息（Mobilizing Information，MI），即旨在改变公众态度的信息进行了研究，并与传统媒体新闻报道中出现的动员信息进行了对比。基于网络新闻报道可以通过超级链接提供更加丰富的信息的假设，Hoffman（2006）选取了多家国家级报纸和区域性报纸的网站和纸版报纸，对政治类新闻报道的动员信息（包含新闻报道中的超级链接）进行分析，并将动员信息分为三类：位置类动员信息（Locational MI）是指包含政治活动时间、地点的信息；鉴定类动员信息（Identification MI）是指包含政治候选人的姓名、联系方式，政党、兴趣小组的名称、地址的信息；策略类动员信息（Tactical IM）是指包含指导性内容的信息，例如如何参与集会、鼓励社区居民在遇到问题时主动联系官员等。结果表明，绝大部分政治新闻包含鉴定类动员信息，而包含位置类动员信息和策略类动员信息的新闻比例较低，不足10%，同时，报纸网站中新闻报道的动员信息数量与相应纸版报纸中动员信息的数量无显著差异，可见，报纸网站的新闻报道在信息选择方面与相应纸版报纸保持了较强的一致性。

对于传统媒体来说，其通常会遵循一定原则对新闻事件或信息进行取舍，然后有选择地将内容呈现给公众。在传播学理论中，通常把对信息的选择过程称为"把关"（White，1950）。对于网络新闻报道来说，同样存在对信息进行筛选的过程，除上文提及的对于筛选动员信息的一致性外，网络新闻报道在选择信息时也会与传统媒体具有一定的差异性。

Singer（2001）选取美国科罗拉多州六家报纸的网站，对相应的纸版报纸和相应网站上的本地新闻、非本地新闻、体育新闻和商业新闻的报道数量进行比较。结果表明，网站的新闻报道总量不及纸版报纸的一半。对于网络的全部报道来说，绝大部分报道内容与相应纸版报纸相同，只是对新闻标题做出一定的修改。只有约10%的新闻报道属于网站独家报道，即其所对应的纸版报纸没有给予报道。值得注意的是，有将近一半的报道为地方性报道，远远高于纸版报纸的地方性报道总量。尽管大量网站的新闻报道来自相应纸版报纸，但他们在选择报道内容时会遵循一定的原则，他们会倾向于选择地方性报道。对于区域性报纸来说，其受众不仅包括居住在这一区域内的人群，还试图吸引曾经居住在这一区域的人群以及居住在其他区域的人群。Trenmayne、Weiss 和 Alves（2007）也得出了类似的结论，在选取了包含大型报纸、中型报纸和小型报纸的 24 家美国报纸的网站后，连续三年（2004~2006 年）对首页内容进行研究，结果表明，小型报纸网站的地方性报道数量呈现出显著增加的趋势，而中型报纸和大型报纸地方性报道的数量变化不显著。

第二，网络新闻报道的主要特征。新闻网站是媒介融合进程的重要发展阶段，借助于多种数字技术，它们可以实现传统纸版报纸无法达到的效果，如互动效果、文本之间的超级链接以及多媒体的运用等（Dibean & Garrison, 2001）。基于此，学者们结合网络新闻报道对于多媒体、超级链接和互动效果等形式的使用对技术发展之于新闻报道的影响进行了探讨。

Deuze（2001）将互动性分为三大类：导航性互动（Navigational Interactivity），如导航栏、菜单栏、页面间跳转等；功能性互动（Functional Interactivity），如联系方式、讨论列表等；适应性互动（Adaptive Interactivity），如文件上传、聊天室、页面订制等。结合这一分类，Oblak（2005）选取了多家报纸网站及独立的新闻网站，对新闻网站及纸版报纸上有关记者、编辑的联系方式方面的信息进行了统计。对于互动性而言，公众与媒体的距离是被视为衡量媒体互动性的标准之一（Schultz, 1999）。人们通常认为新闻网站拉近了公众与媒体之间的距离，因为网站可以更加便利地提供编辑、记者的电子邮箱等信息，方便公众与媒体进行沟通。在 Deuze（2001）选取的新闻网站中，约30%的新闻报道提供了媒体、编辑或是记者的联系方式，而在纸版报纸中，25%的报纸会在头版提供相关联系方式。在对各网站留言板、聊天室、讨论社区、投票等互动方式进行分析后，指出将不同互动效果进行分类并进行归纳是非常重要的。Rosenberry（2005）通过对美国报纸网站的互动形式进行统计，指出网站并没有充分利用技术手段增强其互动效果。Quandt（2008）则对"全新新闻报道"的说法表示质疑，认为网络新闻报道并没有突破传统新闻学。通过对不同国家的报纸网站进行分析，他指出除在报道内容上多为国家层面的新闻及区域性新闻，并且国家政治新闻成报道主流外，网络新闻报道并没有充分实现多媒体效果以及较强的互动性。Chung（2008）则对新闻网站的互动功能进行了更加细致的分类：第一类是公众—媒介互动，如上传照片或新闻故事、提供记者或编辑的联系方式等；第二类是媒介—公众互动，如新闻、生活信息（如天气）定制、站内搜索、邮件提醒等；第三类是公众—公众互动，如留言板、聊天室等；第四类是媒介互动，如视频、音频文件的运用等，同时他还指出新闻网站在优化其互动效果时，应考虑到网站目标受众的特点加以设计，将互动功能作为一种策略来促进公众的参与以及媒体与公众之间的联系，而非一味地在数量上强调互动功能的运用，在网站中加入各种互动元素，其调查结果表明，男性、互联网使用水平较高以及认为网络新闻报道可信性较高的人群更倾向于使用新闻网站中的互动功能。

Knox（2007）指出，新闻网站的页面作为一个有机的整体，由文字内容与声音、图像、动画、视频等多媒体效果共同构成。在网站首页上，对于一则新闻，其标题、图片、摘要的组合呈现方式被越来越多的新闻网站所运用，这些新闻往往具有较高的新闻价值，并通过图文并茂的组合方式吸引更多的读者点击进入内容页面。这一方面与"注意力经济"时代下的媒体报道特点有关，即将完整的新闻压缩为一段短小、容易引发受众情感反应的文字；另一方面与人们的受阅习惯有关，人们在阅读电脑屏幕上的大段文字时需要利用鼠标滚动页面来获取完整内容，而短小的新闻摘要可以让人们快速地了解新闻内容。可见，新闻网站首页与纸版报纸头版具有一定的相似之处，不同的是，报纸网站可以在首页提供更多的新闻信息，受众需要通过点击超级链接阅读详细的新闻内容（Tewksbury & Althaus，2000）。

Oblak（2005）同时还对选取的报纸网站及独立的新闻网站中超级链接的使用进行了研究，他指出报纸网站的超级链接大部分指向本网站内部的页面，只有约20%指向其他网站，而独立的新闻网站则有将近70%的链接指向其他新闻网站。对于新闻网站超级链接的指向，有学者指出这是新闻网站对内容进行"把关"的策略之一。近年来，基于传统媒体的"把关理论"，学者们结合网络新闻报道的特点开始对"把关"在网络新闻报道中的体现进行研究。互联网世界可以被视为由文本、声音、影像等元素构成的超级链接系统（Snyder，1996）。Dimitrova 等（2003）认为，对于超级链接来说，它不仅仅有助于增强网络新闻报道的互动性，还强化了人们对于信息搜寻过程的控制力。但与此同时，学者们发现网络新闻报道的超级链接大多指向网站内部的内容，很少指向其他网站的内容（Dimitrova et al.，2003；Ha & Lincoln，1998；Kovarick，2002），并指出编辑们通过选择超级链接的内容和指向来决定新闻内容的呈现方式，该过程相当于实现对信息的筛选，即网络媒体对于新闻报道的"把关"，从而实现在网络环境中对人们的阅读内容进行引导。此外，Eveland、Marton 和 Seo（2004）指出，合理运用新闻网站中的新闻分类功能和超级链接功能有助于改善受众的信息结构，因为这使得人们可以按照新闻主题获取知识，并且全面了解与事件有关的一系列信息。

互动效果、文本之间的超级链接以及多媒体的运用被视为网络新闻报道的重要特征，这的确会使得传统的新闻报道的形式、新闻叙述方式发生改变，但更重要的是还需要基于这些特征从整体上把握新闻报道在角色和功能上发生的变化，这些特征的运用有助于新闻报道从单纯地以内容为中心向注重与受众之间的联结性转变，其功能不仅仅是向公众提供信息内容，还在于为公众提供一个与媒体交流的平台，进而营造出更加开放的新闻报道文化（Deuze，2003）。但 Deuze（2003）指出目前很多新闻网站不仅是对传统媒体内容的复制，还是对传统新闻报道文化的复制，如与公众之间的关系等，并没有充分利用互联网的特点创造出更加开放、突破传统的新闻报道文化。

（2）网络新闻报道与公众认知。

第一，公众网络新闻接触。学者在解释报纸之于公众公共事务信息掌握的影响力强于电视时指出报纸因具有更大的空间使得其可以同时提供更多的信息给公众（Furnham，Gunter & Green，1990）。根据这一解释，互联网具有更大的空间优势，信息容量明显大于报纸，这就意味着互联网对于公众公共事务信息掌握的影响力更大。但有学者表示我们不能简单地以此来判断网络新闻报道对于公众的影响，一方面，新闻网站并没有充分发挥自己的空间优势，很多网站所提供的信息并没有超过纸版报纸；另一方面，网络新闻报道的呈现方式使得人们的新闻阅读方式发生改变，这会对新闻报道的实际传播效果产生较大的影响（de Waal & Schoenbach, 2008; d'Haenens, Jankowski & Heuvelman, 2004; Singer, 2001)。

对于纸版报纸来说，人们通常会逐页阅读，并且会通过标题字体、字号、篇幅、图片等线索对新闻价值进行提示。与纸版报纸相比，新闻网站使得公众自主选择新闻的范围扩大，对于信息获取的控制力明显增强，加之新闻网站的导航栏为公众选择性地阅读新闻提供了便利，以及人们很难借助标题、篇幅等线索对新闻价值的大小进行判断，导致人们的自身需求及兴趣会在很大程度上影响其阅读内容。因此，Tewksbury 和 Althaus (2000) 认为，这在一定程度上减小了编辑对于受众阅读内容和阅读方式的影响，使得人们可以获得更加多元化的信息，同时新闻网站中图片、视频以及超级链接的使用也会影响人们接受信息、理解信息的方式。基于对互联网空间中公众新闻信息获取行为的思考，Tewksbury 和 Althaus (2000) 以《纽约时报》及其网站为研究对象，采用实验设计的方法探讨人们浏览这两种媒体过程中的信息接触情况以及之后对于新闻主题、具体新闻内容的记忆情况。在同一天内，大部分新闻报道会同时出现在《纽约时报》网站和纸版报纸上，不同的是，网站中的超级链接可以让受众阅读到此前的相关报道，并且网站会对内容进行持续更新。实验结果表明，相比于浏览网站的人群，阅读纸版报纸的人群倾向于从有关公共事务的新闻（包括国际新闻、国家新闻、政治新闻）开始浏览并且会花费较长的时间，就记忆情况来看，他们对公共事务类新闻的主题及具体内容的记忆会更加深刻。而浏览网站的人群则倾向于根据自己的兴趣阅读相关内容。受这一研究的启发，d'Haenens、Jankowski 和 Heuvelman (2004) 以荷兰的两家报纸及其网站为研究对象，其中一家为国家级报纸，另一家为区域性报纸，所提出的假设涉及人们在浏览纸版报纸和网站时阅读行为、阅读时间和对新闻的记忆情况存在的差异，但结果表明，对于同一家纸版报纸和相应网站，尽管人们在阅读行为、阅读时间以及新闻记忆情况上具有一定的差异，但两家报纸在纸版报纸和网站之间体现出的差异并不一致，并且新闻类别、性别、阅读兴趣等因素会影响到人们的阅读行为和记忆情况，因此有必要对人们使用纸版报纸和相应新闻网站的行为进行更加细致的分析。

Althaus 和 Tewksbury (2002) 则从议程设置理论出发探讨纸版报纸和新闻网站之于公众政治议题认知的影响差异，研究内容包括公众的新闻接触行为（主要包含国际新闻和有关国家政治方面新闻）和对新闻重要性的认知。经过为期 5 天的实验，结果表明，相比于浏览《纽约时报》网站的人群，阅读纸版《纽约时报》的人群会接触到更广泛的新闻内容，并且两组人群对新闻事件重要性的认知存在一定差异，当问及近期发生的重要新闻时，阅读纸版《纽约时报》的人群会更多地提及国际新闻，这与报纸内容报道特点相吻合。

de Waal 和 Schoenbach（2008）通过问卷调查的方法探讨了纸版报纸和新闻网站的接触情况对于人们政治、社会新闻的认知情况的影响是否存在差异。结果表明，人们新闻网站的接触时间对其政治、社会新闻认知情况并无显著影响，对于纸版报纸来说，只有当人们认为报纸是有价值的信息来源或是他们对社会、政治新闻感兴趣时，纸版报纸的接触会显著影响其社会、政治新闻的认知情况，在问及荷兰和世界最近发生的事件时他们会列举出更多的内容。同时，调查结果表明独立的新闻网站对公众政治、社会新闻认知情况的影响强于传统报纸的新闻网站，他们指出这可能与人们的使用动机有关，人们倾向于通过传统媒体的新闻网站了解特定议题的背景信息或是深度报道，而通过浏览独立的新闻网站或是订阅其新闻服务获取最新的新闻信息。

第二，公众网络新闻内容选择。网络新闻媒体的发展使得公众在阅读新闻时具有更大的选择空间，为人们营造个性化的信息环境提供了条件。公众的选择行为不仅会影响其对公共事务的认知，还会作用于公众评论的形成。

Christen 和 Huberty（2007）对媒体到达范围之于公众评论的影响进行了研究。在阅读新闻前，被访者会先对使用报纸、杂志、电视、收音机和互联网的人口比例进行估计，在阅读新闻后，则要求估计阅读过这一新闻的美国公众比例，同时，对媒体报道态度的感知、个人对新闻事件的态度以及估计与自己持相同态度的公众比例等问题也会被问及。结果表明，尽管互联网具有覆盖更广泛的人群的可能，但在公众心目中，使用互联网的人口比例低于使用报纸、杂志的人口比例，通过网站阅读新闻的人口比例略低于通过纸版报纸阅读新闻的人口比例。同时，对特定新闻到达范围的感知会影响人们对公众评论的判断，而对媒体到达范围的感知并不会影响人们对公众评论的判断。可见，对于新闻媒体之于公众的影响的判断，不应仅仅局限在媒体本身的到达范围上，还应对新闻报道本身的到达范围加以探讨，这一发现从公众评论形成的角度强调了人们在阅读新闻时的选择接触行为的重要性。

结合公众在阅读网络新闻报道时的选择行为对其公共事务认知和态度的影响，学者们围绕这两种选择手段展开了一系列的研究，指出影响人们新闻选择行为的主要因素，其中主要涉及两个层面：媒介层面和公众层面。

Knobloch–Westerwick 等（2005）指出，在互联网空间中，新闻的选择主要借助于以下两种手段：一种是基于内容的选择手段，即人们根据自己的偏好阅读相关内容或是通过输入关键词在站内搜索相关信息；另一种是基于集体推荐的选择手段，主要包括其他读者对新闻内容的评分、推荐或是新闻的浏览量等。

正如上文所述，在网络空间中，新闻标题字体、字号、篇幅等新闻价值提示线索在一定程度上被弱化，这些媒介特点使得人们在阅读新闻内容时具有了更强的自主性。Tewksbury 和 Althaus（2000）指出，尽管在兴趣的驱动下导致浏览新闻网站的人群对公共事务类新闻的关注度有所降低，但一些对新闻重要程度起到提示作用的线索如字体字号等对于引导人们阅读其中的具体内容发挥着积极的作用。

尽管相比于传统媒体，新闻网站也会通过一些特殊的新闻价值提示线索对受众的阅读内容进行引导。Knobloch–Westerwick 等（2005）对新闻网站中基于集体推荐的内容选择手段进行了研究，在实验中，他们使用了同日常生活中浏览较为相似的页面，页面上包含若干新闻标题和新闻开头的部分内容，但在第一组实验中页面会在新闻下方显示推荐级别，第二组实验中页面会在新闻下方显示浏览数量，第三组实验中不显示任何数据。通过对三组实验的结果进行对比后表明，新闻浏览量和由读者评定的推荐等级会影响人们的新闻内容的选择阅读行为。在一系列新闻中，人们会倾向于阅读浏览量较低和较高的新闻，并且阅读时间较长。对于人们阅读浏览量较低的新闻的意愿，一方面可能与人们倾向于浏览最近的新闻有关，另一方面也与人们追求差异化的特点有关。因此，人们不仅愿意浏览大家高度关注的新闻，也愿意阅读浏览量较低的内容。同时，人们倾向于阅读推荐等级较高的文章。这一结论与此前 Knobloch–Westerwick（2004）得出的实验结果较为相似，但对于基于公众推荐的内容选择行为还有必要进行更加深入的探讨。

随着互联网技术的发展，新闻网站提供的新闻定制服务逐渐成为辅助公众选择性接触新闻内容的又一机制。相比于上文提及的基于内容的选择手段和基于集体推荐的选择手段,新闻定制这一内容选择机制赋予了公众更强的主动性,在满足公众个性化需求的同时,也使其获得更加条理化的新闻内容。由于新闻定制服务所提供的内容与内容接收者具有较强的相关性,大大提升了信息提供与信息需求的匹配程度,因此有利于强化内容的传播效果。基于此,Kalyanaraman 和 Sundar(2006)对新闻定制服务之于公众认知、态度的影响进行了研究。在对被访者的内容偏好进行调查后,他们设计了匹配程度为高、中、低三档的定制页面,其中高级定制服务 100% 按照人们的内容偏好提供新闻信息,中级定制服务的新闻信息匹配比例为 41.7%,低级定制服务的新闻信息匹配比例为 0%。实验结果表明,新闻定制服务级别会通过影响公众对于内容的相关性、互动性、新奇性的认知以及内容的涉入度进而作用于其对新闻网站的态度,即高级别的新闻定制服务会通过影响受众对内容的认知促进人们对网站做出更加积极的评价。Beier 和 Kalyanaraman(2008)的研究也表明新闻定制服务会通过影响人们对于内容相关性和互动性的认知作用于其对网站的态度,支持了 Kalyanaraman 和 Sundar(2006)的发现。同时,其研究还表明,新闻定制服务会对人们的新闻内容记忆情况产生积极影响,当人们在阅读符合自己需求或兴趣的新闻时,往往会更加仔细,并且会进行更加深入的思考,因而在阅读后会形成更加深刻的印象。

2. 公众网络口碑

Web 2.0 技术的发展和广泛应用在很大程度上促进了计算机中介环境(Computer Mediated Environment,CME)中人与人之间的信息分享与协同合作,推动了网络社区、社交网站、博客、维基百科等一系列以用户为中心的网络平台的发展。信息与传播技术的发展使得公众不仅可以以信息接收者的身份从网络上获取大量信息,还可以作为信息发送者的角色从事信息表达活动。

拉斯韦尔于 1948 年发表的论文《传播在社会中的结构和功能》中提出了研究传播行为过程的五个要素:谁传播、传播什么、通过什么渠道、向谁传播、传播效果如何,被称为传播学的"5W"模式。虽然该模式也存在一定缺陷,但仍然是经典的传播研究模式(见图 1-7)。在网络舆情传播表达部分,我们将基于拉斯韦尔 5W 模式对公众的网络口碑表达行为进行阐释,其中包括网络口碑传播者、网络口碑表达内容、网络口碑传播渠道、网络口碑受众以及网络口碑传播效果。

图1-7 拉斯韦尔的5W传播模式

(1) 公众网络口碑传播者分析。

目前,网络平台上存在的电子口碑传播(Electronic Word-of-mouth)现象逐渐引起人们的关注,学者们也开始对从事电子口碑传播的动机进行了研究,同样可以将动机分为内在动机和外在动机。

口碑传播(Word-of-mouth)是指公众之间关于事件、产品、组织等进行的非正式人际传播。随着互联网的发展,借助网络媒介开展的口碑传播为越来越多的人所接受,相比于传统的面对面进行的口碑传统,电子口碑传播则是借助网络社区、博客、邮件、即时聊天工具等计算机中介传播手段实现公众之间的信息交流。相比于传统口碑传播,电子口碑传播的快速传播、便捷性以及没有面对面交流的压力使其具有更强的影响力(Phelp, Lewis, Mobilio, Perry & Raman, 2004)。并且,电子口碑传播既可以是一对多的传播过程,也可以是一对一的传播过程,如通过邮件将信息传递给特定的收信人,且信息发送者和信息接收者通常是互不相识的。电子口碑传播通常是自发的行为,信息发送者无法判断信息的潜在接收者的具体情况,如是否正在搜寻相关信息等(Vilpponen, Winter & Sundqvist, 2006)。口碑传播的信息包含正面信息和负面信息之分,正面的口碑传播包含愉快的、新奇的经历、向他人的推荐等,而负面的口碑传播则包含不愉快的经历、流言、抱怨等。

目前关于口碑传播的研究多集中在营销领域有关商品质量、商品购买经验等内容上。研究表明,公众对产品/商家的不满意程度会影响其口碑传播行为,随着不满意程度的增加,其越倾向于从事口碑传播行为(Richins, 1983)。在对产品/商家表示满意的公众中,满意度较高的人群越倾向于进行口碑传播行为,相比之下,持非常不满意的人群进行口碑传播的意愿比持非常满意的人群更加强烈(Anderson, 1998)。

基于此前有关网络社区使用效用的研究,通过对一专门集纳消费者意见的网站的成员进行调查后，Hennig-Thurau（2004）等将人们进行电子口碑传播的动机概括为：①平台辅助，很多电子口碑传播者相信网站的负责人代表消费者的利益，会促进问题的解决，并且这种方式比直接与公司联系更方便；②发泄负面情绪，人们认为在网络平台上发表相关意见是其发泄情绪的一种方式，也是对公司侵害自己利益的反击；③为他人利益着想，提醒他人不要购买某品质较差的商品，或是对他人购买行为提出建议；④自我提升，一些公众认为与他人分享其愉快的经历是一种快乐，或是从分享自己的成功经历中获取一种成就感；⑤社交收益，人们认为与同一网络平台的成员进行交流是一种快乐；⑥经济利益，一些人会因发表相关言论而得到经济上的奖励；⑦帮助公司，人们认为应支持那些优秀的公司；⑧寻求建议，一些人希望借助网络平台听取他人的相关建议。

公众网络口碑表达行为的动机也会在特定情境下被激发出来（Dutta & Feng，2007）。重大社会新闻、公共危机事件发生后，越来越多的人倾向于借助网络媒介发布相关信息、发表自己的看法、寻求信息或情感支持等。Thelwall（2006）针对伦敦枪击案后博客作者的写作行为进行了研究，指出该事件成为博客群内最为热门的话题，同时在具体内容上也会具有比较新颖、独特的视角。Liu（2010）也结合五起美国的政治危机事件对博客上有关事件的内容进行了分析，解释出博客逐渐成为危机发生后公众进行个人表达的重要媒介之一。与此同时，日益多元化的社交网络平台为人们的信息表达提供了极大的便利。有关社交网络平台多元化发展的现状以及给人们从事信息表达行为所带来的影响将在"舆情表达渠道"中进行更加详细的阐述。

（2）公众网络口碑内容分析。

公众网络口碑主要包含公民新闻报道和网络口碑表达两种内容形态。公众网络口碑内容形态与媒体新闻报道相比，最大的差异在于内容生产主体的变化，公众从单纯的信息接收者转变为兼具信息接收者和生产者的双重身份。对于内容而言，在对公众网络口碑内容进行研究时，不仅要研究其本身的内容特点，也有必要将公众网络口碑置于对整个媒介环境中探究其与媒体新闻报道的异同、相互之间的影响以及相关启示。

公民新闻这一公众网络口碑形态的出现使得公众在新闻信息的报道、分析、传播中扮演着更加积极的角色（Bowman & Willis，2003）。随着公民新闻被更多的人所接受和运用,以及越来越多的公民新闻报道平台的涌现,如新闻聚合网站、博客、留言板、维基百科、视频分享网站等,一些学者开始对公民新闻报道与媒体新闻报道进行了比较研究。Schaffer(2007)表示,公民新闻报道的内容在很多时候会加入作者对于议题的解读,且新闻内容往往集中在社会热点问题上。通过对网络媒体新闻报道与公民新闻报道进行对比,Carpenter(2008)指出网络媒体新闻报道更倾向于使用官方机构信源,如政府、非营利组织、商业机构、传统媒体等组织机构,并且在新闻中很少包含记者的观点,而公民新闻报道则会更多地使用很多非官方机构信源,如普通公众、专家、学者以及匿名信源等,新闻内容中也会包含更多的观点表达。相比于网络媒体较为全面的报道,公民新闻报道的内容则会集中在一个或几个议题上,且会更多地关注与其所在社区相关的内容,但并非每天对内容进行更新。Mythen(2010)对公民新闻报道在风险信息传播过程中所扮演的角色进行了研究。公民新闻报道在很大程度上拓展了风险事件(如"9·11"恐怖袭击事件、伊拉克战争、卡特里娜飓风等)相关信息传播的渠道,并且也使得信息内容和形式更加多元化。但值得注意的是,与新闻媒体相比,公民新闻报道中没有编辑"把关"这一环节,因而使得内容的表达更加自由,且具有不同背景、价值观的人会对风险事件进行自我解读,个人的偏见也会影响到公民新闻报道的真实性和客观性。同时,公众对新闻媒体报道的不满也会促使他们从事公民新闻报道,进而使得事件的相关报道视角、内容及形式呈现出多样性的特点。

对于网络口碑表达来说,学者们则着重对媒体新闻报道对网络口碑表达的影响展开了研究。媒体新闻报道借助自身具有的议程设置功能会对公众的日常议程产生一定影响,并且会通过公众网络口碑体现出来,其中,在议题层面,对于不同议题,传统媒体的议程设置功能对公众网络口碑的影响存在一定差异。Roberts等(2002)针对不同议题媒体报道与网络口碑出现的时间间隔进行了研究。结果表明,有关移民问题的新闻报道对公众网络口碑的影响最大,报道后第二天便在网络社区内引起公众的讨论,而对于税收、堕胎、健康等议题,新闻报道与网络口碑出现的时间间隔较长,这一方面与部分议题已经属于网络社区中的热点问题而不需要新闻报道来引发网民的讨论有关,另一方面也可能与网民获取信息的渠道有关。Lee(2007)通过对2004年美国总统大选期间主流媒体报道及博客内容进行研究，将议题分为十二大类后进行编码，结果表明，传统媒体报道的议题与博客内容涉及的议题具有高度的一致性。同时，对于属于不同政党的博主的文章，尽管所持观点存在一定差异，但所关注的主要议题同样是相似的。可见，传统媒体报道的议程设置功能会在很大程度上影响博客群的议程。

科技的发展使得公众从事网络口碑表达的渠道愈加丰富，导致对新闻事件及相关信息的解读也更加多元，基于对新媒体事件的研究，Castells（2007）指出网络口碑表达不再是单纯的"自我传播"（Self - communication），即个体在接受外部信息并对信息进行处理的过程，而是上升为"大众自传播"（Mass Self - communication），旨在强调信息和传播技术与社会公众之间的互动以及信息在传播网络中流动的重要意义。基于"大众自传播"这一概念，Allan（2007）对伦敦爆炸案后以及公民新闻报道现象进行研究后指出大众自传播的具体体现和在整个媒介环境发挥的作用，人们利用多种媒体平台如博客、Youtube、Flikr 等从事公民新闻报道，这不仅实现了信息的多元化、促进了信息的流动，也为官方媒体提供了新闻报道素材。

（3）网络口碑内容与个人表达的关系。

正如上文所述，受到环境因素和社会心理因素的影响，人们会更乐于在网络空间内进行自我表达，这使得网络口碑表达内容相比于面对面的交流具有更强的多样性。同时，信息的分享也是一种对信息意义的社会建构，其中蕴含了人们对于信息内容的自我解读（Saunders & Miranda, 2003）。同时，在媒介环境中，人们经过自我解释而产生的对情境的认知与情绪反应之间具有一定的联系（Kang & Cappella, 2008）。

计算机中介传播是否造成人们的信息表达行为缺少情绪的流露，进而导致人与人之间的交流缺乏情感的沟通一直备受争论。Derks 等（2008）对情绪传播（Emotion Communication）进行了界定：情绪传播是指"两人或多人之间的情绪表达、识别、分享过程"，该传播形式既可以是显性的情绪传播，即使用表达情感的词汇进行交流，如"我很生气"等，或是包含由于情绪激发的行为词汇，如"我想赶走你"，也可以是隐性的情绪传播，即通过个人表露、时态语态运用等实现情绪传播。他们还在此基础上搭建了计算机中介环境中的情绪传播模型。

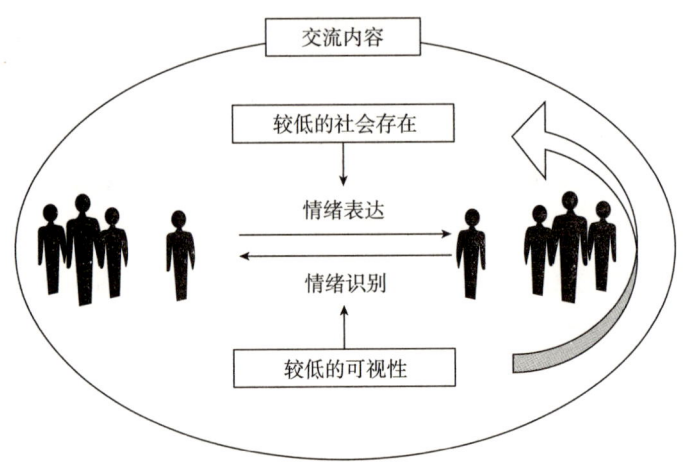

图1-8 计算机中介环境中的情绪传播模型

该模型指出,尽管计算机中介传播在一定程度上造成社交线索的缺失,但较低的可视性和较低的社会存在会使人们倾向于在网络空间中进行情绪的表达,尤其是负面情绪的表达,但与此同时,当情绪表达不是很强烈的时候,会导致识别这些基于文字信息的情绪表达的难度增大。

结合公众在网络上的信息表达,学者们主要采用内容分析的方法对人们所交流的内容及网络口碑表达特点进行了研究。Kleinke(2008)指出网络公共留言板是人们借助文字表达以显现自己与政治议题的关联性、发泄情绪的重要场所,通过对英国BBC谈话节目的三个讨论区的180余条留言进行文本分析,试图了解人们在留言中所流露的情绪因素。在该研究中,情绪因素主要是通过接近性表达(如时态、语态、代词等)、评价性表达(指具有感情色彩的评价词汇,包括形容词、副词、动词、名词等)、量化表达(如表示时间、频率、数量、程度的词汇等)三个方面进行考量。结果表明,借助接近性表达显现个人情绪的频率最高,其次是评价性表达和量化表达。

正如上文所述,危机事件已经成为激发公众从事网络口碑表达的重要因素之一。危机后公众在网络空间中的表达行为被视为公众回应事件的策略之一,流露出其对事件的认知、情绪、态度以及因为事件形成的行为。Qu等(2009)对汶川地震后两天内天涯社区上公众的发帖内容、帖子的浏览情况和回复情况进行分析，他们将帖子内容分为信息相关、观点相关、情绪相关、行为相关等，其中，信息相关包含有关事实信息分享、搜寻和汇集，观点相关包含对政府/组织/个人的批评、对事件的评论，情绪相关包含个人情感（如焦虑、悲伤、生气等）的表达、情感支持（如悼念、保佑、鼓励等）。结果表明，网络社区成为人们的重要信息来源，并形成了交流网络，实现了信息的分享、搜寻和汇集。观点相关类帖子同样占据较大比例，尤其是发表批评意见的帖子，具有较高的回帖量。网络社区也是人们表达自己的情感、向他人提供情感支持的重要场所。同时，有关号召捐款捐物的信息是行为相关类信息的重要内容。Liu（2010）通过比较危机事件后公众的博客写作内容和官方媒体报道内容（网络版）后指出，尽管两者都会大量引用政府信源，且多使用一般现在时，关注事件对公众的影响以及对政府进行谴责，但相比之下，博客文章内容更加主观，作者会更多地持有过分支持某一方的态度，并且会更倾向于使用消极的预期，同时，博客文章会吸引更多的人在其后留言。

在危机事件发生后，人们通常会对媒体传递的信息进行自我解读，进而形成对事件的认知，尤其是当事件与自身的相关性较强时，人们会经历非常仔细的解读过程（Choi & Lin，2008）。而网络平台则为公众表达自己的意见和看法提供了便利，很多公众会借助网络社区将有别于媒体报道的危机事件的认知表达出来。针对美泰玩具召回事件，Choi 和 Lin（2008）对《今日美国》《纽约时报》《洛杉矶时报》《华盛顿邮报》关于召回事件的 157 篇报道以及美国两个家长网络社区的帖子的事件归因进行分析，结果表明，四家报纸媒体更多地将事件责任归为中国的玩具生产商，而在网络社区中，家长则认为美泰公司应承担主要责任。可见，尽管人们最初是通过媒体获取相关信息，但其对信息的解读会有别于媒体，尤其是对于那些与事件相关性较高的人群，他们会结合自己的情况对信息进行更加仔细的解读，且有相当比例的公众会借助网络平台将自己的认知表达出来。

公众的情绪特点往往会通过网络口碑表达流露出来，其文字成为情绪表达的载体。同样是针对美泰玩具召回事件，Choi 和 Lin（2009）对美国的两个家长网络社区的帖子进行了研究，揭示出危机事件发生后人们会产生一系列的情绪，如生气、警惕、惊讶、担心、害怕、疑惑等。结合人们对事件责任方的认定，他们将这些情绪分为两类：一类是归因依赖情绪，该类情绪会受到公众对事件责任的判定的影响,如生气、惊讶、蔑视等;另一类是归因独立情绪,该类情绪不会受到公众对事件责任的判定的影响,如警惕、疑惑、厌恶等。其中,生气和警惕两种情绪会最终作用于人们对于企业声誉的评价以及对产品的抵制行为。

值得注意的是,互联网这一相对自由、开放的表达环境有时会使人们的行为缺乏一定的约束力,进而产生了一些社会问题。如在网络空间中,负面情绪的无拘束表达会促使人们做出一些对社会产生不良影响的行为,如煽动行为(Flaming)等。与此同时,由于人们的表达方式和内容都比较自由,使得信息质量和价值取向出现良莠不齐的现象,而互联网的高速传播将扩大低质量信息与错误价值取向的负面影响。通过对 YouTube 上有关吸烟内容的视频进行内容分析,Freeman 和 Chapman(2007)指出一些人主要是抱着娱乐观众的目的将自己的吸烟经历上传到网上,并且那些无反对吸烟内容的视频以及包含性信息的视频的关注率会比较高,而这会在很大程度上阻碍控烟行动的有效开展。

(4)网络口碑内容与集体行为的关系。

在互联网世界中,大量网络平台的涌现为人们从事信息表达行为创造出了更广阔的空间,文字形式的评论表达为学者们研究公众的评论表达行为提供了极大的便利,除对信息内容本身对公众网络口碑表达的性质和特点进行分析外,一些学者开始从集体行为这一特殊的社会互动行为模式的角度对人们在网络上共同从事的信息行为进行阐释。

"集体行为"(Collective behavior)这一概念是指在集体力量的共同推动和影响下形成的个人行为,当人们参与集体行为时,常常会对该行为持一种共同的态度,并表现出类似的行为,且是一种情绪上的冲动,彼此间情绪的感染会促进行为在人群中传播开来(Park,1927)。Smelser(1962)列举了集体行为形成的六个影响因素:①环境条件;②结构性压力;③诱发因素;④宣传鼓动者;⑤普遍兴趣的产生;⑥社会控制能力。而互联网在一定程度上为集体行为的形成提供了环境基础,使得集体行为从线下拓展到了线上。

基于"O-S-O-R"传播中介模型(The Communication Mediation Model)(Markus & Zajonc,1985),我们可以进一步对人们的集体行为进行解释。在该模型中,第一个"O"(Orientation)是指个人特征、价值观等个人取向,"S"(Stimulus)是指媒介的使用以及人与人之间的讨论,第二个"O"(Subsequent

Orientation）是指知识、认知复杂程度、自我效能等个人取向，"R"（Response）代表最终的行为反应。即在媒介信息与社会交往的共同影响下，人们会对信息内容进行自我解释并做出一定的行为反应。

认识到网络媒介对于集体行为形成的重要影响，Chu（2009）选取2006年在香港发生的"巴士阿叔"事件，基于YouTube平台，对人们的集体行为以及网络口碑的形成进行了研究。该事件缘起于一位大叔乘坐巴士时由于说话声音太大而遭到同车青年男子制止，进而引发他与那名男青年的争执。一名乘客用手机记录下了整个争执过程并将视频上传到了YouTube网站上，该视频除引起人们的广泛关注外，还吸引网民进行集体创作，剪辑出不同版本的《巴士阿叔》上传到YouTube网站上。Chu（2009）对YouTube网站上的132个相关视频从视频内容、内容表现形式、观点表达、参与形式四个方面进行了分析。这一案例体现了网络时代的病毒视频（Viral video）不仅仅短时间内在大量的公众中间传播开来，作用于人们的观看行为，还会影响人们的内容生产行为，共同表现出的戏谑、讽刺等情绪会蕴含在其所创作的视频中，而YouTube网站则可以被理解为"文化公共领域"，人们可以通过集体行为在该空间内表达自己的情绪或观点。McGuigan（2005）指出在互联网营造出的这种"文化公共领域"内，人们可以表达自己观点、意见，以及展现自己的想象力。值得注意的是，在这一公共领域内，人们所表达的观点并不一定都是经过理性思考的。同样，针对某一事件或议题在网络平台上展开的讨论属于集体行为，可见，互联网的多媒体特点为人们开展集体行为提供了多种多样的载体，人们可以通过文字、视频、图片等形式实现计算机中介集体行为（Computer – mediated Collective Behavior），进而实现集体行为与网络口碑的互动。

正如 van Ginneken（2003）在《集体行为与公众评论》一书中指出，公众评论的形成是一个非常活跃的过程，并非是单纯地对个人信息表达进行叠加。公众评论会受到议题本身变化以及人们赋予议题的感情色彩的影响，并且其演变过程往往会伴随着公众的集体行为。但在此书中，van Ginneken（2003）所提及的公众评论是指人们在公共场合从事的观点性信息表达，而在本书中，我们将公众评论拓展到了公众评论，即不仅包含观点性的信息表达，还包括事实性信息的表达。但相似的是，公众的集体行为以及网络口碑的形成也是处于动态演变过程之中。基于对网络口碑动态形成过程的认识，在有关网络口碑的研究中，越来越多的学者考虑到时间因素对公众信息表达的影响，分析随时间变化公众网络口碑所表现出的特点。Vieweg（2009）结合弗吉尼亚校园枪击案对 Twitter 这一实时信息传播平台上公众的信息表达行为进行了分析，分析对象为事件发生后 6 天内的 Tweet 内容，结果表明，随着时间的推移，有关该事件的 Tweets 数量呈现出递减趋势，且包含事件情境描述的 Tweets 数量也逐渐减少。Qu 等（2009）在对汶川地震后天涯社区上公众的发帖数量进行分析，并指出，在地震发生后 1 周内，帖子的数量会出现一定的波动，而该波动与事件的相关进展存在一定联系。

3. 公众网络口碑表达与传播渠道

（1）网络口碑表达与社交平台的交融。随着信息与传播技术的发展，互联网空间中涌现出越来越多服务于网民信息表达的虚拟社区平台。公众可以借助这些平台分享信息、搜寻信息、发表看法，并借助信息提供情感支持、行动支持等。在众多网络平台中，公众的信息行为并不是诸如从计算机系统中提取相关信息的人与技术之间的互动（Human - technology Interaction），而是一种社会互动（Social Interaction），与面对面接触时所进行的口语表达不同的是，网络空间的社会互动是借助文字表达实现的（Burnett，2000）。

根据社会互动的程度，Cachia，Compañó 和 Costa（2007）将众多服务于公众评论表达的网络社交新媒体平台分为四大类，其社会互动程度层层递进，如图 1 - 9 所示。

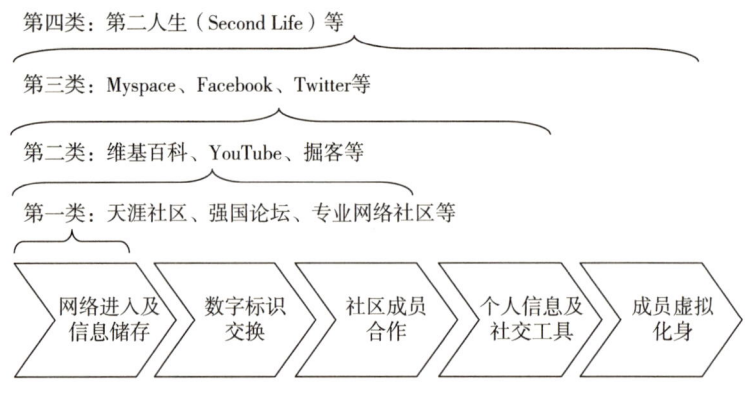

图 1 - 9　网络社交新媒体平台分类

第一类是诸如天涯社区、强国论坛以及具有一定专业性的健康、汽车、房产社区等,即通常情况下我们提及的"网络社区",为拥有共同爱好或兴趣的人提供了信息交流与储存的网络空间;第二类是诸如维基百科(Wikipedia)、YouTube、掘客(Dig)等网络平台,除具备第一类网络平台的特点外,该类网络平台还可以进行数字标识(Digital object)的交换以及社区成员的合作;第三类是诸如Myspace、Facebook、Flickr、Twitter、微博、微信等社交网络平台,这类网络平台在第二类平台的基础上还增加了社区成员的个人信息以及其他社交工具(如赠送礼物等),不同的社交平台中信息的详细程度和真实程度有所不同;第四类是诸如第二人生(Second Life)等网络平台,成员可以实现3D效果的虚拟化身进行交流。

网络社交平台的多元化发展不仅为人们营造出了更加广阔的社交空间,也搭建起了以公众为主体的庞大信息网络。Burnett(2007)将网络社区比作"信息社区"(Lnformation Neighborhood),指出在网络社区中,人们可以根据自己的兴趣或关注的问题获得所需要的信息。同时,学者们也认为,网络社区这一信息社区形式不仅仅包含了大量的媒介信息资源,更重要的是,它是由众多社会成员共同组成的,其中相互熟悉的人,还有很多不相识的陌生人(Haythornthwaite & Wellman,1998)。网络社区在一定程度上可以说是社交资源和信息资源的集合,随着社会交往元素的渗透,使得社交资源和信息资源呈现出网络化发展态势,并实现了社交网络与信息网络的交融与互动,蕴含在人际关系和信息内容中的社交因素则成为促进网络社交平台发展的关键。

以社交视频网站为例,社交视频网站的兴起使得网络视频分享为越来越多的公众所接受,成为人们重要的网络活动之一。相比于从前的网络视频形式,YouTube等一系列社交视频网站为人们上传视频、转换视频格式、分享视频创造了极大的便利,同时人们可以对视频内容进行评论和评价,更重要的是,网站根据内容的相关性将独立的网络视频有机地联结起来,并形成了巨大的视频内容网络,不仅为人们观看视频提供了便捷,也进一步促进了网络社交平台内人与人之间的社会交往(Cheng, Dale & Liu, 2007)。

(2)网络口碑表达渠道与公共危机。多元化的网络社交平台不仅拓展了公众的日常沟通方式,还成为危机事件发生后人与人之间进行交流的重要渠道。危机传播是传播学领域的重要研究方向之一，传播被视为降低由危机引发的不确定性和风险级别的重要手段，成为危机管理的关键组成部分（Reynolds & Seeger，2005）。网络社交平台将分布在不同地理位置的公众联结起来，就他们共同关注的危机事件进行交流，由此实现信息的大量汇集。一方面，网络社交平台中普通公众之间的交流成为人们获取事件相关信息的重要来源；另一方面，这种形式的交流也为相当比例的公众提供了信息、情感或是行为上的支持和帮助。

近年来，随着公共突发事件的增多，除对由组织向公众传递的信息流向进行研究外，一些学者开始注意到公众之间传递的信息流对于全面了解危机事件发生后的公众反应和制定相应策略有效处理危机事件的重要意义。

弗吉尼亚校园枪击案发生后，Palen、Vieweg、Liu 和 Hughes（2009）四位学者除进行线下的观察、访谈外，着重对事件发生的数小时内维基百科页面、Facebook 群组、Flickr 活动、学校网站论坛等网络社交平台进行了研究，发现这些平台为人们传递自己的安危情况、询问亲人/朋友安危情况提供了极大的便利，使人们可以在第一时间发出信息求助或提供信息支持，并让人们在传统媒体报道之前真实地了解事件的相关进展。可以说，信息与传播技术的发展为高度发达的人际网络的形成提供了可能，极大地促进了公众、信息以及媒介的汇聚，Castells（2000）将这种新的环境称为"流动空间"（Space of Flows）。对于危机事件，人们也会通过相机对事件进行记录，有学者重点选取了印度洋海啸、伦敦爆炸案、卡特里娜飓风、"9·11"恐怖袭击、弗吉尼亚校园枪击案和明尼苏达塌桥事故六大突发事件，对危机发生后图片社交网站 Flickr 上人们的信息行为进行研究，并基于对相关群组内容的分析和成员的访谈，结果表明，人们在危机事件发生后会通过创建或加入群组的方式自愿地聚集起来分享图片信息，图片逐渐成为公民新闻报道这一危机后反应的重要表现形式，图片内容包括事件发生时的情境、危机发生后的社会反应（如救援、哀悼场景等）、网络社交汇聚截图（如 Google 地图、Facebook 群组活动、Second Life 组织的相关活动等）、失踪人员及个人物品等（Liu, Palen, Sutton, Hughes & Vieweg, 2008）。

上述突发事件中公众的信息行为反应凸显出 Web 2.0 时代的"社会汇聚"（Social Convergence）效应。"社会汇聚"这一概念原指危机发生后该地域的人们会自动地聚集起来，且常常伴随着物品/服务以及信息的汇聚（Fritz & Mathewson，1957）。随着网络社会媒体平台的多元化发展，"社会汇聚"这一现象逐渐被拓展到网络环境中，泛指在危机事件发生后公众、信息与媒介在网络空间的汇聚及人们从事的相关活动。与传统的社会汇聚相比，网络环境中的社会汇聚没有地域的限制，这使得公众的社会汇聚活动参与度大大提升了（Hughes，Palen，Sutton，Liu & Vieweg，2008）。基于 Kendra 和 Wachtendorf（2003）对"9·11"恐怖袭击事件后社会汇聚行为的分析，Hughes 等（2008）对网络上"9·11"恐怖袭击事件、卡特里娜飓风、弗吉尼亚校园枪击案和南加州山火后的社会汇聚行为展开了研究，分析对象为人们在 Facebook、Twitter、Second Life、Google Map 等网络社会平台上发布的信息，结果指出，人们的社会聚集行为主要包括：为受害者及家属提供帮助、因事件所产生的焦虑情绪、了解事发地的相关情况、对受害者及家属的情感支持以及对救援者的感谢、对受害者的悼念、利用危机获取个人利益的行为、受好奇心理驱动的关注行为等。

4. 网络口碑受众

（1）网络口碑受众与信息扩散。

有关个体在信息扩散中所发挥作用的研究是传播学领域的重要方向之一（Rogers，2003）。网络的蓬勃发展也为该方向的研究注入了新的生机。网络社区交流模式多人参与、信息呈现出多方向扩散的特点使得网络口碑受众具有很多不同于传统媒体信息受众的行为特点。

结合信息交换的相关研究，Sohn（2006）对基于网络平台交流的信息扩散模式、信息交流模式进行了总结。社会学家们指出两人参与的交流与多人同时参与的交流活动的信息扩散模式有较大差异。Simmel（1950）在研究三人参与的交流活动时，指出第三个人的存在会从本质上改变另外两名交流者对所处情境的认知。图 1-10 描述了顺次信息扩散和同步信息扩散两种信息扩散模式，不同的信息扩散模式会为人们的交流营造出不同的环境，并且此前关于信息扩散的研究指出人们传播是一个信息进行顺次传递的过程，在这个模型中，顺次信息扩散参与者只需要考虑与为数不多的信息直接接收者的关系，而在 N 人（N > 2）参与的同步信息扩散的过程中，每一个参与者都需要考虑到其他 N-1 人的存在和行为（Sohn，2006）。

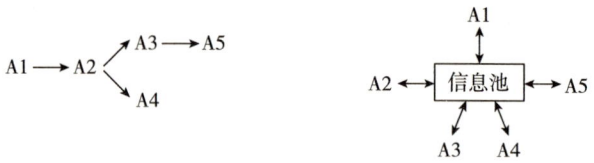

图1-10 顺次信息扩散与同步信息扩散模式

人与人的交流有两种基本模式：限制性交流（Restricted Exchange）和拓展性交流（Generalized Exchange）（见图1-11）。限制性交流（Sahlins，1974）是指两人参与的交流活动，拓展性交流通常有多人参与，参与者在接收来自他人的信息的同时还会进行信息传递活动（Ekeh，1974）。在网络空间中，既可以实现两人之间的限制性交流，如A2对A1帖子中提出的疑问进行解答，也可以实现多人之间的拓展性交流，A1与A2之间没有绝对的互惠式交流，但A1可以从A3那里获得相关信息。可见，网络平台的信息交流模式融限制性信息交流模式和拓展性信息交流模式于一体，在多人的共同参与下形成信息的同步扩散。

图1-11 限制性与拓展性信息交流模式

Yamagishi和Cook（1993）对拓展性信息交流模式展开了进一步的研究，指出拓展性交流模式可以分为群组式拓展性交流（Group-generalized Exchange）和人际网络式拓展性交流（Network-generalized Exchange）。群组式拓展性交流（如网络论坛）强调群组成员共享一个信息池，通过信息交流活动所积累的资源都会汇聚到这个信息池中，进而实现资源共享，而人际网络式拓展性交流（如博客群、社交网络）则没有公共的信息池或沟通渠道，人们主要是借助成员之间的人际网络进行资源交换的。随着信息传播技术的发展，在网络空间中，融群组式拓展性交流和人际网络式拓展性交流于一体的网络平台变得越来越普遍，如Facebook这一社交网站，成员不仅可以在自己搭建的人际网络内与好友进行人际网络式拓展性交流,还可以在 Facebook 群组中与关注相同问题或拥有相同爱好的人进行群组式拓展性交流。

(2) 网络口碑受众角色特点。

网络平台的信息扩散模式与信息交流模式使得网络口碑表达的接收者的行为显现出一系列不同于传统媒体信息接收者的特点。网络社区作为网络口碑表达的重要平台之一,对于网络口碑受众来说,他们除作为信息接收者外,还可能具有信息反馈者、信息传递者、信息搜寻者等多重身份,其信息行为动机成为学者们研究的重点。目前,研究内容主要涉及以下三个方面:一是对网络口碑受众的信息接收行为进行研究;二是对网络口碑受众与信息发送者之间的信息交换行为进行研究;三是将网络口碑受众的信息获取行为与基于所接收的信息的传播行为结合起来进行研究。对受众多重身份的研究有助于我们更加深刻地理解网络口碑信息的传播模式。

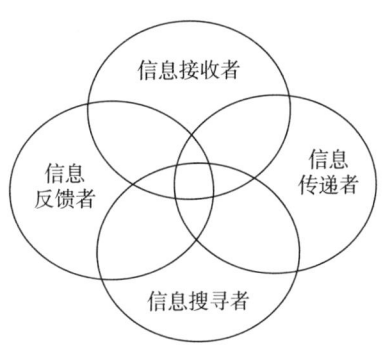

图 1-12　网络口碑受众的多重角色

Kaye (2005) 通过对近 4000 名博客读者进行问卷调查,并进行因子分析后得出人们阅读博客的六大动机:①信息搜寻。人们会积极地通过博客获取时事信息,并与传统媒体的报道进行比较。②使用便捷。相比于传统媒体和其他网络资源,一些读者表示通过博客获取更加方便,不需要对信息进行筛选。③自我实现。收集信息以积累谈资,并满足多种情感需求,如娱乐、放松、兴奋等。④政治监督。关注政治新闻,包含政治人物的观点和行为等。⑤社会监督。了解其他人关于社会事件及相关议题的观点、看法等。⑥表达与联结。表达个人观点，与具有相同思想的人进行交流。同时，他对动机形成的影响因素展开了进一步研究，结果表明，自我效能，即人们对自己能否成功对政治、社会改变发挥作用的主观判断，会显著影响信息搜寻、使用便捷、政治监督和社会监督四种动机的形成。对政府信任度较高的人群阅读博客的动机多为信息搜寻、使用便捷、自我实现、政治监督和社会监督，而对政府信任度较低的人群阅读博客的动机则倾向于进行表达和联结，基于他人的博客文章发表自己的评论，并与想法相似的人群取得联系。网龄较长的人群阅读博客的动机多为社会监督，而网龄较短的人群阅读博客的动机多为使用便捷、自我实现和政治监督。Haferkamp 和 Krmer（2008）在对德国的博客读者进行调查后指出，了解他人生活、消磨时间、娱乐、获取信息是人们阅读博客的动机。

同时，学者们发现，人们在很多时候会表现出更加信赖网络上普通公众传递的信息的倾向。Schindler 和 Bickart（2005）指出人们搜寻电子口碑信息主要出于以下五个原因：①直接对品牌/产品进行比较；②搜寻相关的负面信息；③支持自己已经做出的决定；④寻找与自己拥有相似关注或兴趣的社区；⑤享受其中的快乐。

在网络社区中，经常发帖的活跃成员只占很小一部分，也有一些成员偶尔会发言，但对于大部分成员来说，他们只是浏览社区内帖子的内容而不从事发帖行为，该类人群通常被称为网络社区的"潜伏者"（Lurker），即使是在非常活跃的社区，潜伏者所占的比例也会非常高。Burnett（2000）将这种行为称为网络社区的非互动行为（Non-interactive Behavior），尽管潜伏者是不可见的，但他们却是网络社区的重要组成部分。基于此，一些学者针对网络社区"潜伏者"的行为动机展开了研究。通过对社区内的潜伏者的调查，Preece、Nonnecke 和 Andrews（2004）将潜伏者所列举的潜伏动机归为五类：①没有必要发帖，人们表示浏览帖子对于他们来说已经足够了，而且社区内也没有要求他们必须发帖；②需要进一步对社区进行了解；③作为阅读者同样是对社区的贡献，相当比例的公众认为当没有内容可提供或是其他人已经表达了自己的意思时，作为一个倾听者同样是非常宝贵的；④操作存在一定困难，如没有足够的事件、不知道如何发帖等；⑤对于融入社区存在一定困难，原因主要包括等待回复的周期太长、对待新成员不够友好等，也有一些潜伏者表示他们对于发帖感到害羞。同时，Preece（2004）指出，对于大部分潜伏者来说，潜伏行为并非他们的本意，而是受到种种原因的影响才形成最终的潜伏行为。

正如上文所述，网络空间内信息交换行为属于社会互动的范畴，尤其是对于网络社区而言，信息交换是人们从事的一种重要信息行为。人们在接收发送者传递的信息后会做出一定的回应，并进行实现社会互动。相当比例的公众常会给陌生人的博客留言，发表自己的意见，基于对博客读者的调查，Haferkamp和Krmer（2008）指出以下三个方面是促使人们发表留言的主要动机：①反馈，希望通过留言的形式给出自己的意见或是表达自己阅读后的心情；②引起关注，希望成为社区的一员或引起他人的关注；③交流，希望与作者进行交流。

新媒体技术在一定程度上改变了传统的"传播者—信息—接收者"人际传播模式，认识到这一问题后，Gumpert和Cathcart（1986）引入了"信息传递者"这一概念，信息传递者会在接收信息后将信息继续传播出去。基于此，一些学者对公众的传递者身份进行了研究。

Rioux（2004）将网络空间中的信息获取行为与信息传播行为联系起来，对网络信息的获取—分享行为的特点和动机进行了分析。网络信息获取—分享行为是指人们在借助互联网搜寻信息的过程中，当认为他人可能对自己获得的信息感兴趣时，会通过不同方式在线上、线下与他人进行分享，实现信息的传播。结果表明，网络信息搜寻—分享行为在网民中非常普遍，社交需求是人们产生该行为的原因之一，人们往往会将从网络上获取的信息与家人、同事、朋友进行分享。情绪因素也会促使人们形成网络信息获取—分享行为，当人们认为潜在的信息接收者与自己在情感上有共同之处时，会倾向于对所获取的信息进行分享。此外，维持关系同样是人们从事网络信息获取—分享行为的原因之一。尽管有关网络信息获取—分享行为的研究处于起步阶段，且并未置于网络社区进行研究，但网络平台的多元化发展以及信息传播技术的进步，无疑为人们在通过这些网络平台获取信息后从事信息分享行为提供了便利。

Huang、Chou和Lan（2007）将阅读电子口碑的动机分为信息动机和社交动机，在阅读时抱有信息动机的人群通常借助电子口碑所提供的信息解决自己的问题，而抱有社交动机的人群则更注重与其他成员的交流，因此会更倾向于与他人分享自己获得的信息，对所获得的信息进行传播。而信息的内容也会影响人们传播电子口碑的行为，当人们认为信息内容涉及具有较高风险的产品或服务时，则倾向于对自己看到的信息进行传播，这也揭示出对于从事高风险产品/服务提供的行业/企业来说，需要更加注意对网络上有关该行业/企业的负面信息的监测。

与此同时，电子口碑信息的接收者往往会具有积极的信息搜寻行为。对于电子口碑传播来说，信息搜寻行为所发挥的作用非常关键，人们在做出某些购买决定前，或是对某一领域感到陌生时，常常会通过搜寻口碑信息的方式借鉴其他人的经验，对于促进信息的扩散有着重要的意义。信息表达者和信息搜寻者的同时存在使得电子口碑传播得以实现。而搜索引擎的应用也使得人们可以便捷地搜索到其他人在网上发表的意见，使得人们很容易在生活中接触到电子口碑（Sun，2006）。

此外，社交网络平台的多元化发展使得人们不仅可以借助文字进行信息表达，还可以通过上传视频、图片等开展一系列形式多样的网络信息行为，这使得网络口碑受众不仅可以阅读文字信息，还可以观看视频、图片信息。人们在观看 YouTube 视频后，可以对内容进行评论、打分，以及将视频链接发给亲友，与他们一同分享。通过对公众进行调查，Haridakis 和 Hanson（2009）指出人们除出于娱乐、搜寻信息等个人因素观看视频外，社交因素如社会交往和希望与他人分享信息会促使人们观看 YouTube 视频，其中社会交往因素包含通过 YouTube 网站认识新朋友以及参与有关视频的讨论，而与他人分享的信息不仅包含与朋友就视频内容进行交谈，还包括与亲友一同观看视频。同时，娱乐、社会交往和希望与他人分享信息也是人们分享 YouTube 视频的主要动机。

相比于日常生活，在公共危机事件中，尤其是事件在发生后非常短的时间内，公众会对信息表现出更为强烈的需求，希望能在第一时间获取准确的、可靠的相关信息，但由于官方媒体还没有开始报道，因此人们会倾向于到网络社区、社交网站等社交网络平台上搜寻相关信息（Palen & Liu，2007）。

5. 网络口碑传播效果

互联网被视为集大众传播和人际传播特点于一体的媒介形式（Cassell, Jackson & Cheuvront, 1998），大众传播具有较强的覆盖影响，可以将信息传递给更广泛的公众，而人际传播的传播对象较为明确，反馈及时，因此具有较强的说服力。Web 2.0技术的广泛应用大大强化了网络空间内大众传播与人际传播的互动,进一步扩大了网络口碑信息对于个体以及对于社会环境的影响力。

根据上文提及的使用与满足理论,借助网络媒介的表达行为会受到一系列内在动机和外在动机的影响,而这些动机也在一定程度上反映了人们希望通过相应行为被满足的需求。除此之外,从事线上的信息表达活动还会在一定程度上影响他们的线下行为。通过研究人们在线上和线下发表极端观点的行为,Li(2007)指出在网络上倾向于发表极端观点的人群,其在线下发表极端观点的可能性也较大,可见,人们在具有观点多元化和表达自由化的网络环境中形成的观点表达意识会影响到其在日常生活中的观点表达行为。围绕人们在线上和线下关于伊拉克战争的讨论,通过对网络调查的结果进行分析,Nah、Veenstra 和 Shah(2006)指出有关政治问题的网络讨论是面对面讨论的重要补充形式,尤其是当人们从事反政府行动并持有比较小众的观点时。同时,线上和线下的讨论会共同作用于人们的政治参与行为。

而对于网络口碑信息的接收者来说,同样会受到这些信息的影响。互联网不仅成为人们交换信息、表达观点的重要平台,还使得人们接触到各种各样的观点(Li,2007)。在人际传播的过程中,包含负面态度的信息分享会对信息接收者的态度变化产生显著影响,促使人们对负面情绪所指向的对象(人、事件或情境等)形成负面态度;而包含正面态度的信息分享对信息接收者态度朝积极方向变化无显著影响。并且,人们对所得知的负面信息的记忆情况明显强于对所得知的正面信息的记忆(Yoo,2009)。

基于上文提及的"O-S-O-R"传播中介模型(The Communication Mediation Model)(Markus & Zajonc,1985),Rojas 等(2009)对 Web 2.0 时代信息传播技术使用、评论表达、社会动员以及公民参与之间的关系。通过调查表明,博客的使用会影响人们的评论表达行为(如论坛发帖、评论政治博客、运用社交网站表达观点等),而人们的评论表达行为会进一步作用于其通过网络人际关系进行社会、政治动员,最终影响其在实际生活中的公民参与行为(如投票、从事志愿者工作、服务于社区项目、参与政治捐款等)。通过对政治广告的社会影响进行研究,Shah 等(2007)也得出了类似的结论,即媒介信息的传播会影响人们在网络空间内的信息表达行为,而该行为最终会作用于其政治参与行为。同时,他们结合调查结果对传播中介模型进行修正,认为应在模型中加入"推想"(Reasoning)这一环节,即"O-S-R-O-R",该环节是指人们对接收的信息内容进行自我解释的过程。

对于社会环境而言,Romm,Pliskin 和 Clarke(1997)综合分析了网络社区对于社会环境的即刻影响和更为深层的影响。一方面,网络社区会影响人们的语言使用、行为模式、社交活动和政治活动,其中,语言使用包含较为日常的网络用语以及由于特定事件而产生的社会流行语言,行为模式主要是指人们在群组中表现出的行为,社交活动除了包括日常的社会交往外,还主要包含网络社区引发的煽动效应、去抑制效应等,政治活动则包含组织内部以及组织之间的相关活动。另一方面,网络社区会使所讨论的议题升级、不同地域社会认同的融合以及对人际关系的界定等。Zhou 和 Moy(2007)对网络口碑在地方事件演变成全国关注的事件的过程中发挥的作用展开了研究,在对事件性质界定、事件起因、道德评判、解决办法等方面对网络社区的发帖情况以及新闻报道内容进行分析后,他们指出,网民会结合自己的理解对事件的性质界定、起因进行解释,并做出相应的道德判断,提出事件解决办法,多元化观点和意见的引入使得一起地方事件在全国范围内引起轰动。

同时,公众网络口碑会通过主流媒体在社会范围内发挥影响。以博客为例,相比于主流媒体来说,博客的受众规模要小很多,并且对于博客圈来说并没有一个作为中心的组织机构,但即便如此,在一些政治讨论中博客仍发挥着重要的作用。博客对政治的影响并不是通过流量进行衡量的,而在于很多记者、编辑、专栏作者、官员是博客的读者。而媒体与博客圈建立联系的原因主要在于:①博客内容可以成为丰富媒体报道的信息来源;②许多媒体开始借助内容收费策略增加收入,而博客作为免费阅读内容可以吸引读者,维持媒体流量;③博客的观点表达具有较强的时效性,博主常常在事件发生后短时间内发表相关评论(Farrell & Drezner,2008)。

(三)新媒体再传播内容策略

再传播就是"二次传播"或者"转播"(杨华,2003),它首先是一个转发的行为。陈聪等(2012)认为在传播就是信息经最初传播主体发布后,由其他传播主体转发、转载等形成"接力",进行更广泛的发散传播。网络口碑的再传播不仅包括信息的转寄或转载行为，还包括与信息发送者之外的更多消费者进行在线口碑讨论的行为（Sun，2006）。在信息的再传播过程中，信息的接收者会依照自己的想法或情感对其进行修改，巢乃鹏、黄娴（2004）等认为，再传播是接收者从网络中获取信息后进行内容的增修再转发的行为；再传播是"初始传播的延续"，它在时间的先后顺序上区别于初始传播，并且通过某些形式把初始传播的信息存储了下来，通过加工和信息处理，然后再通过适当的方式进行再传播，这种传播与再传播的循环作用，会实现信息放大和增值（周涧，2005）。而殷俊、何芳（2011）认为，在微博中，再传播则打破了传统人际传播"一对一"的传播方式，形成"一对多"的传播格局。

在再传播的外在影响动机中，"地位""关系"在传播中起着重要的作用。Sun等（2006）指出在线口碑的转发和聊天取决于意见领袖网络信息发布者的影响力，即意见领袖网络发布者的影响力越强，就越能推动口碑的转发。Huang等（2009）认为社会互动关系、情感的结果预期和自我效能感在转发行为中起着重要的作用。宋好（2011）认为，在微博传播中，意见领袖往往会受到粉丝的高度关注，微博意见领袖的关注度取决于两点：一是博主的粉丝数，二是微博的转发数。微博受关注的程度、博主本身及其所发布信息有着显而易见的关联。黄敏学（2011）则认为，意见领袖搜索者而非意见领袖是主要的再传播者，对于意见领袖来说，每当其搜索信息时，便转化为意见搜索者。意见领袖不会轻易传播非自身的观点和信息，源于对自身专家地位的维护。与此同时，网民的意见搜索意愿越强，就越愿意在互联网上寻找相关感兴趣的信息，也更愿意将此信息传播给他人，而意见搜索者传播信息时也通常将其传播给关系密切的人。

除"地位""关系"对再传播构成影响外，许多学者也从接收者自身因素进行了研究。Anderson（1998）指出口碑传播呈现U形关系，即在高度满意和高度不满意时，也就是有较为愉快或糟糕的购物体验时，参与口碑传播的意愿最高；Rimé等（2002）通过对视频转发的研究说明，人们通过转发行为去和家人朋友等分享自己经历的情感；Hennig - Thurau（2004）归纳出消费者传播口碑的八种动机，分别为信息平台协助、释放负面情感、对其他消费者关心、积极自我提升、社会利益、经济激励、帮助公司、寻求建议；Cheung等（2012）认为声誉、互惠、归属感、乐于助人、道德责任、知识自我效能是消费者进行网络口碑传播意向的前因变量。武传表等（2012）通过对游客网络口碑传播动因进行研究，发现游客满意度、旅游体验、利己主义、网络涉入是影响游客网络口碑传播的主要动因。

在传播内容特征对再传播的影响研究中，传统说服理论认为，口碑的内容特征是影响口碑受众传播的三大因素之一。许多研究表明，生动有趣的口碑内容对消费者行为意愿影响更为强烈（P. M. Herr，1991）。陈明亮、章晶晶（2008）验证了口碑内容趣味性是决定网络口碑再传播意愿的影响因素。廖成林（2010）通过结构方程模型研究得出，口碑内容的趣味性和生动性、娱乐动机对正面口碑再传播意愿有显著影响；Jung – Kuei Hsieh（2012）发现，幽默和多媒体影响在接受在线视频和转发意图中产生了积极的影响。陈聪等（2012）则发现在信息传播的过程中，兴趣类话题传播效果最强，自语类传播效果最弱。除趣味性之外，唐雪梅等（2012）发现，受众对负向网络口碑的再传播意愿比正向口碑更高，对情绪型网络口碑的再传播意愿高于事实型网络口碑，同时产品卷入度对情绪型网络口碑的再传播影响具有调节效应。Gupta（2012）发现带有重要信息内容和确凿信源的微博可信度更高，微博内容可信与否看其专有名词数量、承诺语句、代名词以及情绪。在信息表达形式上，Linchi Kwok（2013）发现，信息的状态对评论数会有影响，研究表明，文本和图片类信息更受欢迎。在所有的信息中，营销类的信息得到的"赞"最小，微话题的信息得到更多的"赞"。孙会（2012）发现微博信息类型是影响转发的重要因素，从内容上看，轻松、实用性信息转发率较高；而从形式上看，文字型和图文型微博更具转发优势。谭天（2012）通过对新闻官微的研究表明，整合传播信息的微博其影响力大于单纯传播一类信息的微博，以意见性信息为主的微博其影响力大于以事实性信息为主的微博。

（四）新媒体内容传播中的时间线索

时间线索是指评论文本中出现的表明消费时间的词语，本书将时间线索分为时间接近性线索（如"刚刚""今天"）与其他时间线索（包括"昨天""上周""一月前""半年前"）。其中，时间接近性线索是指表明消费行为发生与评论撰写之间的时间差很短的词语，例如"今天""刚刚"等，是人类用于建立物理事物之间因果关系的知觉线索（Hogarth，1986）。在缺乏时间接近性线索的情况下，因果关系的感知是大大受损的（Buehner，2003）。以往对时间接近性线索的研究都主要集中在物理方面的因果归因上，社会属性方面的研究虽然也曾有过猜测，但几乎没有实证检验过。就网上评论的情况来说，以往的研究表明：在物理领域获得的关于时间接近性因果关系的结论将会被用于对评论的动机进行归因；特别地，时间接近性线索的存在将产品体验与产品评论联系在一起，促进了评论是被产品体验驱动而不是被评论者驱动的认知。而如果积极的评论比负面的评论更可能被归因于评论者，那么相对于消极的评论，时间接近性线索通过增加将评论归因于产品体验的程度，从而增加评论的影响力应该是更强的。

此外，根据人们获取信息是否亲身经历，可以把经验分为两种类型：直接经验和间接检验。直接经验是指人们在现实世界中发生的活动而获得的"知识"，间接经验是指人们从文字、口口相传等获得的经验。直接经验对人们解决问题、做出决定至关重要，人们可以根据理性思考得出结论，但是，人们还是比较倾向于相信自己的观察或者经验。人们还是经常通过咨询、阅读文字资料等间接经验的形式去解决问题。随着互联网的发展，网上存在着大量的个人经验形式的信息，如博客，论坛等，目前对互联网上个人经历的研究，主要集中在对个人经验的挖掘上，主要集中在：从数据角度，探究从哪些因素去挖掘个人经验，比如，Takeshi Kurashima 等主要从时间、地理位置、观点、活动和情感五个属性定义了个人经验，利用数据挖掘技术对博客中的个人经历进行处理，Quang Nguyen 主要从词库和语言学的角度，研究了基于词库和语言学对个人经历方面信息的信息挖掘。在线评论本身就是消费者购物后个人经历的一种描述，对于潜在消费者，评论中提及的经验信息对其做出决定具有非常重要的影响，但是，目前从在线评论的角度，去探究个人经验对评论有用性的影响的相关研究相对较少。Hye – Jin Min 等在研究在线评论的有用性推荐系统时，认为具有时间线索的在线评论，要比没有这些时间线索的评论具有更高的有用性。他们把时间线索作为个人经验表达的一种度量方法，购买、使用产品的时间表达和根据语言风格提取出的早期购买产品的数量，作为算法中两个变量，构建了一种在线评论有用性的推荐算法。研究表明，基于时间线索的算法计算出的高有用性评论要比基于有用性投票、评论者的声誉下的高有用性评论具有更高的价值。在线评论中的时间线索，本书定义为在线评论中出现的标识个人购物经历的时间词汇，比如，上周、前一段时间等，本书用评论中出现的时间线索作为评论中个人经历的一种度量。在汉语中，由于时间性词汇相对比较封闭，本书把时间性词汇分为以下几类，如表1-1所示。本书中，对时间线索的界定，主要根据评论中是否出现时间性词语。

根据 Petty 和 Cacioppo 提出的精细加工可能性模型，人们认知和处理信息主要的两种渠道：中心路径和边缘路径。在中心路径下，信息接收者的态度改变主要来自对信息的充分、理性的思考，认为信息代表了特定立场的真实意义；在边缘路径下，信息接收者的态度改变主要来自与信息有关的一些线索，而不仅仅是信息本身。评论中的时间线索可以增强评论阅读者在边缘路径下对加强消费者对评论信息的信任感，提高信息有用性的感知水平。

表1-1 时间性词汇分类

类型	相关举例
数量短语	一会，一个小时，一天，半天，四个星期，两个月，三年
含方位词的表时短语	上个星期四，下个月，上半夜，春节后等
带有"时"的表时短语	这个时候，这个时间，黄昏时，傍晚时分
具体的年、月、日	二〇〇四年，九月，十六日
专有时间名词	春节，大前天，初春，夏至

第二章 关系偏差：意见领袖影响力

第一节 意见领袖的识别偏差及影响因素研究[①]

一、研究问题的提出

"意见领袖"（Opinion Leader）这一概念最早是由传播学者拉扎斯菲尔德在20世纪40年代提出来的，最早主要研究如何在政治投票、公共事件等领域发挥人际影响力。随着各个学科对于意见领袖现象的日益关注，关于意见领袖的操作性定义和测量也逐渐增多，其中自我报告法和社会计量法应用最为广泛。

目前，基于自我报告法的意见领袖量表，经过 Roger、King、Childers、Flynn 等的修正和完善，已经得到广泛认可。社会计量学是以他人报告法为基础，通过社会网中心度指标来测度意见领袖，近年来在研究方法中逐渐得到重视。Raghuram Iyengar 等（2011）研究认为，自我报告法量表测量的意见领袖与社会网中心度测量的意见领袖之间存在一定程度偏差，自我报告法量表测量的意见领袖更容易被视为测量被访者对自身影响力的自信程度，而社会网中心度测量出的意见领袖由于来自他人的评价，因此相对更为客观和真实。

但是，目前国内外在意见领袖测量识别的过程中，往往采用单一方法，在意

---

① 陈旭辉，景礼. 意见领袖的识别偏差及影响因素研究——基于量表—社会网方法比较视角［J］. 现代传播（中国传媒大学学报），2015，37，232（11）：146－151.

见领袖测量识别方法上缺乏统一口径处理,导致两种识别方法下的意见领袖特征并不完全一致,从而对于意见领袖相关研究造成混淆。

本书从议题和关系两方面因素入手,对于"自我报告法的量表和社会网中心度测量的意见领袖识别偏差"(以下简称"识别偏差")进一步研究,进而明确识别偏差成因以及自我报告法量表的适用范围,从而更准确地把握意见领袖的特征和影响机理。

二、相关理论综述

1. 自我报告法的意见领袖量表发展

自我报告法是根据意见领袖量表,该量表由反映意见领袖心理素质的相关问题构成,让被访者根据自身情况进行回答,通过对这些问题回答分值的计算得出意见领袖特质程度。首个意见领袖量表由拉扎斯菲尔德和卡茨在1955年提出的,这个量表被称为"卡茨-拉扎斯菲尔德量表",该量表仅包括两道题目,分别测量自我评估的个人影响力和实际影响力这两个意见领袖特征:

(1)近期,您试图说服过某人接受自己的政治观点吗?

(2)近期,有没有人在政治问题上向您征求建议?

在"卡茨-拉扎斯菲尔德量表"基础上,经由Rogers、King 和 Summers(1970)进一步修正得到了"King & Summers 量表",该量表由七个问题组成,分别测量自我评估的个人影响力、实际影响力、交往行为等意见领袖特征:

(1)一般来说,你经常和你的朋友讨论吗?

(2)你认为你给你朋友传递的信息,很少或一般。

(3)在过去的六个月,你是否和别人讨论过?

(4)在你的朋友圈中,你被问及的可能性有多大?

(5)当你和你的朋友讨论时,你主要作为倾听者或说服他们接受你的意见。

(6)下面哪种情况经常发生,你告诉他们去做或他们告诉你去做?

(7)你是否感觉到你被你的邻居和你的朋友认为是一个很好的意见提供者?

与以往量表相比,"King & Summers 量表"增加了题目的数量,这样可以更多维度考察意见领袖特征,后续相对多的意见领袖量表延续了这些维度。

Childers 在1986年对"King & Summers 量表"进行了修正,主要是把"King &

Summers 量表"中答案的两分制更改为五分制,同时将"King & Summers 量表"的 7 个评估题目聚焦于"有线电视"同一讨论话题,从而使得所有被访者的理解保持一致,对意见领袖识别更为精准。

但是不论是"King & Summers 量表",还是由 Childers 修正的量表,都只是倾向于关注意见领袖的沟通交流能力,而不是影响力——改变他人的观点、态度、行为等能力。因此,1996 年,Flynn 进一步修正了量表,一方面将答案改为七分制、话题聚焦在"音乐唱片"方面,另一方面增加了影响力方面的测量题目,经过信效度检验,最终保留 6 个题目作为自我报告法的意见领袖测量量表(其中第 5、第 6 这两个题目为影响力测量内容),该量表被称为"Flynn 量表":

(1) 我关于音乐的意见,他们很少采纳;

(2) 当人们选择摇滚音乐唱片时,人们很少向我寻求意见;

(3) 其他人很少向我寻求关于音乐唱片的意见;

(4) 我经常要求人们选择那些我向他们推荐的唱片;

(5) 人们基于我给出的意见来进行选择唱片;

(6) 我经常能影响人们关于流行音乐的观点。

发展到"Flynn 量表"之后,意见领袖量表基本进入成熟期,后续的研究更多的是在不同领域对于该量表的应用。

2. 他人报告法的社会网中心度意见领袖识别

相比于自我报告法,Katharina Simbeck（2012）认为,社会网中心度是一种更加准确、客观的测量方法,用社会网来测量意见领袖不仅可以大大减轻辨别意见领袖的工作量,而且提供了一种全新的测量意见领袖的方法。

社会网中心度有很多类型,其中测量和评价一个人在一个社会网络中的地位、权利和影响力时,程度中心性是一个非常重要的指标（罗家德,2010）。程度中心度用来测量一个中心者周围人数的比例,在具有方向性的社会网络中可以进一步细分为外向程度中心度和内向程度中心度。程度中心性可以准确测量出意见领袖,其中,内向程度中心度与意见领袖之间存在显著相关关系,因此,可以采用内向程度中心度来测量意见领袖程度。

内向程度中心度是其他节点承认对某一节点有关系关系的数量总和,其公式为:

$$C_{DI}(n_i) = d_I(n_i) = \sum_{j=1} X_{ji}$$

标准化后的公式为：$C'_{DI} = \dfrac{d_I(n_i)}{g-1}$

其中，X_{ij}是0或1的数值，代表行动者j是否承认与行动者i有关系，g是该网络中人数。

3. 识别偏差及影响因素

在测量识别意见领袖方法中，自我报告法量表和社会网中心度测量结果之间可能会出现一定程度偏差：通过量表识别出的意见领袖，在社会网中心度测量结果中，其内向程度中心度并不高，并非具有真正影响力的意见领袖。

这两种方法之间的意见领袖识别偏差，综合相关研究成果，主要受以下两方面因素影响：一个是侧重于外部的议题因素，另一个是侧重于内部的关系因素。

（1）议题因素（专业议题 vs. 一般议题）。

对于意见领袖而言，产生社会影响需要两个基本技能：专业能力和沟通交流能力。虽然这两项技能都能增加个人影响他人的能力，但在专业技术和知识解决问题要求较高的领域内，具有较高专业技术和知识的个人更能对他人产生影响。而在专业技术和知识水平要求一般的议题上，比如购物、流行话题等，意见领袖的形成主要通过交流沟通而形成。这表明，在专业议题方面的影响力更依赖专业知识能力的影响力，而在一般议题方面的影响力更依赖沟通交流能力的影响力。

（2）关系因素（强关系 vs. 弱关系）。

在测量意见领袖的方法上，社会网中心度测量结果是一种长期的、相对较为稳定的影响力，同时，人们对于其亲戚、朋友更加信任，受他们的影响也是更强烈。关系越强，相互了解越多，无论是自我评价量表还是他人评价的社会网中心度，其意见领袖识别结果也更为接近。

三、研究设计

1. 理论模型及研究假设

根据上述文献综述，自我报告法量表与社会网中心度识别出来的意见领袖之间存在偏差，本书从议题和关系两个方面梳理出识别偏差影响因素，并构建出相应理论模型，具体如图2-1所示。

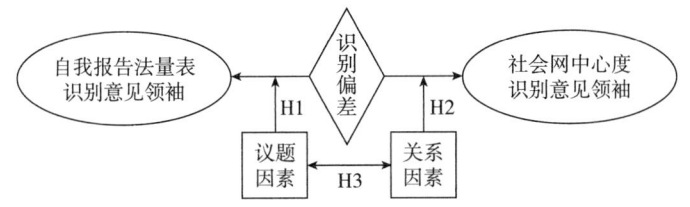

图2-1 意见领袖识别偏差及影响因素理论模型

意见领袖之所以成为意见领袖,是因为他(她)们的言论能够对某个群体或组织中其他人的态度、行为产生影响力。但是每位意见领袖的影响力并非是一成不变的,而且关于自身影响力的自我认知与他人认知之间也存在偏差,其中影响这种识别偏差的主要因素为议题和关系,因此,本书提出如下研究假设:

H1:自我报告法量表测量和社会网中心度测量出的意见领袖,在专业议题上二者识别偏差相对较小,但是在一般话题领域二者识别偏差相对较大。

H2:自我报告法量表测量和社会网中心度测量出的意见领袖,强关系下两者识别偏差相对较小,弱关系下两者识别偏差相对较大。

H3:议题因素和关系因素并非对两种意见领袖的识别结果单独产生影响,而是存在交互作用,即当某一因素存在的时候,会对另一因素产生延迟或者加速的效果。

2. 概念操作化

(1) 意见领袖识别方法。

考虑到本书研究重点在于对现有主流意见领袖识别方法进行比较,因此,在自我报告法意见领袖量表方面,本书采用目前使用广泛的Flynn量表,沿用其中的6个描述语句,并采用5级量表形式。在社会网中心度识别意见领袖的具体方法上,本书采用标准化内向程度中心度,即根据前文中计算得到的结果,该数值高的人,在这个团体中也具有一个主要的地位。

(2) 议题因素。

本书研究借助社会网中心度来检验意见领袖量表的适用范围,需要收集整体社会网资料,即某一群体中所有成员都必须愿意填写问卷。因此本书选择大学本科班级作为整体社会网进行研究。基于此,在议题方面要选择大学生相对熟悉的内容进行研究,根据议题属性不同,本书进行了预试验,针对多个议题进行访谈测试,最终"就业"议题作为大学生关注度比较高的议题,不需要太多专业知识就可以沟通交流,作为"一般议题"纳入调查问卷中;"考研"同样是大学生关注度比较高的议题,但考研议题的讨论需要大学生掌握一定程度考研政策和专业知识,因此,作为"专业议题"纳入调查问卷中。

(3)关系因素。

在关系因素方面,本书分别选取大一和大四年级的大学生参与调查,其中大一班级的同学由于刚刚熟悉,相互之间呈现相对"弱关系"状态;大四班级的同学由于彼此一起学习生活多年,更加熟悉,因此相互之间呈现相对"强关系"状态。

3. 研究方法

本书的数据获取采用问卷调查的方法,对同一调查对象进行量表和社会网同步识别意见领袖特质程度。在研究过程中,本书曾经考虑过适用企业员工或者网民样本作为调查对象,但经过反复论证,最终选择大学本科班级作为调查对象,主要理由如下:首先,由于社会网中心度测量必须得到群体中所有成员的关系数据,本科班级是比较适合的群体,能够得到完整的社会网评价结果;其次,影响因素中"关系因素"的测量,通过"大学年级"可以直接客观量化,但其他类型调查对象则难以实现,易出现评价主观性偏差。因此,基于数据分析方法和研究假设需要,本书选择大学本科班级作为调查对象。当然,本书在研究过程中也充分考虑到调查样本的局限性,在研究结论上避免过度推论。

在具体调研中,首先在大一和大四两个年级各选择1个班级进行预调查,预调查样本为63个,然后通过信度和效度检验,进一步完善问卷,并确定"就业"和"考研"作为研究议题;最后在大一和大四两个年级中,各选择4个班级进行正式调查,合计完成有效样本336个。

四、数据分析

本书重点研究意见领袖测量方法造成的识别偏差,因此,需要计算出不同测量方法下的意见领袖特质程度得分,其中,自我报告法量表采用SPSS 21.0软件进行分析,社会网中心度采用Ucinet 6.0软件进行分析,将被访者两个意见领袖特质程度得分进行比较,进而分析两种识别方法结果之间出现偏差的原因。

1. 意见领袖识别结果

（1）意见领袖量表识别结果。

本书采用 Flynn 意见领袖量表，包含6个描述性语句，分别询问被访者在"就业""考研"议题下的自我评价得分（5分制），经过正向处理后计算，可以得出大一和大四两个年级的意见领袖量表得分（5分制），结果如表2-1所示。

表2-1 意见领袖量表得分（5分制）

年级		就业议题意见领袖得分（一般议题）	考研议题意见领袖得分（专业议题）
大四年级	均值	3.47	2.43
（强关系）	标准差	0.82	1.05
大一年级	均值	2.36	2.00
（弱关系）	标准差	0.95	0.76

通过自我报告法量表测量后，被访者针对特定议题均有一个意见领袖得分，得分越大，表明意见领袖特质程度越高。

（2）社会网中心度识别结果。

针对同一班级的被访者，通过计算社会网中心度测量其意见领袖特质程度，下图中的数字为正式调查中某个大一班级同学对应的编号。

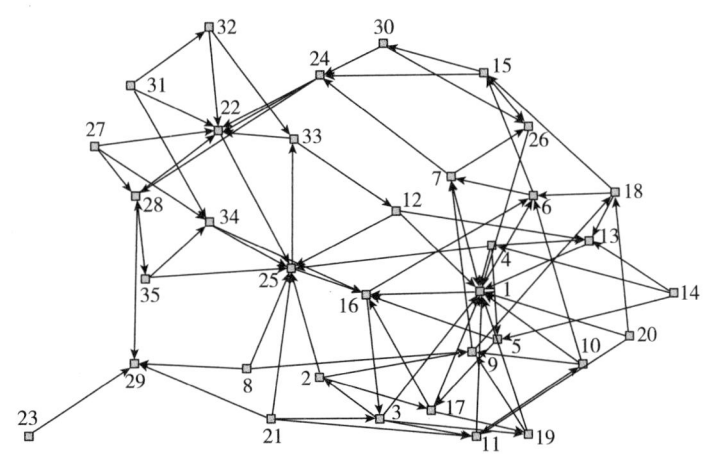

图2-2 某大一班级（弱关系）在"就业"话题（一般议题）下的社会关系网

通过社会网中心度计算,可以得出该大一班级每个被访者在"就业"话题下的社会网中心度分值,该班级的均值结果如表2-2所示,其中,用于衡量意见领袖特质程度的"标准化的内向程度中心性"均值结果为7.65,该值越高,表明意见领袖特质程度越高。

表2-2 社会网中心度分值

	外向程度中心性	内向程度中心性	标准化的外向程度中心性	标准化的内向程度中心性
均值	2.60	2.60	7.65	7.65
标准差	0.80	2.42	2.35	7.11

可以采用同样的方法将其他7个班级的社会网中心度分值计算出来,从而得到被访者在本班中的"标准化的内向程度中心性"分值,表示社会网中心度方法下的意见领袖特质程度。

2. 识别偏差表现

针对同一个班级,本书通过上述自我报告法量表和社会网中心度两种方法,均得到了班级同学的意见领袖特质程度,不过,正如本书之前描述的,这两个识别方法上存在一定的偏差。以图2-2中所展示的班级为例进行说明,限于篇幅,本书仅列出该班学生社会网中心度得分排序前5名的学生,见表2-3,在意见领袖量表得分排序中,学生编号为22、34与社会网中心度得分排序差异较大,显示两种方法存在一定的识别偏差。经过检验,在其他7个班级中也存在类似现象,这里不再赘述。

表2-3 某大一班级学生意见领袖量表得分排名前5

学生编号	社会网中心度分析		意见领袖量表分析	
	得分	本班级内排序	得分	本班级内排序
①	35.29	1	3.17	5
㉕	26.47	2	5.00	1
㉒	17.65	3	3.00	8
㉞	14.71	4	2.83	10
⑥	11.77	5	3.17	5

3. 识别偏差影响因素分析

为更精准显示两种意见领袖识别方法之间偏差程度,本书采用相关系数,两种识别方法的结果越接近,则意见领袖量表得分与社会网中心度之间的相关系数越高,因此,通过相关分析,可以进一步了解不同因素对于识别偏差的影响程度。

(1) 议题因素。

本书选择的议题分为专业议题"考研"和一般议题"就业",在这两个议题下,对大一和大四的8个班级进行问卷调查,进而计算出每个议题下被访者的意见领袖量表得分、在班级中的标准化内向程度中心性,将量表结果和社会网中心度结果进行相关分析,结果如表2-4所示。

表2-4 不同议题下的相关系数

议题	相关系数	显著性水平(双尾检验)
考研(专业议题)	0.511**	0.000
就业(一般议题)	0.388**	0.002

注:**表示在0.01水平(双侧)上显著相关。

可以看出,在"考研"议题(专业议题)下,意见领袖量表与社会网中心度的相关系数为0.511,而"就业"议题(一般议题)下为0.388,该相关系数越高,表明两种方法之间的偏差越小,因此,专业议题下,两种方法测量的意见领袖识别偏差相对较小。假设H1得到验证。

(2) 关系因素。

根据之前的研究设计,大一年级的班级学生代表"弱关系",大四年级的班级学生代表"强关系",这种社会关系的强弱会影响到他们自我评价和他人评价的结果,也可能会对这两种方法的识别偏差有所影响。

为规避议题因素干扰,首先对被访者"考研"议题和"就业"议题的量表结果进行合并处理,计算两个议题下量表得分均值,作为该被访者的自我报告法量表得分结果;同样方法处理得到被访者的社会网中心度得分结果。其次将大一年级4个班级的被访者量表得分均值与社会网中心度得分均值进行相关分析,计算得到的相关系数衡量了二者偏差程度,相关系数越高,识别偏差越小。同样的方法可以得到大四年级4个班级的相关系数,最终结果如表2-5所示:

表 2-5 不同关系下的相关系数

议题	相关系数	显著性水平（双尾检验）
大一年级	0.468**	0.005
大四年级	0.436*	0.026

注：*表示在0.05水平（双侧）上显著相关；**表示在0.01水平（双侧）上显著相关。

可以看出，大四年级的相关系数相对较低，即强关系下两种方法的识别偏差相对较大，这与假设 H2 不相符，该假设未能通过验证。因此，关系因素并非影响二者识别偏差的关键因素，本书需要进一步考察议题与关系的交互作用。

（3）议题与关系的交互作用。

将大一、大四年级分别按照不同议题计算两种方法下意见领袖得分的相关系数，结果如图 2-3 所示，得到议题和关系因素交互作用下的识别结果，由于图中采用的是相关系数，数值越大，表明识别结果越接近，识别偏差就越小。

可以看出，在大四年级同学的考研议题中，两种意见领袖识别结果之间的相关系数最大，达到 0.819，因此识别偏差最小。由于社会网中心度对于意见领袖识别更加客观准确，因此，也可以说在强关系和专业议题并存的情况下，意见领袖量表测量结果更接近准确，更加适用。

研究假设 H1 已经得到验证，单纯考虑议题因素的话，专业议题的识别偏差相对更小，但结合关系因素后，由图 2-3 可以看出，弱关系（大一年级）下，专业议题（考研）的识别偏差相对更大，关系因素对议题因素产生了延缓作用，因此，议题与关系因素之间存在交互作用，研究假设 H3 得到验证。

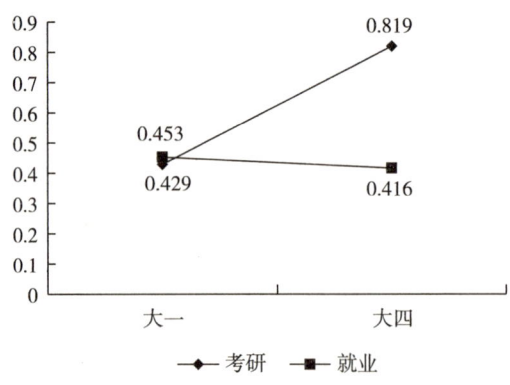

图 2-3 议题与关系因素的交互作用

五、总结与讨论

根据本书的研究,两种方法识别结果之间确实存在一定偏差,通过两种识别方法的偏差比较研究,我们可以更为清晰地看出意见领袖量表的适用范围,从而得到更加精准的识别结果。

1. 意见领袖识别方法的局限

目前,意见领袖量表与社会网中心度是测量意见领袖特质程度的两个主要方法,社会网中心度由于是他人报告法完成的,更能体现意见领袖的影响力特质,其识别结果更为客观、准确。但由于社会网中心度的测量必须在一个整体社会网中进行,要求所有成员必须同意参与,这种严格要求无法实现随时对某个人的意见领袖特质程度测量,应用受到局限。

相对而言,意见领袖量表在应用方面更为灵活,可以通过若干描述性语句对单个被访者进行测量,但在 Flynn 量表之后,意见领袖量表相对成熟。因此,本书的研究目的即是通过对同一班级中意见领袖的两种方法测量结果比较,了解意见领袖量表的适用范围,以便在难以进行整体社会网数据采集方法的情况下,通过自我报告法量表即可实现相对精准的意见领袖识别。

根据研究假设检验结果,议题因素对于这种识别偏差的影响更大,这也表明了议题背后的知识和专业性是非常重要的因素,具备一定的知识被认为是意见领袖的必备条件之一,而强关系使得专业议题意见领袖的识别更加准确,也起到了倍增作用。

而对于一般议题,无论关系程度如何,两个研究方法的相关系数均相对较低,意味着识别偏差较大。因此,对于意见领袖量表而言,在强关系和专业议题情况下识别的结果最能体现客观情况。其他情况下识别偏差相对较大,不适宜采用意见领袖量表。

2. 意见领袖的影响力边界

在本书中,我们主要是在讨论意见领袖识别结果之间的偏差,从而明确测量方法的适用边界,通过本书的实证研究,这个问题的讨论有了基本结论。但还有一个关联性比较强的问题值得我们继续深入讨论——意见领袖的影响力是否存在边界?

Doumit 等（2011）学者认为具有领域性特征的意见领袖只能在某个特定领域发挥影响力，但 Gnambs 等（2011）学者认为意见领袖不仅具有领域性特征，还具有一般性，即能在不同领域发挥影响力。因此关于意见领袖的影响力边界研究还没有给出清晰的答案。

出现这样的矛盾，本书认为一方面是议题因素造成的，专业议题和一般议题的选择和理解存在差异；另一方面更是因为意见领袖的社会属性造成的。本书所研究的意见领袖样本是在校学生，属于草根意见领袖，更多的是对其所在班级成员产生影响；互联网或社会层面的意见领袖具备一定社会地位和职务，属于明星意见领袖，明星的"光环效应"使得追随者可能弱化议题因素，且更加关注意见领袖的言论倾向。

因此，意见领袖的影响力边界需要区别看待，对于草根意见领袖，专业领域内更能发挥影响力；而明星意见领袖，则不同领域可能具备影响力的情况。因此，在借助意见领袖进行传播推广的时候，应该区别对待。

3. 研究不足及未来研究方向

本书通过自我报告法量表和社会网中心度两种意见领袖识别的比较研究，在意见领袖量表的适用范围方面进行了有益的探索与尝试。不过，本书还存在以下研究不足，需要在未来研究中逐步改进。

（1）研究不足。

首先在研究内容方面，本书目前立足现有成熟意见领袖量表适用范围的比较研究，还未能借助社会网中心度完成意见领袖量表的持续创新开发，在研究内容方面还有待提高。其次在研究样本方面，本次选择样本为在校学生，属于草根意见领袖，这与现实社会中的明星意见领袖还有较大差异，因此研究样本拓展性还有待提高。

（2）未来研究改进。

针对上述研究不足，本书需要在以下方面加以继续：首先意见领袖研究范围拓展至新媒体舆论圈、工作社交圈、生活社交圈等领域，从而使得研究样本代表性更强。其次通过整体社会网和量表识别结果比较，研究在意见领袖量表在上述新领域的适用情况，创新优化量表，识别意见领袖特质能力。

第二节 基于社交媒体关系互动的旅游城市形象负面偏差引导策略①

一、引言

2015年10月4日,一位网友发布新浪微博称,在青岛一家大排档吃饭,结账时发现大虾不是38元一份,而是38元一只!该事件10月5日在网络上迅速发酵,新闻媒体官方微博、地方政府官微、网络大V等跟进对此进行了大量报道、转发和评论,引起全国范围的关注。10月6日,政府官微"青岛市北发布"发布了关于该涉事大排档价格违法问题处理意见的内容,但此时各种恶搞段子、消息已经在社交媒体上疯狂传播,对青岛城市形象造成了极大的负面影响。

回顾"青岛天价虾"的事件历程,可以发现,虽然有政府的正向信息引导事件进程,但在事件发生初期,由于信息不对称,公众出于风险规避考虑,对于出现的负向信息往往"宁可信其有,不可信其无",而对正向信息信任度偏低。这种正向信息影响力低于负向信息的现象被称为"负面偏差"(Negativity Bias)。

随着移动互联网的快速发展,微博、微信等社交媒体已经成为网民获取和分享信息的重要渠道。相关研究表明,从舆论形成的角度看,微博更容易形成"争议"和"围观"(王玉珠,2015),从而会导致群体极化现象;此外,相对于微信的朋友圈传播,微博的开放性也会使得舆论形成更加迅猛。因此,微博是相对容易形成负面偏差的社交媒体类型。

"青岛天价虾"事件发端于新浪微博,经过大量的关注和转发,负面情绪在网民间弥漫宣泄,偶有正面理性的声音,也淹没在众声喧嚣中。某个旅游城市面临此类突发危机事件,如何正确引导网络舆论,让网民更为客观、全面、理性地

---

① 陈旭辉,苏晓娟,崔丽霞. 基于社交媒体关系互动的旅游城市形象负面偏差引导策略——以"青岛天价虾"事件为例[J]. 旅游学刊,2017,032(007):47-56.

看待该城市形象,从而削弱负面偏差,这是社交媒体时代,每个旅游城市品牌形象管理的现实难题。本书通过对"青岛天价虾"事件发展过程中新浪微博社交媒体关系的互动分析,挖掘事件中客观理性声音的影响力,从而为旅游城市提供削弱负面偏差的相应引导策略。

二、相关文献综述

(一)负面偏差的成因

负面偏差是受众面对多元化网络信息时所产生的心理错觉,往往倾向高估负向信息,低估正向信息,因此在消费领域正向信息对于购买决策的影响力偏弱。在旅游市场中,这种现象会降低旅游城市形象的正面传播效果。

在现有研究中,负面偏差现象的成因被归纳为以下观点:进化论观点、信息频率观点、因果归因观点。其中,进化论观点认为,人们对负向信息应该重视,因为这些负向信息一旦被证实或者发生,则后果严重性远大于正向信息。

信息频率观点认为,现实中负向信息数量相对于正向信息更少些,预示着从一个正面状态向相反方向变化,从而使得负向信息更被重视;此外,有学者研究了正向信息较少的环境下,同样出现了正面偏差,即正向信息得到了高于负向信息的重视程度。

上述两种观点,进化论观点体现了人们趋利避害的本能选择,信息频率观点体现了"物以稀为贵"的价值选择。本书所研究的"青岛天价虾"事件,短时间内社交媒体上的负向信息数量远超正向信息,正向理性声音被淹没在负向评论中,因此信息频率观点无法解释这类现象,进化论观点可以提供基本的解释框架,但无法给出更具体的引导策略。

相对而言,因果归因观点的解释效果更好,该观点认为,在网络口碑中,正向评论更多归因于评论者(而非产品本身),因为这里面有更多的个人主观因素在里面;负向评论则更多归因于产品本身(而非评论者)。如果人们将评论归因于外在因素,例如产品本身、外在原因等方面,人们就会感知评论价值较高;相反,如果人们将评论归因于内在因素,例如在评论者个人因素等方面,人们就会认为这个评论价值较低。

（二）社交媒体关系互动及负面偏差引导

社交媒体传播过程中涉及传播者、传播内容和受众三个要素，其中，受众对传播内容的认知归因不同，就会形成内容偏差；传播者与受众之间关系程度不同也会造成认知归因差异，从而形成关系偏差。

目前关于负面偏差引导策略的研究多集中于内容偏差方面，例如信息内容鲜明具体、情感线索、时间线索、触觉线索、信息透明度、事件处理程度等，通过信息内容调整，将因果归因于外部因素，从而提升信息价值，降低负面偏差现象。

随着新媒体的迅猛发展，传播者与受众之间的关系更多体现在社交媒体关系互动方面，通过传播中关系角色的调整，从而削弱负面偏差现象。在社交媒体关系互动中，信息分享是非常重要的动机，Xiang 等通过模拟旅游者运用搜索引擎制定旅行计划的实验，结果显示社交媒体在搜索结果占比较高，进一步验证了社交媒体对于旅游信息收集和决策的重要性；随着网络媒体更多体现出社交媒体特征，Jepsen 认为社交媒体信息源取代传统信息源将成为趋势。

在社交媒体关系互动中，关系强弱会产生不同的负面偏差引导效果。Brown 的实证研究证明了关系强度较高者的信息传播对受众的行为影响力明显大于关系强度较弱者；Yoo 研究发现社交媒体中存在意见领袖和意见探求者两种重要角色，其中意见领袖拥有更多的旅游经验，而且处于社会网的中心位置，在传播过程中具有信任说服效果。

此外，社交媒体的类型对于负面偏差引导效果也有显著影响。Gretzel 研究证实了旅游相关领域消费者在线评论和网站评级增强了游览者在决策过程中的信任感，降低了风险感。赵金楼等通过对"4·20四川雅安地震"的微博舆情分析，结果表明，媒体类微博、政府官方微博处于传播网络的核心节点，具有较强的传播能力，而对于其他节点而言，其参与事件的程度直接决定了节点在传播网络中扮演的角色。何舟等通过11个重大危机事件个案研究表明，在新媒体背景下，存在官方话语空间和民间话语空间的双重话语空间，两者之间交错、互动。而在危机事件中，政府官方媒体在舆论传播中的角色更为重要，Xia 等对政府官方微博在应对处理突发公共事件中所扮演的角色进行研究，提出了政府组织在微博中高效应对突发危机的建议。综合来看，相对于内容偏差，关系偏差的引导策略研究不够全面，研究大多集中在社会网中心性的分析上，缺乏对网民行为效果的检验。当前社交媒体发展迅猛，信息传播过程中的关系因素越发显得重要，亟待进一步丰富和完善。

（三）社交媒体影响力测量

社交媒体的影响力源自其基本功能在用户群或社会网络（现实的或虚拟的）之中的发散、传递与延伸。根据监测数据来源不同，社交媒体影响力测量方式分两大类：第一类是社交媒体关系互动的结构性测量方式，这种方式所监测的数据来自社交媒体间的关系互动频次，互动类型包括转发、评论和@三种，在此数据基础上，通过社会网络分析可以得到社交媒体的位置角色。在一个社会网络中，某一节点在互动中被提名的频次越多，则点出度（内向程度中心性）越高，表明声望越高，影响力越大；此外，某一节点在互动中未必被提名频次较多，但具有"桥"的中介能力，可以连接两个不相关联的群体节点，该节点就在网络中充当了意见领袖角色，具有更大的影响力，这类测量指标包括结构洞、中介中心性等。

第二类是社交媒体粉丝行为测量方式。Ye 等通过对 Twitter 研究，确定社交媒体影响力测量指标包括粉丝数、回复以及转发；Hoffman 等认为从品牌和粉丝互动角度，社交媒体影响力可以采用粉丝数量和评论数两个指标来测量；不过，惠普实验室学者 Asur 等通过对 Twitter 用户影响力研究，用户影响力与转发数量关联密切，但与粉丝数量并不一定正相关。因此，转发是社交媒体影响力的核心变量。

在上述两种测量方式中，社交媒体影响力结果有所差异。Cha 等对 Twitter 用户影响力测量采用了上述两种测量方式，其中结构性测量方式中采用了"内向程度中心性"指标，粉丝行为测量方式采用了"粉丝转发"和"提及"，对比两种测量方式结果，同一用户社交媒体影响力结果并不相同，那些内向程度中心性高的用户，其粉丝转发和提及不一定必然也高，基于这种差异结果，Cha 等认为内向程度中心性代表了社交媒体自身声望，而粉丝转发则是由社交媒体发布的内容所驱动。因此，社交媒体影响力结果需要结合不同的测量方式进行具体解读。

三、数据采集及分析方法

（一）数据采集

"青岛天价虾"事件始于新浪微博，因此，本书的数据采集以新浪微博相关账号为主。首先，通过设置"青岛天价虾""青岛大虾"等事件热词进行微博检索，利用网络舆情爬虫软件进行相关微博内容抓取，初步确定转发评论量综合排名在 TOP 50 的社交媒体。然后，在这个社交媒体库的基础上进一步人工甄选，选择标准首先是存在关系互动的理性客观报道的社交媒体；其次为代表性的社交媒体，包括本地官方机构、本地媒体机构、本地自媒体用户、异地媒体机构、异地自媒体用户、公益组织六类。最终本书甄选出 17 个存在互动关系的典型节点构成整体网，其中包括 3 个本地官方机构、6 个本地媒体、3 个本地自媒体、3 个异地媒体、1 个异地自媒体、1 个公益组织。

在确定研究媒体之后，本书系统监测了 2015 年 10 月 1 日至 10 月 30 日上述 17 个社交媒体的全部相关微博内容及数据，共计完成 261 篇微博的数据采集、整理。

（二）分析方法

首先，针对社交媒体影响力的结构性测量方面，在确定社交媒体关系之间的位置角色时，本书主要采用社会网络分析方法，使用有值有向网络结构图。由于重点考察社交媒体之间的互动关系程度，因此选择社交媒体账户之间的转发、评论和@这三个互动指标来确定节点之间的关系矩阵，这三个互动指标只要出现任何一个，即认定社交媒体节点之间数值为 1，表明社交媒体之间存在关系互动，如果三个互动指标均未出现，则认定社交媒体节点之间数值为 0，表明社交媒体之间不存在关系互动。

根据上述互动类型确定的关系矩阵数据，使用 Ucinet 6.0 分析软件，分别进行程度中心性分析、结构洞分析、中介中心性分析、小团体分析，测量结果从节点个体的中心程度到节点之间的中介作用，再到节点关系网络的总体结构，从而更为全面确定社交媒体的位置角色。其中，程度中心性分析主要采用点出度（内向程度中心性）指标测量节点之间信息引用互动关系，从而确定"青岛天价虾"事件中各个社交媒体在传播网络中的中心程度。结构洞分析、中介中心性分析都是对社交媒体"桥梁"媒介作用的测量，社交媒体影响力不仅体现在在传播网络中的中心位置上，还体现在连接不同节点群体的能力上，因此，本书的结构洞分析采用中间中心度指数、中介中心性采用相对中介中心度进行测量，从而确定社交媒体在传播网络中作为中介者的影响力。小团体分析是针对网络总体结构的测量指标，且采用 K - 核计算。

其次，针对社交媒体影响力的粉丝行为测量方面，本书采用构建社交媒体影响力指数进行分析。由于该指数体现了在传播网络中社交媒体引导舆论的能力，因此本书选择转发和点赞两个指标进行指数构建。根据每个社交媒体节点的转发均值和点赞均值，加总后求均值得到综合影响力指数。

最后，通过综合比较社交媒体位置角色和舆论引导影响力之间的差异，采用相关分析，从而明确在基于社交媒体关系互动的情况下，如何削弱旅游城市负面偏差，以及提升正面理性的传播效果。

四、研究结果

(一) 社交媒体间的位置角色分析

"青岛天价虾"事件中，在理性、客观声音传递方面，社交媒体之间存在互动关系，从而在负面偏差引导方面形成合力。基于前面的新浪微博社交媒体数据，可以得到该事件中的社交媒体关系互动社会网络，见图2-4。

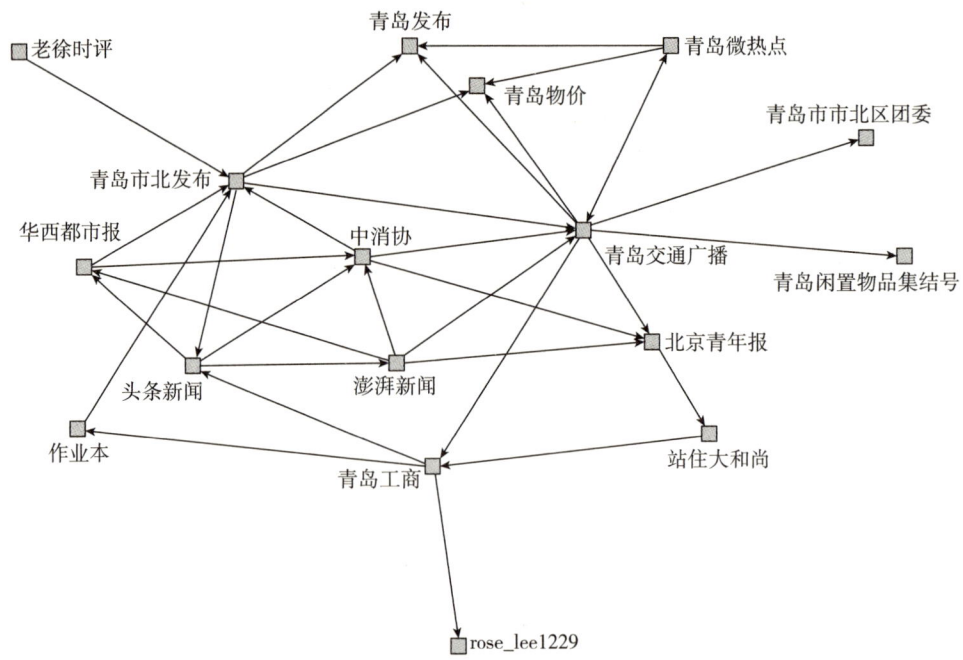

图2-4 "青岛天价虾"事件中社交媒体关系互动社会网

1. 社交媒体的程度中心性

在有值有向网络图中,点度中心性(又称程度中心性)是最常用来衡量谁在这个团体中成为最主要的中心人物。可以分为点入度(外向程度中心性)和点出度(内向程度中心性),点入度指的是一个节点承认对外关系数量的总和;点出度指的是其他节点承认对某一节点有关系的数量总和。点度中心势是点度中心性标准化数值,其反映的是节点联系的集中趋势。表 2-6 是"青岛天价虾"舆情节点中心性的测量结果,表中的点度中心性和点度中心势体现了节点之间信息的相互引用程度。

表 2-6 社交媒体程度中心性测量结果

媒体类型 Media type	节点 Node	点出度 OutDegree	点入度 InDegree	出度中心势 NrmOutDegree	入度中心势 NrmInDegree
A	青岛市北发布	4.00	6.00	23.53	35.29
B	青岛交通广播	9.00	5.00	52.94	29.41
C	中消协	3.00	3.00	17.65	17.65
A	青岛发布	0.00	3.00	0.00	17.65
A	青岛物价	1.00	3.00	5.88	17.65
D	北京青年报	0.00	3.00	0.00	17.65
E	作业本	3.00	2.00	17.65	11.77
D	头条新闻	3.00	2.00	17.65	11.77
D	华西都市报	2.00	2.00	11.77	11.77
B	青岛微热点	3.00	1.00	17.65	5.88
B	青岛闲置物品集结号	1.00	1.00	5.88	5.88
A	青岛市市北区团委	0.00	1.00	0.00	5.88
E	站住大和尚	1.00	1.00	1.00	5.88
A	青岛工商	0.00	1.00	0.00	5.88
E	rose_lee1229	1.00	1.00	5.88	5.88
D	澎湃新闻	4.00	1.00	23.53	5.88
F	老徐时评	1.00	0.00	5.88	0.00

注:A 为本地官方机构(Local Official);B 为本地媒体(Local Media);C 为公益组织(Commonweal Organization);D 为异地媒体(Offsite Media);E 为本地自媒体(Local We Media);F 为异地自媒体(Offsite We Media)。后文表格中所列媒体类型均与此表相同,下面不再重复。

由表 2-6 可知，不同节点的点度中心性和点度中心势不同。其中，某节点的入度中心势得分越高，表明越多其他节点从该节点处获取信息，它在这个团体中就越接近中心位置。在"青岛天价虾"事件的社交媒体传播网络中，按照入度中心势排序，"青岛市北发布"位列第一，"青岛交通广播"位列第二，"中消协""青岛发布""青岛物价""北京青年报"并列第三。

在本次微博事件中，距离事发地最近的本地官方机构和本地媒体均发挥了重要作用，对"青岛天价虾"事件具体处理过程在第一时间发布，因此在整个社交媒体网络中被其他节点更多引用；此外，"青岛交通广播"的出度中心势得分第一，这表明其广泛引用了其他社交媒体信息，体现了作为本地媒体的信息集散功能。不过自媒体中的点度中心势较低，表明在事件信息相互引用方面不占优势。

2. 结构洞分析

结构洞表示的是节点间非冗余的联系，结构洞能够为其占据者获取"信息利益"和"控制利益"提供机会，从而比网络中其他位置上的成员更具有竞争优势（Burt R. S., 1995）。结构洞有两类计算指标，第一类是伯特给出的结构洞指数；第二类是中间中心度指数。本书选用中间中心度指数来衡量节点获取信息的能力。表 2-7 是运用 Ucinet 软件对"青岛天价虾"传播网络结构洞的测量结果。

表 2-7 社交媒体传播网络结构洞测量结果

媒体类型 Media type	节点 Node	度 Degree	有效规模 Effsize	有效性 Efficie	约束 Constra
B	青岛交通广播	11.00	9.57	0.87	0.22
A	青岛市北发布	8.00	6.70	0.84	0.31
A	青岛工商	5.00	4.60	0.92	0.30
C	中消协	6.00	3.33	0.56	0.53
D	头条新闻	5.00	3.00	0.60	0.51
D	澎湃新闻	5.00	2.60	0.52	0.59
E	作业本	2.00	2.00	1.00	0.50
A	青岛物价	3.00	1.75	0.58	0.93
B	青岛微热点	3.00	1.75	0.58	0.84
A	青岛发布	3.00	1.67	0.56	1.04

续表

媒体类型 Media type	节点 Node	度 Degree	有效规模 Effsize	有效性 Efficie	约束 Constra
D	华西都市报	4.00	1.50	0.38	0.74
B	青岛闲置物品集结号	1.00	1.00	1.00	1.00
A	青岛市市北区团委	1.00	1.00	1.00	1.00
D	北京青年报	3.00	1.00	0.33	0.93
E	站住大和尚	2.00	1.00	0.50	1.13
E	rose_lee1229	1.00	1.00	1.00	1.00
F	老徐时评	1.00	1.00	1.00	1.00

在表2-7中,有效规模的数值大小代表了节点在整体网络中的地位重要性,也就是说节点有效规模越大,其在传播网络中越具有核心的地位。一个节点越是居于网络的核心,它的结构洞可能越多,约束就越小,所以有效规模和约束呈现出负相关的关系。根据其有效规模取值可以看出,"青岛天价虾"舆情传播网络中具有数量较多的结构洞,排名前三位的分别为"青岛交通广播""青岛市北发布"以及"青岛工商",因此前三个节点的约束值均在0.3左右,表明了这三个节点居于网络的核心,容易获取舆情信息且不易受到其他节点的控制。

3. 中介中心性分析

中介中心性指标衡量了一个人作为媒介者的能力,也就是占据在其他两人快捷方式上重要位置的人,他拒绝做媒介,这两个人就无法沟通,因此中介中心性也是衡量一个人作为桥的程度。某节点占据这样位置越多,就越代表该节点具有很高的中介性(罗家德,2010)。x_i是节点j到k的最短路径上有节点i的最短路径数,n是整体网络中节点的总数量。在有向网络中,对中介中心性标准化的计算公式如下所示。

$$C_B(x_i) = \frac{\sum_{j<k} \frac{l_{jk}(x_i)}{l_{jk}}}{(n-1)(n-2)}$$

利用Ucinet软件,对社交媒体的中介中心性的测量结果如表2-8所示,其中"青岛交通广播"的中介中心度最高。

表2-8 "青岛天价虾"社交媒体的中介中心性测量结果（部分）

媒体类型 Media type	节点 Node	绝对中介中心度 Degree	相对中介中心度 Nrmdegree
B	青岛交通广播	95.00	39.58
A	青岛发布	70.42	25.89
A	青岛工商	40.58	16.91
D	头条新闻	38.00	15.83
C	中消协	15.58	6.49
E	作业本	9.00	3.75
D	澎湃新闻	9.00	3.75
A	青岛物价	1.83	0.76
D	华西都市报	1.58	0.66

4. 小团体分析

小团体就是团体中的一个小群体关系特别紧密，以至于结合成一个次级团体，这也是一个网络的总体结构指标。计算小团体的算法有两类：一类是以节点程度来计算，一群相连的节点视为一个团体；另一类是以距离来计算，在一定的距离内可以达到的节点视为一个小团体。本书我们用节点程度的方法之一的K-核计算。K-核就表示一个团体中有g个人，其中每个人都至少与该团体的其他成员保持k条关系。

由K-核测量的小团体分析，"青岛天价虾"社交媒体网络中共有10个K-核最大值为3的节点，分别为"青岛市北发布""青岛发布""青岛物价""青岛交通广播""青岛微热点""北京青年报""头条新闻""中消协""澎湃新闻""华西都市报"，占总体节点的58.8%，表明在该传播网络中有联系紧密且占据主导地位的小团体结构。该小团体主要是以本地官方机构、本地媒体、异地媒体、公益组织为主。该小团体构成了事件信息相互引用和分享的核心圈，成为事件进程发布的首轮传播信息源。

5. 社交媒体关系互动中的位置角色总结

在"青岛天价虾"事件的网络传播中，不同社交媒体充当了不同的角色和作用。本地官方机构（以"青岛市北发布"为代表）处于社会网络的中心位置，对事件解决进程发布具有权威性；本地媒体（以"青岛交通广播"为代表）处于结构洞的中间人位置，其中介中心性也最高，表明其作为中介和"桥"的作用非常突出。此外，经过小团体分析，可以看出本地官方机构、本地和异地媒体、公益组织构成了一个信息相互引用的小团体。

通过社会网络分析，在"青岛天价虾"事件的社交媒体理性声音的传播过程中，本地官方、本地媒体处于核心位置；异地媒体、公益组织处于第二层级；而自媒体则处于相对边缘的位置。这种社交媒体关系互动中的位置和角色是由事件信息发布特性决定的，但是处于核心位置的社交媒体传播是否达到了预期效果，还需要结合社交媒体的舆论引导影响力进一步分析。

（二）社交媒体影响力测量分析

根据前面的文献研究，关于体现舆论引导能力的社交媒体影响力测量，本书选择了转发和点赞两个指标，并由此构建出社交媒体影响力综合指数，从而衡量各社交媒体引导舆论的能力（戴光全，2012）。

1. 社交媒体转发、点赞均值的计算

"青岛天价虾"事件网络舆论集中于 2015 年 10 月，因此，针对本书所研究的 17 个社交媒体，监测 2015 年 10 月各社交媒体对"青岛天价虾"事件发布内容的粉丝和点赞数据，分别计算转发和点赞的均值，计算公式如下所示。

$$\overline{X}_i = \frac{1}{n}\sum_{j=1}^{n} X_{ij}$$

其中，i = 1 为转发数据，i = 2 为点赞数据；X_{ij} 代表某社交媒体节点发布一条关于事件的微博被转发（i = 1）或者被点赞（i = 2）的数量，n 代表社交媒体节点关于"青岛天价虾"事件发布的微博总条数。

2. 社交媒体影响力综合指数构建

根据前面得到的每个社交媒体节点的转发均值和点赞均值，再构建出社交媒体影响力综合指数，计算公式如下所示。

$$Y = \frac{\overline{X}_1 + \overline{X}_2}{2}$$

其中，Y 代表社交媒体影响力综合指数，$\overline{X}_1$ 代表转发数量均值，$\overline{X}_2$ 代表点赞数量均值。因此，计算得到表 2-9 "青岛天价虾" 社交媒体影响力综合指数结果。

表2-9 社交媒体影响力综合指数结果(部分)

媒体类型 Media type	节点 Node	转发均值 Repost mean	点赞均值 Like mean	综合影响力 Comprehensive influence
E	作业本	6303.00	6522.43	6412.71
D	头条新闻	3801.76	3421.58	3611.67
A	青岛市北发布	1365.67	367.67	866.67
D	澎湃新闻	779.75	587.60	683.68
A	青岛发布	963.00	392.33	677.67
B	青岛交通广播	783.29	130.38	456.83
A	青岛工商	136.00	254.00	195.00
F	老徐时评	129.50	135.00	132.25
A	青岛物价	203.00	32.00	117.50
B	青岛闲置物品集结	48.67	151.67	100.17
D	北京青年报	139.50	50.75	95.13
A	青岛市市北区团委	26.00	8.00	17.00
E	站住大和尚	29.00	3.00	16.00

据表2-9可知,影响力综合指数得分最高的是本地自媒体"作业本",其转发和点赞数量均值都超过了6000;排第二的为异地媒体"头条新闻",其转发和点赞数量均值也都超过了3000;排第三的为本地官方机构"青岛市北发布",其转发均值超过了1000,但点赞均值相对较低,仅为367.67。因此,本地自媒体和异地媒体在引导网络舆论影响力方面处于优势地位。

(三)社交媒体位置角色与影响力比较

在"青岛天价虾"事件网络传播中,进行正面理性报道的社交媒体之间存在关系互动,形成事件信息引用分享的社会网。但是,这些社交媒体间的关系角色能否顺利传递到网络舆论场中,进而发挥其引导舆论、削弱城市形象负面偏差的作用,这还需要结合社交媒体的影响力综合指数结果进一步判断。

1. 总体相关性比较

在"青岛天价虾"的网络舆论中,社交媒体间形成了一个整体社会网,每个社交媒体的位置角色均有不同。这里本书选择了三个代表位置重要程度的测量指标:入度中心势、结构洞的有效规模、相对中介中心度,分别与社交媒体影响力综合指数进行相关分析，考察社交媒体位置角色与其网络舆论引导影响力的匹配情况。

通过相关分析，三个体现社交媒体位置角色重要程度的指标，与其影响力指数之间的相关系数在95%置信度下均不显著，社交媒体的位置角色的重要程度与其引导舆论的影响力之间不存在相关性。因此，17家社交媒体在关系互动中形成的位置角色，并没有必然地传递到其对网络舆论的引导能力上。可以说，信息内容发布与信息内容引导并非由同一社交媒体完成，从而造成了这种总体不相关的现象。

2. 社交媒体关系互动中的位置角色和影响力差异比较

通过社会网络分析，可以得到按照位置重要程度由大到小排序的社交媒体类型：本地官方机构、本地媒体、异地媒体、公益组织、本地自媒体、异地自媒体。此外，通过影响力综合指数分析，可以得到按照引导舆论能力由大到小排序的社交媒体类型：本地自媒体、异地媒体、本地官方机构、本地媒体、异地自媒体、公益组织。

综合上述两种排序结果，可以看出，各社交媒体的位置角色和影响力结果的差异主要表现在以下两个方面：

第一，官方与民间的差异。在社交媒体关系互动中，本地官方机构的位置角色更接近中心，而自媒体排在最末；但是在体现网络舆论引导能力的影响力综合指数结果方面，本地自媒体排在第一、本地官方机构排在第三的位置。

第二，本地与异地的差异。在社交媒体关系互动中，本地媒体机构排序靠前；但在影响力综合指数结果方面，异地媒体机构排序靠前。

因此，上述这两点差异，特别需要旅游城市宣传部门注意，在对外传播城市形象的过程中，应该对社交媒体组合运用，尤其要重视社交媒体上的自媒体意见领袖、异地媒体机构的舆论引导能力，最终形成传播合力，削弱负面偏差现象。

五、结论与启示

（一）研究结论与发现

"青岛天价虾"事件无疑给青岛城市旅游形象蒙上了阴影，然而社交媒体中无限放大的调侃和段子，对青岛城市旅游形象而言也是不公正的。在这一网络事件中，社交媒体中还是不乏理性声音，引导网民全面、客观看待青岛的旅游形象，提升正面传播影响力。本书通过对社交媒体中理性、客观声音的采集，及其影响力综合分析，总结提炼以下主要研究发现。

第一，社交媒体在信息发布和舆论引导能力之间存在不一致现象。通过社会网分析，确定社交媒体在信息发布关系互动中的位置角色，可以看出，本地官方、本地媒体处于核心位置；异地媒体、公益组织处于第二层次；自媒体处于相对的边缘位置。然而，社交媒体影响力研究结果表明，在网络舆论引导能力方面，本地自媒体和异地媒体机构作用突出，处于优势地位；而本地官方、本地媒体的影响力结果相对较弱。因此，旅游城市宣传部门要积极利用自身社交媒体平台及时发布信息，但不能仅仅在自身平台自说自话，还要有意识形成信息扩散，将社交媒体关系互动更多地归因到外部因素中，例如通过民间自媒体和异地媒体，形成跨群体、跨区域的传播影响力，这样才能准确传递放大自身声音，提升正面传播效果，削弱负面偏差现象。

第二，本书研究表明，通过关系互动中的因果归因，社交媒体对负面偏差引导同样可以发挥积极作用。在以往的相关文献中，负面偏差引导策略研究多集中于内容偏差引导方面，但关系偏差引导方面研究相对缺乏。在本书中，社交媒体的舆论引导影响力表现差异明显，来自民间和异地的社交媒体影响力相对更强；对于旅游城市形象的官方传播者而言，民间和异地的社交媒体更多可以归为外部因素，它们在网民中获得了更多"转发"和"点赞"这一结果与因果归因理论基本相符。因此，本书的研究结论验证了社交媒体通过关系互动可以对旅游城市负面偏差进行有效引导，进一步扩展了社交媒体影响力引导策略的研究范围和方向，这也是本书的理论贡献所在。

（二）管理启示

在"青岛天价虾"事件中，部分社交媒体秉持理性、客观的态度，为事件网络舆论回归理性，发挥了不同程度的引导作用。这个过程中有几点管理启示供城市宣传相关部门决策参考。

第一，确保信源的可靠性。"青岛天价虾"事件于2015年10月4日在新浪微博曝光，10月5日引发网络舆论，10月6日7：49，本地官方机构"青岛市北发布"就公布了该事件违法问题的处理意见，并在随后的两天内，持续深入公布事件处理进程，杜绝谣言出现，为事件网络舆论最终走向理性打下了良好的基础。这种努力也体现在本书研究的社交媒体关系互动中，本地官方机构处于核心位置，成为其他社交媒体重要的信息引用源，其他社交媒体的信任、转发是对本地官方机构努力最好的回报。因此，在类似突发网络事件中，事件责任部门要牢牢把握住第一信源的位置，确保事件信息源头及时、公开、透明、准确，才能为后期信息顺利扩散并形成理性舆论氛围奠定良好的基础。

第二，借助中介（桥）的力量。在社交媒体的关系互动中，本地媒体、公益组织、异地媒体、自媒体具有中介（桥）的作用，从而能够使得事件信源发出的声音得到更大范围的扩散。此外，自媒体、异地媒体作为中介桥梁，不仅链接更广泛的人群，同时影响力也相对很高，因此，在社交媒体的链式传播中，需要特别重视中介（桥）的力量。

第三，加强小团体圈子的分享。既然中介（桥）的力量如此重要，因此在社交媒体关系互动中，相关责任部门就要有意识地将中介者加入到小团体中，形成传播合力，提升影响力，削弱负面偏差现象。

第四，重视负面信息中的问题解决。本书研究的重点是如何提升正面理性声音的影响力，从而削弱负面偏差，但并非忽略负面信息。在现实中，旅游城市管理部门一方面要积极发出正向信息，另一方面也要认真倾听负向信息，重视负向信息中反映的问题并加以解决，这样才能消除负面信息，弘扬正面信息，形成良性循环，这也是负面偏差引导的前提基础。

（三）未来研究方向

本书通过对社交媒体关系互动网络结构、舆论引导能力进行了综合比较分析，确定了社交媒体互动策略，从关系视角进行了负面偏差引导方面的有益探讨，这是本书的理论创新之处。不过本书中所研究的社交媒体影响力，可能同时还受制于传播内容因素，关系和内容之间会有交互作用；此外，面对本书所研究的社交媒体发布的信息，网民心理层面如何作用，从而引发转发或点赞，这些都有待于进一步深入研究。因此，后续我们将增加传播关系和传播内容交互作用，开展网民心理学实验，从而更为全面系统考察社交媒体影响力，为负面偏差引导提供更为精准的策略建议。

第三章 内容偏差:文本说服力

第一节 网民意见表达影响因素研究[①]

一、引言

2012年7月,中国互联网络信息中心发布《中国互联网发展状况统计报告》,截止到2012年6月底,中国网民数量达到5.38亿。庞大的用户规模使得中国正在成为世界上一个独特的超强舆论场。很多地区性、局部性和带有某种偶然性的事件在网上刚一曝光,即可迅速激起全国舆论哗然,从而形成全民"围观"的共同话题,甚至可以引发成为需要政府高层出手干预的社会公共事件。很多事件只要涉及一些社会敏感关键词,例如官员、警察、司法、城管、央企、富人、下岗工人、农民工、房价、物价等,就很容易引发铺天盖地的舆论声浪。

长期以来,中国的公众议程是党和政府通过其管理的传统媒介来加以设定和推动。但是,互联网等新媒体的崛起,使每个社会公众都有向社会表达的空间和机会,这种对普通民众单个力量的凝聚使得昔日被忽略甚至被轻视的"一盘散沙"式的民意得以集中表达。这种由于技术创新引发的草根政治力量出现,是21世纪以来中国社会政治生态中最重要的改变。

[①] 陈旭辉,柯惠新. 网民意见表达影响因素研究——基于议题属性和网民社会心理的双重视角[J]. 现代传播(中国传媒大学学报),2013(3):123-128.

因此，作为舆论形态中的一种重要形式，网络舆论在中国的发展已经由边缘走向主流，从影响甚微到成为重要力量。在总结中西方舆论概念的基础上，结合网络媒体的自身特征，网络舆论是"网民利用网络手段，公开发表的对公众事件的意见总和"。因此，在声势浩大的网络舆论背后，是众多网民的意见表达。在这些网民中，有普通民众，也有意见领袖；在网民意见表达中，有理性，也混杂着偏激。本书通过对网民意见表达影响因素的研究，梳理关键影响因素及其关系，从而帮助政府相关部门科学合理引导网络舆论，实现网络民意与政府的良性互动。

二、相关理论综述

（一）议题属性是网民意见表达的外在吸引力

不同议题属性对网民意见表达存在一定的影响。Roberts等针对不同议题媒体报道与网络舆情出现的时间间隔进行了研究，结果表明，有关移民问题的新闻报道对网民意见表达的影响最大。国内相关学者研究表明，网络舆论事件多为负面的和敏感性话题事件。

在媒体议题转化为公众议程的过程中，公众并非被动接受，而是有导向需求。麦库姆斯指出，这种导向需求使得人们感觉某个议题是否跟自己有关，也使人们思考自己关于某个议题的知识是否充分。这种导向需求下的媒介接触，对公众的知识、意见表达乃至行为都有影响。

（二）社会心理因素是网民意见表达的内在推动力

在影响网民意见表达的因素中，以往的研究较多侧重于社会心理层面。德国学者伊丽莎白·诺尔纽曼的"沉默的螺旋"理论，在分析影响公众意见表达意愿的社会心理因素方面，是重要理论之一，其中一个核心命题为：个人意见表达是一个心理过程，人作为一种社会动物，总是力图从周围环境中寻求支持，避免陷入孤立状态，而这种对周围意见气候的评估结果影响了个人在公开场合的行为，特别是是否敢于公开表达自己的观点。

在网络传播时代，"沉默的螺旋"理论的适用性也被学者们进行了验证，研究结果表明，"沉默的螺旋"在网络传播中仍然发挥作用，但是作用方式发生了改变。马学清认为，在网络空间中，社会孤立的动机并没有消失，网络群体压力对个人意见的作用方式有所变化,强度相对减弱,但其影响依然不容忽视;网民中的从众心理仍然存在。崔蕴芳对互联网网民意见表达影响因素进行了实证研究,结果表明,网络环境中,"对孤立的恐惧"对"发表意见的意愿"和"公开发表意见"的影响程度均不显著。

此外,相关研究结果表明,态度和行为总会因文化而产生差异,但态度影响行为的过程却差异不大(戴维·迈尔斯,2006),因此,对于群体和个人之间的差异而言,文化背景是重要的影响因素,这种类似的文化背景强化了个人的社会归属感,而且有着相对一致的理性价值判断,这都决定了个人意见表达的立场和内容。

通过对相关理论的梳理,本书认为,在网络舆论中,网民的意见表达一般会受到两种力量的作用:一是来自议题事件的信息,这是网民意见表达的外在吸引力,网民通过各类新闻网站、论坛、博客、微博等网络媒介了解议题事件,出于兴趣、自身知识、对周围意见气候的把握等多方面因素,可能会有意见表达的需要;二是网民社会心理层面,由其所处社会环境而长期形成的社会心理,从而使得网民在面对某一议题时,是否会选择公开表达,这是网民意见表达的内在推动力。在之前相关研究中,这两个视角研究多是平行进行,本书将两个视角整合在一起研究,通过网络问卷调查测量双重视角下各个因素对于网民意见表达的影响程度。

三、研究设计

(一)理论模型

根据上述文献综述,本书通过两大视角来考察网民意见表达的影响因素,并构建出相应的理论模型,具体如图3-1所示。

在本书中,将网民意见表达作为重要的研究变量,该变量分为两个层次:一是"意见表达意愿",表示意见表达的潜在心理程度;二是"意见公开表达",这是意见表达的外显,是在承受外部某种程度群体压力下的行动。

根据该理论模型,将影响因素变量分为两大类:第一类是"议题属性",包括"议题相关""议题知识""议题兴趣""议题关注""一致性",这些变量是本书所选择议题的网民反馈各个层面的表现,从而分析得出各类"议题属性"

对于网民"意见表达意愿"和"意见公开表达"的影响程度；第二类是网民"社会心理"，包括"表达风险感""理性程度""社会归属感"，通过对该类变量的考察，分析出"社会心理"各层面对于"意见表达意愿"和"意见公开表达"的影响程度。同时，在图3-1的模型中，"意见表达意愿"作为心理层面的研究变量，将会对"意见公开表达"产生影响。

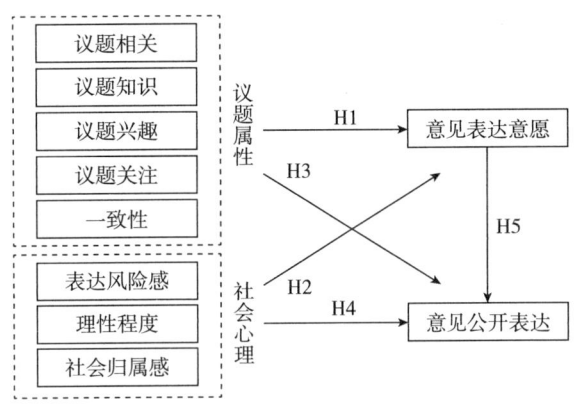

图3-1 网民意见表达影响因素理论模型

根据前面的相关研究内容，在"意见表达意愿"层面提出如下研究假设，研究假设中的变量概念操作在后面统一介绍。

H1a：议题与网民工作生活相关程度，对其个人意见表达意愿有正向影响。

H1b：网民对于议题了解和认识程度，对其个人意见表达意愿有正向影响。

H1c：网民对议题的兴趣程度，对其个人意见表达意愿有正向影响。

H1d：网民对议题的关注程度，对其个人意见表达意愿有正向影响。

H1e：网民认为在所选议题中，其他网民与自己对议题的意见一致性程度，对其个人意见表达意愿有正向影响。

H2a：网民的表达风险感，对其个人意见表达意愿有负向影响。

H2b：网民的理性程度，对其个人意见表达意愿有正向影响。

H2c：网民的社会归属感，对其个人意见表达意愿有正向影响。

在"意见公开表达"层面提出如下研究假设：

H3a：议题与网民工作生活的相关程度，对其个人意见公开表达频率有正向影响。

H3b：网民对于议题的了解和认识程度，对其个人意见公开表达频率有正向影响。

H3c：网民对议题的兴趣，对其个人意见公开表达频率有正向影响。

H3d：网民对议题的关注程度，对其个人意见公开表达频率有正向影响。

H3e：网民认为在所选议题中，其他网民与自己对议题的意见一致性程度，对其个人意见公开表达频率有正向影响。

H4a：网民的表达风险感，对其个人的意见公开表达频率有负向影响。

H4b：网民的理性程度，对其个人的意见公开表达频率有正向影响。

H4c：网民的社会归属感，对其个人的意见公开表达频率有正向影响。

H5：当网民的意见表达意愿越高时，则其个人在网络上意见公开表达的频率就越高。

（二）概念操作化

1. 议题选择

网民的意见表达是有议题指向的，因此，在本书的问卷中，需要首先明确研究议题。伊丽莎白·诺尔纽曼在《民意：沉默螺旋的发现之旅》中提出，研究民意、检验沉默螺旋理论过程中，选择的议题"必须验证该议题是否具有情绪性，且充满道德判断，如果议题不具有价值判断，就不能形成民意压力。"纽曼的这个议题选择标准在后来类似的民意研究中基本上被沿用，本书也将借鉴这个议题选择标准。

根据人民网《2011年中国互联网舆情分析报告》中的2011年网络热点事件，以及纽曼的议题选择标准，最终选择了三个事件："郭美美事件"、"7·23"动车追尾、双汇"瘦肉精"。

2. 议题属性

议题属性涉及五个变量，其概念操作化定义如表3-1所示。

3. 网民社会心理

网民社会心理涉及三个变量，其概念操作化均为心理学量表，具体如表3-2所示。

表 3-1 议题属性的概念操作化

变量名称	概念操作化
议题相关	对于下列三个事件,您认为它们和您的工作生活相关程度分别如何?
议题知识	对于下列三个事件,您认为您对它们的了解和认识程度分别如何?
议题兴趣	关于下列三个事件,您感兴趣的程度分别如何?
议题关注	在所选择研究的三个热点事件中,根据网民关注参与的程度,区分为以下四类关注行为:浏览;搜索;回复/跟帖;发主帖。这四个行为在关注参与程度上由小到大,浏览行为的事件关注参与程度最低,而发主帖的事件关注参与程度最高。构建关注度指标,对关注行为分别赋值,"浏览"赋值为"1","搜索"赋值为"2","回复/跟帖"赋值为"3","发主帖"赋值为"4","没听说"赋值为"0"。针对某一事件,用户这些关注行为可以多选,因此该事件的关注度数值为这些关注行为赋值的直接加总
一致性	对于下列三个事件,您认为有多少中国网民和您在上题中的意见是相同的?请分别用百分比表示_____%

表 3-2 网民社会心理的概念操作化

变量名称	量表语句
表达风险感	对于社会敏感问题,我会刻意回避参与公开讨论
	发帖或回复前,我通常会考虑是不是会对我的个人隐私造成潜在的危险
	在网络上发表意见,我一般都是匿名
社会归属感	我认为目前社会主流是积极向上的
	我对我国政府非常信任
	我以身为中国人感到自豪
	我感觉自己分享到了社会发展的成果
	我相信经过自己努力,能实现自己理想
	我个人的命运和国家的命运是联系在一起的
理性程度	坚持自己的观点,不会轻易改变
	对自己阐述的内容非常有信心
	有信心说服别人相信自己
	我相信通过争论可以明辨事理
	我将反思文章观点,并积极与其他人探讨真理之道

4. 意见表达

网民意见表达，这里分为两层面进行测量，分别是"意见表达意愿"和"意见公开表达"，这两个层面相互关联，但二者不能等同视之。

为获得被访者的真实感受，本书通过具体事件、具体情境下的调查完成对于人们在公开场合表达观点的意愿和实际行为。因此，本书设定了三个情景，分别是"坐火车""网络论坛""朋友之间"，分别考察在陌生人环境、虚拟空间和亲密环境中，网民在感知意见气候之后，有多大的意愿参与到议题事件的讨论中，以便更全面地反映网民的"意见表达意愿"的程度。

表3-3 意见表达的概念操作化

变量名称	概念操作化
意见表达意愿	火车测试：如果您单独一人坐5个小时的火车旅行，身边有人谈论下列三个事件，您发现这些人的看法和您的并不一样，对于下列三个事件，您分别在多大程度上可能参与到讨论中去？
	论坛测试：如果有人在网络论坛中发帖讨论下列三个事件，您发现发帖人和大多数跟帖的看法和您的并不一样，对于下列三个事件，您分别在多大程度上可能参与到讨论中去？
	朋友测试：如果在朋友之间讨论下列三个事件，您的大多数朋友和您的看法并不一样，对于下列三个事件，您分别在多大程度上可能参与到讨论中去？
意见公开表达	对于下列三个事件，您分别在网上与其他人谈论并发表意见的频率怎样？

（三）研究方法

本书的调查部分采用网络调查方法，调研实施借助清华大学媒介调查实验室的Net Touch® 2.0网络问卷调研系统，由于本次调查的对象是网民群体，因此在样本甄别条件上没有严格要求。Net Touch® 2.0网络问卷调研系统通过自己的固定样本组中随机抽取被访者。调查正式实施周期为2012年4月29日至5月14日，历时两周，共回收有效样本1100个。

四、主要研究发现

本书将"意见表达意愿"和"意见公开表达"分别作为因变量，图3-1中

"议题属性"视角和网民"社会心理"视角的8个变量因子得分作为自变量,进行多元线性回归,从而得出在网民的"意见表达意愿"层面以及"意见公开表达"层面,哪些因素的影响程度更高些。本书研究采用分析软件为PASW(SPSS 18.0),分析结果如下。

(一)回归模型分析的假设条件检验

进行多元线性回归分析之前,需要对理论模型中的变量以及回归模型的基本假设条件进行检验,检验通过才能对理论模型进行进一步分析。

首先,对本书测量研究变量的量表进行信度、效度检验,结果表明,网民社会心理的量表信度均在 0.7 以上,量表的内在一致性表现较好;此外,图 3-1 中各变量的观测指标的方差贡献率都在 60% 以上,其结构效度较好。因此,上述对各变量的概念操作化定义,可用以进行回归分析模型检验。

其次,需要考察回归分析模型有效的基本假定是否得到满足,相关结果表明,本书的两个回归方程均满足线性、方差齐性假设、回归模型中误差项的独立性要求,回归分析模型有效的基本假定均得到满足。

(二)意见表达影响因素分析

1. "意见表达意愿"的影响因素检验

对"意见表达意愿"的影响因素进行多元线性回归分析。在表 3-4 中,复相关系数 R_2 等于 0.579,表明自变量可以解释因变量总变差的 57.9%,考虑到我们通过该回归分析的目的是确定重要自变量,而不是用于预测,同时我们考察表 3-6 中各个自变量的容忍度(Tolerance)指标,均在 0.45 以上,自变量间的多重共线性不明显,因此,本书研究采用多元回归分析方法是适用的。

表 3-4 模型总结:意见表达意愿

模型	R	R Square	Adjusted R Square	Std. Error of the Estimate	Durbin-Watson
1	0.761	0.579	0.575	0.63623816	1.995

考察表 3-5,我们可以看出 F 值的概率值小于 0.001,表明用回归对总变差的解释是有显著效果的,这也反映了回归方程效果显著。

表3-5 多元回归方差分析表：意见表达意愿

模型		平方和	自由度	均方和	F值	显著水平（Sig.）
1	Regression	420.265	8	52.533	129.776	0.000
	Residual	305.623	755	0.405		
	Total	725.888	763			

总体而言，上述各项分析表明该回归方程模型有效。下面需要考察全部回归系数，如表3-6所示。

表3-6 回归系数：意见表达意愿

模型		非标准化系数		标准化系数	t	Sig.	多重共线性检验	
		B	Std. Error	Beta			Tolerance	VIF
1	(Constant)	0.014	0.023		0.606	0.545		
	议题关注	0.066	0.026	0.068	2.572	0.010	0.806	1.241
	议题兴趣	0.407	0.030	0.410	13.709	0.000	0.622	1.607
	议题相关	0.128	0.028	0.131	4.500	0.000	0.661	1.512
	议题知识	0.197	0.032	0.199	6.123	0.000	0.526	1.900
	一致性	0.063	0.025	0.063	2.478	0.013	0.858	1.165
	表达风险感	0.050	0.024	0.051	2.079	0.038	0.943	1.061
	理性程度	0.123	0.027	0.126	4.623	0.000	0.753	1.328
	社会归属感	0.041	0.025	0.042	1.671	0.095	0.876	1.141

结果表明：首先，除"社会归属感"外，其他自变量的回归系数的显著性水平检验均小于0.05，表明"社会归属感"这一变量对于"意见表达意愿"的影响程度在0.05的检验水平下并不显著，因此可以忽略不计，因此，研究假设H2c没有通过检验，"社会归属感"对于个人"意见表达意愿"的影响程度不明显。其次，在0.05显著性水平下通过检验的自变量，考察其标准化后的回归系数均为正值，包括"表达风险感"，回归系数为0.051，表明网民的"表达风险感"对于个人"意见表达意愿"有微弱正向影响，但根据H2a，"表达风险感"对"意见表达意愿"起的作用是负向影响，因此，H2a没有通过检验。但理论模

型中 H1 的全部假设和 H2b 的全部假设通过了检验，得到证实。最后，"议题兴趣"、"议题知识"和"理性程度"对于"意见表达意愿"的标准化回归系数排在前三位，这三个变量对于因变量的影响程度较大。

2. "意见公开表达"的影响因素检验

下面对"意见公开表达"的影响因素进行多元线性回归分析，首先考察模型的效果，其中，模型的 R_2 为 0.449，F 值的概率值小于 0.001，表明用回归对总变差的解释是有显著效果。下面需要考察全部回归系数，如表 3-7 所示。

结果表明：首先，网民"社会心理"下面的 3 个变量（"表达风险感""理性程度""社会归属感"）的回归系数在 0.05 显著性水平下均不显著，表明这三个变量对于网民"意见公开表达"没有显著的影响，因此，研究假设 H4 均没有通过检验。其次，表 3-7 中"议题属性"的 5 个变量的回归系数在 0.05 显著性水平下均显著，回归系数均为正值，表明这 5 个变量均对"意见公开表达"产生正向影响，研究假设 H3 均得到证实。最后，在通过检验的自变量中，"议题相关""议题关注""议题知识"的标准化回归系数排在前三名，且对"意见公开表达"影响较大。

表 3-7 回归系数：意见公开表达

模型		非标准化系数		标准化系数	t	Sig.	多重共线性检验	
		B	Std. Error	Beta			Tolerance	VIF
1	(Constant)	0.019	0.027		0.706	0.480		
	议题关注	0.236	0.030	0.241	7.993	0.000	0.805	1.242
	议题兴趣	0.124	0.034	0.124	3.615	0.000	0.621	1.609
	议题相关	0.275	0.033	0.280	8.410	0.000	0.661	1.513
	议题知识	0.160	0.037	0.161	4.327	0.000	0.527	1.898
	一致性	0.097	0.029	0.097	3.314	0.001	0.858	1.166
	表达风险感	-0.015	0.028	-0.015	-0.525	0.600	0.942	1.062
	理性程度	0.059	0.031	0.060	1.926	0.055	0.751	1.332
	社会归属感	0.007	0.029	0.008	0.260	0.795	0.874	1.144

3. "意见表达意愿"与"意见公开表达"的相关关系检验

本书的理论假设 H5 认为，网民"意见表达意愿"越高，则其个人"意见公开表达"就越高,因此,我们对两变量进行相关分析,相关系数为 0.565(Sig. < 0.001),假设 H5 得到证实,网民意见表达意愿与其意见公开表达呈显著正相关。

五、总结与讨论

本书将网民意见表达划分为"意见表达意愿"和"意见公开表达"两个层面,就是考虑到这两个层面的影响因素可能会存在差异,经过对图 3-1 中理论模型的检验,将分析结果汇总在表 3-8 中(按照影响因素的标准化回归系数绝对值由大到小排列),可以看出,两个层面的影响因素之间存在关联,也存在一定的差异。

表 3-8 网民意见表达影响因素分析结果汇总

序号	意见表达意愿影响因素	意见公开表达影响因素
1	议题兴趣	议题相关
2	议题知识	议题关注
3	议题相关	议题知识
4	理性程度	议题兴趣
5	议题关注	一致性
6	一致性	理性程度[a]
7	表达风险感[b]	社会归属感[a]
8	社会归属感[a]	表达风险感[a]

注:a 表示,该变量的回归系数未能在 0.05 检验水平下显著,不符合理论假设。

b 表示,该变量回归系数在 0.05 检验水平下显著,但影响程度相反,不符合理论假设。

首先,综合"意见表达意愿"和"意见公开表达"来看,"议题相关"和"议题知识"是两个很重要的影响因素,影响程度都排在了前三位,表明网民倾向于对自己工作生活关联密切、比较熟悉的议题发表意见。

其次,"议题兴趣"对于"意见表达意愿"的影响程度很大,但是对于"意见公开表达"的回归系数较小,表明"议题兴趣"在面临某种感知的群体压力面前,网民虽然有较强的表达意愿,但最后还是在"议题相关"方面做出妥协,选择较为熟悉和安全的"议题相关"领域发言。

再次，考虑网络环境中发言的匿名情况，在理论假设中，本书认为，网民的"表达风险感"对其个人"意见表达"（包含"意见表达意愿"和"意见公开表达"）是负向影响，即网民"表达风险感"高的时候，倾向于网络少发言。但本书研究结果表明并非如此。其中，网民"表达风险感"对于"意见表达意愿"呈正向影响，表明网民虽然清楚自己在网上发言要谨慎，但仍然表现出较明确的意见表达意愿，并没有降低这种意愿，显示出当前国内网民对于网络热点事件的发展和解决，参政议政的意愿较高。不过，虽然有表达意愿，网民在真正公开表达意见时，这个选择却并不明确，"风险表达感"对于网民"意见公开表达"的影响不显著。因此，在网络匿名环境下，"表达风险感"对于网民意见表达的影响机理，还有待进一步深入研究。

最后，从两大视角来看，对于网民意见表达的影响而言，由表3-8可以看出，"议题属性"视角下变量的影响程度高于网民"社会心理"，这从侧面验证了媒介议程设置对于公众议程的改变是有效的，因为网民意见表达与"议题属性"紧密相关联。因此，如果政府相关部门合理运用媒体信息披露，从而引导网络舆论积极发展，就有可能实现民意与政府的良性互动。

第二节　旅游目的地新媒体内容策略研究

旅游目的地的微博营销是一个新兴产物，目前在相关领域的研究尤其是针对微博文案的研究较少，现有的对于旅游微博的研究主要可分为针对旅行社、旅游景点以及旅游目的地政务机构的微博研究。

一、旅游目的地官方微博研究案例选择

对于旅游官方微博的研究主要有危爱连（2012）以旅行社官方微博为研究对象分析了广东省各旅行社的官方微博运营情况，并针对其中存在的问题提出了相关建议。以及王业祥（2013）以旅游景区官方微博为研究对象，对其进行了综合分析，并提出了提升旅游景区官方微博营销效果的相关对策。此外，还有娄枫

(2013)研究了旅游目的地微博运作模式,并总结了旅游目的地官方微博的运作原则和营销特点。另外针对旅游目的地官方微博的研究还有王明珠、程道品和段文军(2014)以广西旅游局为例进行的旅游政务微博营销研究,研究关注了官方微博与受众的互动情况,并将其与山东省旅游局官方微博进行比较,总结了旅游局官方微博营销存在的一系列问题,包括互动较少、形式单一、内容缺乏本土特色等。

而针对山东省旅游局官方微博的研究,主要有刘乐格(2013)通过对山东省旅游局官方微博的基本情况、内容设计、运营思路进行个案分析,探讨并总结了行之有效的旅游局官方微博营销模式,并提出了旅游局官方微博的发展建议。此外还有张颖(2014)以山东省旅游局新浪微博为例进行的旅游官方微博案例分析,重在探讨解决旅游局官方微博关注度低、营销方式单一、互动差的问题。

目前政府机构旅游官方微博数量越来越多,但是真正取得成效的却寥寥无几。众多旅游局官方微博中最为引人注目的就是粉丝量突破150万的山东省旅游局官方微博。本书主要剖析了山东省旅游局官方微博的文案使用方法,研究其现行官方微博运营模式下的官方微博内容的传播效果,总结出官方微博运营中的文本策略,以提供借鉴。

二、研究方法设计

本书收集了山东旅游局腾讯官方微博的2079条微博作为样本数据,对样本数据进行了重编码分析以及简单相关分析,以转发比(转发比=转发评论量/阅读量)作为传播效果评估指标,以此来呈现其官方微博现有运营模式下的官方微博内容策略的传播效果,并进一步总结探究其官方微博宣传策略。

(一)样本选择及分类

截至2014年12月,山东省旅游局腾讯官方微博的粉丝数达到150万,居省级旅游局微博粉丝数前列,经过四年多的运营,已经成功地塑造了"好客山东"的品牌形象。在腾讯微博主办的2011年政务年终盘点中,山东省旅游局官方微博获评"2011腾讯微博十大旅游局影响力排行"第一名;在中国旅游研究院与艾瑞咨询集团于2011年联合发起的以旅游目的地官方微博为对象进行的微博营销效果评估中,山东省旅游局官方微博高居"省级旅游局微博运营效果排名前二十名"[1] 榜首，在同行业中属于成功的典范，具有充分的研究价值和借鉴意义。此外，考虑到腾讯微博能够监测到每条微博的阅读量这一重要数据，因为只有根据阅读数量才能计算得出本书的关键数据——转发比。综合以上两点考虑，本次研究选取了山东旅游局腾讯官方微博作为研究对象。

数据样本包括官方微博从2013年8月27日（含当日）至11月13日（含当日）发布的全部微博，共计2079条。因为考虑到了这一时间段包含了中秋节和"十一"小长假这两个旅游出行的高峰，也是旅游局官方微博进行针对性营销宣传的高峰，因此数据具有一定的代表性。数据的主体部分是微博的文本内容（包括标题和正文）以及阅读人数、转发评论量、文本信息类型、有无标题、标题内容、标题的文本属性等，根据研究需要对原始数据进行以上重编码，以提取研究所需的数据。同时，根据研究需要，将微博的文本信息类型分为四大类十七小类，分类结果如表3-9所示。核心产品是指围绕旅游目的地展开的与旅游目的地密切相关的微博，重点在于对旅游目的地和旅游产品的直接推广宣传；营销产品是指直接的广告和促销宣传；附加产品是指与旅游目的地无关的、贴近人们生活、情感的、具有丰富的人文情怀的文本信息类型；微话题是指在微博中发起讨论话题的文本信息类型。

表3-9 微博文本信息分类情况

核心产品	营销信息	附加产品	微话题
旅游攻略 景点介绍 旅游服务 旅游百科 地方特产 民俗文化	促销信息 广告信息	生活贴士 健康养生 人文百科 美图欣赏 美文欣赏 生活感悟 热点事件 趣闻轶事	微话题

---

[1] 国家旅游局信息中心. 中国旅游目的地官方微博营销效果分析及排名报告 [Z]. 2011-12.

本次研究是针对占微博内容较多比重的核心产品和附加产品进行的。为打造"好客山东"的旅游品牌形象，旅游局官方微博宣传过程中自然以主推旅游目的地的核心产品为主。核心产品是指有关旅游目的地、观光对象的介绍以及其他与旅游相关的信息，包括旅游攻略、景点介绍、旅游服务、旅游百科和地方特色等，都是围绕旅游目的地展开的旅游产品宣传，是官方微博宣传过程中最基本的信息。此外，为打造一个更加亲民、包容的形象，更好地融入受众生活，官方微博也推出了部分附加产品，即生活百科、生活感悟和热点事件等，附加产品在整个微博宣传中辅助塑造山东省的"好客"形象，以附加产品独特的吸引力提升了旅游局官方微博的传播效果，从而带动提升核心产品的传播效果，提升官方微博的整体影响力，使"好客山东"旅游品牌以更加具有亲和力、更加真实可感的姿态呈现给受众。

（二）微博内容的传播效果评估标准

研究中的关键是对受众关注度以及官方微博内容的传播效果的衡量，即涉及对现行文案使用方式下内容的传播效果的呈现。于是在原始样本数据微博阅读数量和转发评论量的基础上引入了"转发比"这一评估标准。在此次研究中，转发比是根据微博的转发评论量除以阅读量计算得出的。

$$转发比 = \frac{微博转发评论量}{微博阅读数量}$$

单纯地用阅读量或转发评论量来衡量微博的内容策略的传播效果都具有片面性，因为如果受众只是简单地阅读而没有转发分享或者进行评论，就不足以看出该条微博引起了受众的足够关注。而用每条微博的转发评论量除以该条微博的阅读量就能相对客观地呈现微博内容的传播效果，反映受众在阅读的基础上是否真正地关注了微博信息。相对而言，将两者结合得出的转发比更加具有代表性。

（三）研究方法

本书针对样本数据进行了描述性统计分析，首先，按照编码表对搜集的样本数据进行重编码，分解出数据的不同属性，包括微博的转发评论量、阅读量、转发比、文本内容、标题、样本类型（根据上文标准分类）以及标题的不同文本属性等。其次从官方微博的数量和质量入手，对其进行简单的统计和分析，以呈现官方微博的宣传重点和受众对官方微博的关注度。然后分别对微博内容和微博标题进行转发比的分析，以呈现官方微博内容的传播效果。针对微博内容，使用简单的统计分析，探究官方微博的宣传重点和受众关注重点；针对微博标题，使用相关分析法，探究不同属性标题内容的传播效果。

三、山东旅游局官方微博内容的传播效果

山东旅游局官方微博的文本从结构上主要分为微博正文和微博标题两部分。通常来讲，微博正文字数较多，因而信息比较丰富，表达更为精确，对于旅游目的地以及其他旅游产品的陈述和宣传更为充分和全面，对附加产品信息的呈现也更加到位，成为微博内容的主体部分，对于"好客山东"品牌形象的宣传起着主导作用。

（一）山东旅游局腾讯官方微博的宣传重点

官方微博发布的微博信息内容丰富、类型较多，宣传过程中必然有所侧重和突出，发布数量较多的信息类型自然成为官方微博宣传的重点。将微博按文本信息类型分类之后，统计得出各类微博的发布数量分布如图3-2所示。从图中可以看出，综合所有的文本信息类型来看，官方微博把宣传重点放在了核心产品上，发布数量最多的依次是景点介绍、微话题、地方特产和生活感悟四类微博，其中数量最多、最为突出的是景点介绍类微博。从核心产品和附加产品两个角度分开来看，各自的宣传也都有所侧重。

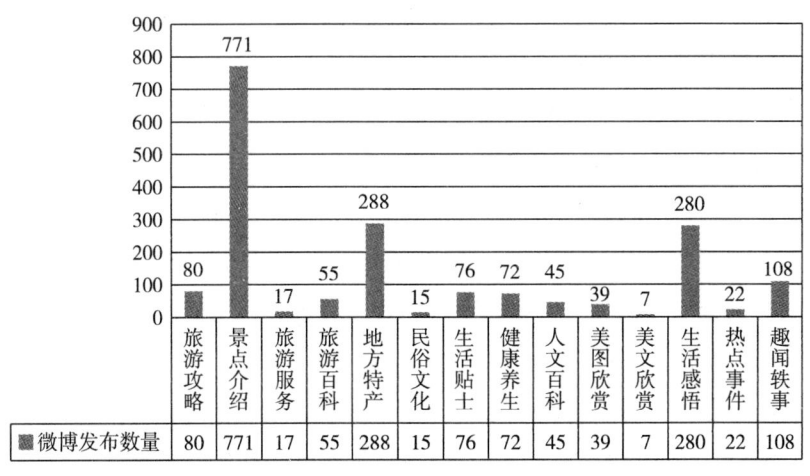

图3-2 微博总体发布数量分布

(二) 将景点介绍和地方特产作为核心产品的宣传重点

作为一个旅游目的地,最终能够吸引游客的还应该是旅游目的地本身,包括其自有的景点、城市本身,以及在其基础上形成的特有的精神文化。山东省旅游局官方微博为打造"好客山东"的品牌形象,在宣传过程中必然主推旅游景点,将整个官方微博的宣传重点放在了对景点和城市的推广和介绍上,主要介绍了旅游目的地的旅游资源、旅游活动、旅游攻略以及地方的特色美食、特产等,使旅游目的地被更多人知晓。所以景点介绍和地方特产成了核心产品中的宣传重点,也就是"核心中的核心"。监测数据显示,景点介绍类微博共有771条,占样本总量的37.09%,地方特产类微博共有288条,占样本总量的13.85%,合计微博发布总量为样本总数的一半。由此可见旅游局官方微博着重将旅游目的地推广出去,呈现每个城市和景点的特色,还呈现景点特色和不同的地方特产来吸引受众的消费欲望,促使其产生前往观光旅游的需求。

1. 将生活感悟和生活百科作为附加产品的宣传重点

山东旅游局在利用官方微博营销的过程当中使用大量篇幅对旅游目的地和旅游产品进行推广的同时,也注重对官方微博以及官方微博代表下的"好客山东"品牌进行全方位塑造,全方位阐释"好客"形象和观念,使其品牌形象更加丰满,更加地贴近、更好地融入人们的日常生活,使得旅游和"好客山东"这类观念深入人心。在实际的执行过程中,附加产品就是官方微博营销当中的润滑剂,通过这种模式,山东省旅游局成功地利用官方微博把旅游营销落到实处。

从研究监测的微博发布内容看,附加产品微博共计625条,占总体比例的31%,如图3-3所示。官方微博所发布的附加产品信息包括生活百科、图文赏析、生活感悟、趣闻轶事和热点事件五类,其中占比最高的是生活感悟类信息,比例为14%,其次是生活百科和趣闻轶事类信息,比例分别是9%和5%。研究又将生活百科这一类别细分为生活贴士、健康养生和人文百科三小类。在微博发布数量方面,生活百科的三个小类占比分别为3.57%、3.47%和1.93%。

结合以上分析,可以看出,旅游局官方微博利用了将近1/3的微博来对附加产品信息进行宣传,并且将宣传重点放在了生活感悟和生活百科(尤其是生活百科当中的生活贴士和健康养生)这两个大类上,其次是趣闻轶事,此外,生活百科当中三小类信息发布比例大致相当。

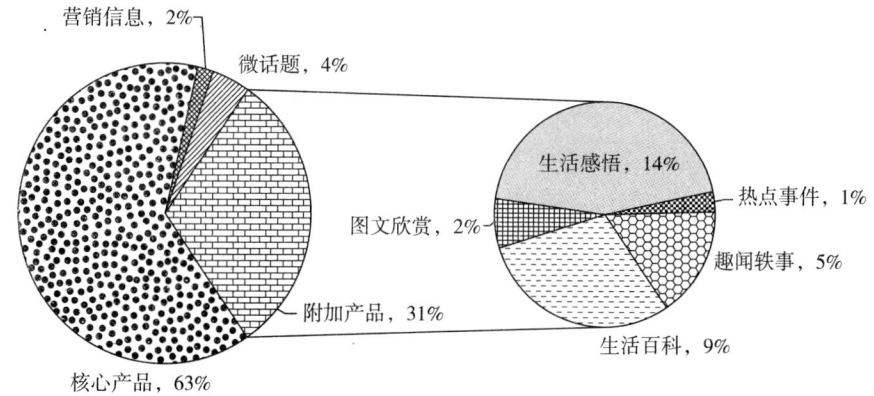

图 3-3　各类微博发布数量比例

2. 山东旅游局腾讯官方微博的受众关注重点

营销是一个双向互动的过程，在营销过程中传播什么信息不能由传播者单方面决定。尽管山东省旅游局官方微博有从自身利益和需求出发的宣传策略和宣传重点，但广大受众也有从自身利益或兴趣出发的关注重点，并且，经研究发现，无论是核心产品还是附加产品，都存在部分被受众集中关注的文本信息类型。

（1）核心产品中受众的关注重点为旅游百科和民俗文化。

经研究发现，在核心产品当中，传播效果较好的有旅游百科、民俗文化、景点介绍和旅游攻略。其中传播效果最好的文本信息类型为旅游百科（此次研究中，旅游百科是指与旅游相关的百科知识，如"搭帐篷的技巧"或旅游目的地的人文历史简介，如山东某些人文历史介绍、城市历史等），其次是地方特色当中的民俗文化即微博中出现的地方风俗、方言、节庆活动等的介绍，如图3-4所示。另外，旅游目的地的景点介绍和旅游攻略两类微博内容的传播效果较好，受到了粉丝的高度关注。相比之下，旅游服务和地方特产的传播效果较差。

由此可见，相对于单纯的景点介绍和物质属性较明显的地方特产，受众对于旅游目的地的精神文明、历史文化、风俗人情、城市风貌更加感兴趣，更愿意去关注一个城市整体的生活氛围、文化气息。

（2）附加产品中受众的关注重点为生活感悟和人文百科。

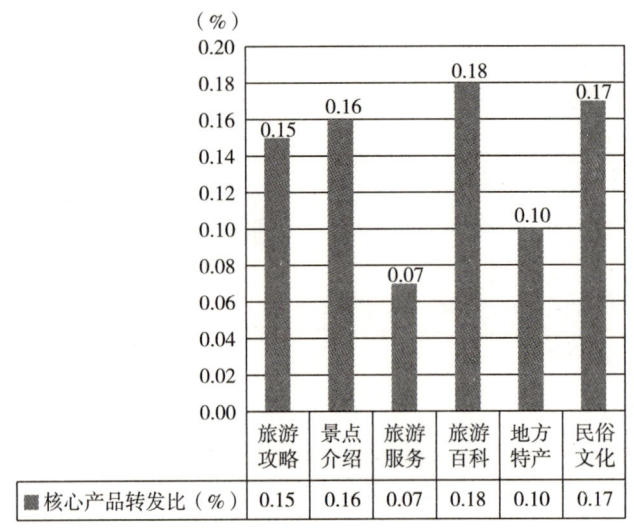

图 3-4 核心产品转发比

在所有的附加产品当中,最受关注的产品包括生活感悟、人文百科和健康养生,其次是生活贴士和趣闻逸事两类信息。而图文欣赏和热点事件的传播效果较差,如图 3-5 所示。关注山东省旅游局官方微博的粉丝当中,不论生活水平高低,多数人都具有一定的旅游意向,都懂得寻找机会去放松身心,从受众重点关注的信息类型中可以看出,受众所浏览的信息多有助于提升生活品位和质量,是人们物质生活水平提高,注重提升生活质量和增强文化需求的表现。

将核心产品和附加产品对比来看,附加产品的传播效果明显优于核心产品(见图 3-6),尤其是生活感悟、人文百科、健康养生和生活贴士四类信息的转发比普遍高于核心产品。这也说明相对于以旅游信息为主的核心产品而言,附加产品比较贴近受众日常生活,所传递的信息更贴近受众的兴趣点,具有亲和力和吸引力,也更加能够得到受众关注,对于塑造和提升品牌形象具有很大的帮助,在微博营销的过程当中进行附加产品的宣传也是山东省旅游局微博宣传的正确选择。

(3)官方微博正文的传播效果及存在问题。

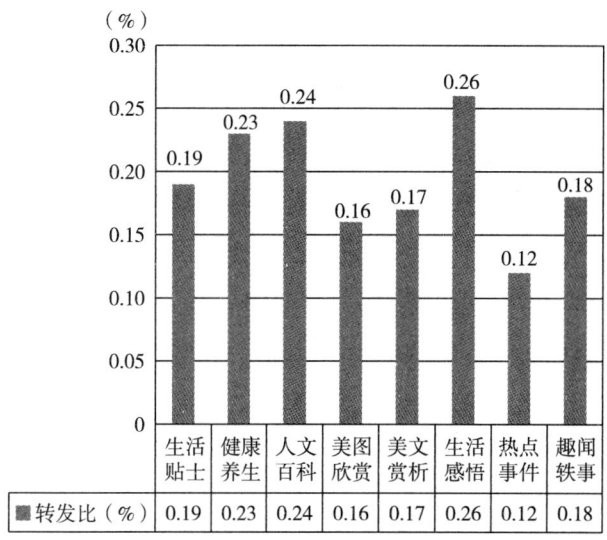

图 3-5 附加产品转发比

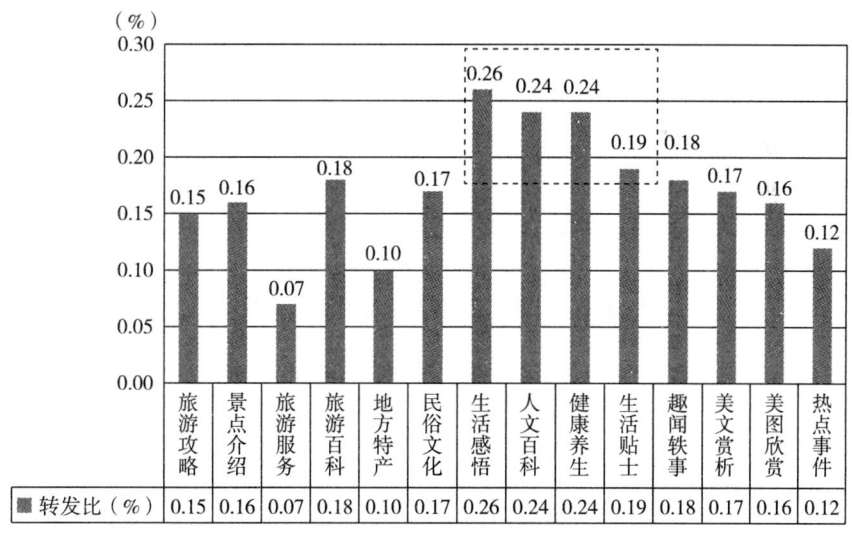

图 3-6 核心产品与附加产品转发比比较

前文分析了作为传播者的官方微博的宣传重点和作为受众的粉丝的关注重点之后，将两者相结合就能看出官方微博在宣传过程中所出现的不妥和偏差，即探究官方微博重点宣传的信息是不是受众最为关注的信息。经过以上分析发现，在核心产品和附加产品当中，传播效果较好的信息类型主要有八个类别：旅游攻略、景点介绍、民俗文化、旅游百科、生活贴士、健康养生、人文百科和生活感悟，即与其他种类的信息相比，在阅读量相同的情况下，这八类微博的转发评论量最多。以传播效果为出发点，将这八类文本信息类型的微博发布数量与转发比相比较，如图3－7所示，便可发现官方微博在宣传过程中，宣传重点与受众关注重点存在着部分不可忽视的偏差，由此在一定程度上降低了官方微博内容的传播效果。

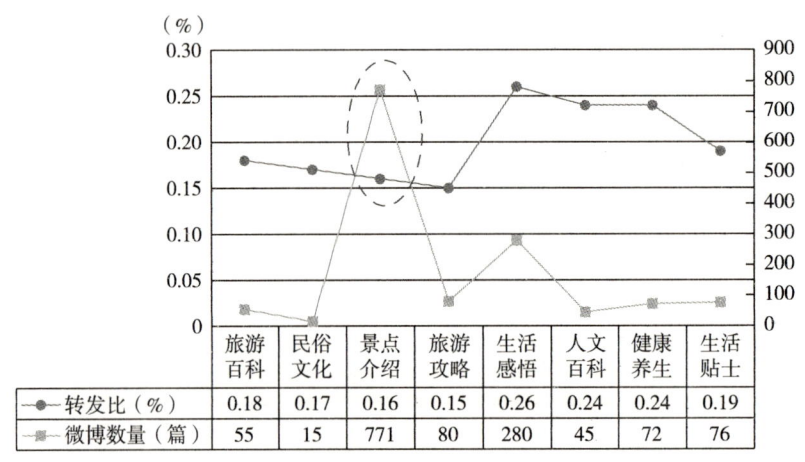

图3－7　微博发布数量与转发比比较

此外，核心产品当中旅游百科和民俗文化的转发比都高于景点介绍，说明这两类信息受到了比景点介绍更高的关注，但是在核心产品的宣传过程中，官方微博只把景点介绍和传播效果较低的地方特产作为宣传重点，而忽视了受众非常关注的旅游百科和民俗文化，只给予极少量的宣传，说明官方微博在核心产品的文本策略中存在失误，对旅游目的地的推广过程中没有把受众最关注的信息较多地呈现出来，由此会在一定程度上降低核心产品的传播效果。而在附加产品当中，作为山东省旅游局官方微博宣传重点的生活贴士和趣闻轶事在传播效果上并没有处于突出位置。然而，没有作为宣传重点的人文百科的传播效果较高。相比较之下，宣传重点信息当中的生活感悟和健康养生两类的传播效果也非常高，宣传重点和受众关注重点是相契合的。由此看来，在附加产品的宣传当中虽然也存在部分偏差，但也不乏可取之处。

从整体来看，附加产品的转发比高于核心产品，说明附加产品的传播效果优于核心产品，更能吸引受众的关注，但是附加产品信息的发布数量非常少，只占微博总体数量的1/3，与占半数以上的核心产品相比数量相差悬殊。

四、山东旅游局官方微博标题的传播效果

从广告的角度来讲，一则完整的广告是由标题、正文、附文、口号和准口号组成的。广告的标题通常位于广告作品最醒目、最有效的位置。如大卫·奥格威所说"读标题的人平均为读正文的人的5倍"。胡晓云在她的著作《广告文案》中提到过，"也有人曾经做过一个测验，发现80%的读者都要先浏览广告标题再浏览广告正文中的信息"。

与广告类似，在每一条微博当中，标题的使用也显得尤为重要，在山东省旅游局官方微博发布的微博当中，就较好地利用了标题这一元素，官微用符号——"【】"来着重突出标题，也是为了更好地吸引受众的关注。例如"【济南最美的性格】山清水秀，人杰地灵，湖光山色，淡妆浓彩，青砖黛瓦，暖墙褐瓦，明雅淡彩，暖褐红瓦，儒雅明快，沉稳大气，快乐休闲，文化古城，泉水之都，风景如画，华灯璀璨……亲，你觉得哪一个是对济南最美丽的描述？@山东旅游达人"，这条微博就使用了标题"【济南最美的性格】"来突出微博重点。

（一）山东旅游局官方微博的标题使用情况

在一条微博当中，标题能够为整条微博提纲挈领，使微博最重要、最吸引人的信息最先呈现给读者，能够在无目标阅读的受众中间分离出目标消费者，让他们自觉地对微博正文产生更深度的关注和好奇。

通过对样本数据的收集和分析可以看出，山东旅游局官方微博在进行微博营销的过程当中也较多地使用了微博这一元素。如图3-8所示，在所有的样本数据当中，接近2/3的微博使用了标题，占样本总体的62.72%。而在所有有标题的微博当中，标题的类型也是种类繁多、各不相同，由此可以看出官方微博十分重视微博的使用。

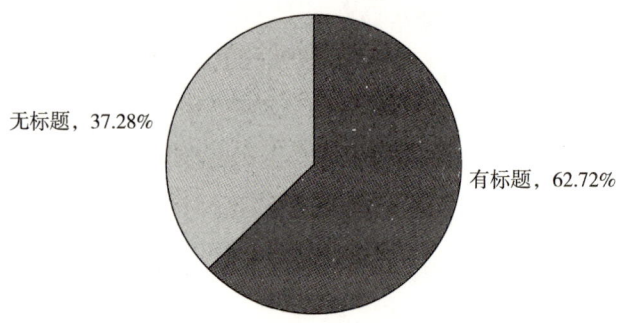

图 3-8　有标题与无标题微博的比例

(二) 标题的不同属性对内容的传播效果的影响

标题的形式有许多种,也可以从不同的角度进行分类。在广告文案当中,根据结构类型可以把标题分为直接标题、间接标题、复合标题三类;或者按句式结构不同,分为单词组、多词组、单句、多句、复合五种。

鉴于山东旅游局官方微博十分重视标题的使用,研究中对其标题的种类进行归集整理,从文本的角度出发,总结了官方微博现行运营中所存在的几类比较突出的标题类别,根据其文案属性不同,大致分为三类:标题中包含表数量的数字、标题包含表强调的词语、标题中营销对象单一。以下将对这三类属性进行内容策略效果的分析,深入探讨不同种类官微标题的传播效果。

1. 标题中包含表数量的数字能够提升传播效果

在官方微博发布的使用标题的微博当中,很多信息是分条罗列陈述的,并且在这一类微博当中,多半在标题中使用了表数量的数字来进行总结概括。例如微博"【世界十大摄影旅游胜地】包括:①东营黄河入海口;②玻利维亚的乌尤尼盐湖;③波兰的'弯弯林';④乌克兰的'爱情隧道';⑤越南韩松洞;⑥法国普罗旺斯的薰衣草花田;⑦瓦努阿图圣埃斯皮里图岛;⑧希腊萨索斯岛的泻湖;⑨圭亚那的凯厄图尔瀑布;⑩中国云南的壮观梯田",以及标题"【国内十大旅游路线】""【8 招祝你睡个好觉】"等。这些都在标题当中使用表示数量的数字来概括微博内容。

经过简单相关分析,便可发现,在 99% 的置信度下,标题中是否包含表数量的数字与转发比之间具有显著的正相关关系,即表示,在其他条件不变的情况下,当标题中含有表示数量的数字时,转发比越高,则该类标题能够提升传播效果。当受众面对一整段文字时,首先标题就能够吸引眼球,其次,如果微博正文当中的信息是分条陈述时,标题中恰好能够用数字概括整个微博内容,即在标题中使用表示数量的数字来统领正文当中的分条信息,使微博整体信息更加可观、使受众在感觉上认为信息条理清晰、易于掌握、能够满足受众快节奏的生活需求,相关分析结果如表3–10所示。

表3–10 转发比与标题中是否包含表数量的数字相关分析

		转发比	标题中是否包含表示数量的数字
转发比	皮尔逊相关系数	1	0.183**
	双尾T检验		0.000
	样本数量	1305	1305
标题中是否包含表示数量的数字	皮尔逊相关系数	0.183**	1
	双尾T检验	0.000	
	样本数量	1305	1305

注:**表示在0.01水平(双侧)上显著相关。

2. 标题中包含表示强调的词语能够提升传播效果

从样本整体看,许多微博标题中包含表示程度、表示强调的词语,例如"最美""最爱""一定要""不得不""不可错过"等。这一类词语能够在快速浏览的瞬间刺激受众产生继续阅读或者关注的心理。例如微博"【山东必吃美食】:①煎饼卷大葱,香软可口。②胶东渔家宴,原汁原味海洋的味道。③单县羊汤,鲜洁爽口,开胃健力。④德州扒鸡,肉质鲜嫩。⑤周村烧饼,薄酥香脆。⑥潍坊朝天锅,以薄饼卷肉,其味无穷。⑦济南糖醋鲤鱼,鲜嫩肥美。⑧黄河口大闸蟹,膏满黄肥。⑨鲅鱼水饺,鲜嫩清香"。by@家有小小女在标题中使用了表示强调的词语——"必吃",来引起受众的好奇心,从而提高微博的关注度,提升内容的传播效果。同样使用该类词语的微博标题还有"【世界最美海湾——中国青岛】""【好客山东最经典美】"等。

如表3–11所示,通过对"转发比"和"标题中是否包含表强调的词语"进行相关分析,可以看出在99%的置信度下,我们可以认为转发比和标题中是否包含表强调的词汇两者之间存在显著的正相关关系,即表示在其他条件不变的情况下,当标题中包含有表强调的词汇时,转发比会越高,因而含有此类标题的微博能够受到较高的关注。在通常情况下,此类别的词语得益于文案的渲染作用,比较吸引眼球,往往能够激发受众的阅读兴趣,因而得到较多的关注。

表3-11 转发比与标题中是否包含表强调的词汇相关分析

		转发比	标题中是否包含表强调的词汇
转发比	皮尔逊相关系数	1	0.117**
	双尾T检验		0.000
	样本数量	1305	1304
标题中是否包含表强调的词汇	皮尔逊相关系数	0.117**	1
	双尾T检验	0.000	
	样本数量	1304	1304

注:**表示在0.01水平(双侧)上显著相关。

3. 标题只包含单一营销对象不利于提升传播效果

在所收集的样本数据当中,大部分微博的标题范围较广,只有部分微博标题局限在单一营销对象上,例如微博"【淄博美食】淄博是齐文化的发源地,不但历史源远流长,饮食文化也十分发达。淄博的美食主要集中在博山、周村两地。淄博博山区是中国四大菜系——鲁菜的发源地,淄博主要以博山四四席、周村烧饼、大锅全羊、博山豆腐箱、红烧鱼唇、酱汁鸭方、博山烤肉等美食最具特色。"就是将单一的营销产品"淄博美食"作为标题,此外还有"【海阳旅游度假区】""【荣成市】"等。

通过相关分析,如表3-12所示,可发现在99%的置信度下,"转发比"与"标题中营销对象是否单一"两者之间存在显著负相关关系。即在其他条件不变的情况下,当标题中营销对象越单一,转发比越少,不利于提升内容策略的传播效果。相对而言,这一类标题的针对性太强,只将宣传内容局限在某个很小的点上,因而受到的关注也较少。

表 3-12 转发比与标题中营销对象是否单一相关分析

		转发比	标题中营销对象是否单一
转发比	皮尔逊相关系数	1	-0.212**
	双尾 T 检验		0.000
	样本数量	1305	1305
标题中营销对象是否单一	皮尔逊相关系数	-0.212**	1
	双尾 T 检验	0.000	
	样本数量	1305	1305

注：**表示在 0.01 水平（双侧）上显著相关。

五、总结与讨论

通过对样本数据的传播效果进行分析和研究，可以看出山东省旅游局官方微博营销过程中在传播山东旅游目的地品牌方面发挥了积极影响力，可以为同行业所借鉴。

（一）旅游局官方微博宣传要分清主次

首先，官方微博宣传要分清主次，并明确核心产品与附加产品的区别和相互之间的作用，在用主要篇幅对核心旅游产品进行宣传的过程中不能忽视附加产品信息，坚持两点论和重点论的统一。

因为研究表明附加产品的传播效果优于核心产品。相对于核心产品而言，附加产品具有更多内容的传播效果，能够源源不断地向受众传递着旅游品牌带来的正面能量，使得受旅游品牌的好感得到潜移默化的影响，这对于提升品牌整体形象具有非常大的帮助。

（二）增加标题的使用

旅游目的地的微博营销中要重视增加标题的使用。如同广告一样，微博中的标题对于提高受众关注、增强内容的传播效果具有明显帮助，并且标题中要增加表示数量的数字和表示强调的词汇的使用，同时避免标题中营销对象单一。

（三）宣传重点适当围绕受众关注重点

微博营销并不是一个单向的过程，在营销过程中必然要考虑受众的需求，并在进行营销推广的基础上以此为向导。因此要注意宣传重点与受众关注重点的相呼应。旅游局官方微博在营销过程中不能只一味地执行自己的宣传策略，而要在契合营销整体方向的前提下，充分考虑受众的关注重点，发布受众想看到的信息才能吸引受众，将微博的内容的传播效果发挥至最大。

（四）旅游目的地新媒体营销加强消费者互动

旅游局微博营销目前更应该顺应潮流，考虑移动终端的体验和应用的开发。如今互联网用户普及速度开始放慢，但是智能手机的普及仍在加速，说明互联网用户向移动终端迁徙已成定局。据 CNNIC 调查数据显示，"截至 2014 年 12 月，我国网民规模达到 6.49 亿，渗透率达到 47.9%，仍然呈上涨趋势。其中手机网民规模达 5.57 亿，较 2013 年增加 5672 万人。网民中使用手机上网的人群占比由 2013 年的 81.0% 提升至 85.8%。"所以未来互联网的焦点必定落在移动终端上，旅游局在微博营销中适当运用移动终端进行营销推广，增强与消费者的互动，高瞻远瞩，给未来进一步的成功奠基。

第三节 时间线索对网络口碑负面偏差修正效果研究

一、研究设计

根据之前的相关文献综述，有关研究表明时间接近性和产品类型是削弱负面偏差的两个重要因素，本书将时间线索进一步细化，并借鉴遗忘曲线的规律，选取"刚刚""昨天""上周""一月前""半年前"几个时间节点，并构建相应的理论模型，理论模型如图 3-9 所示，来考察网络口碑中负面偏差的修正问题。

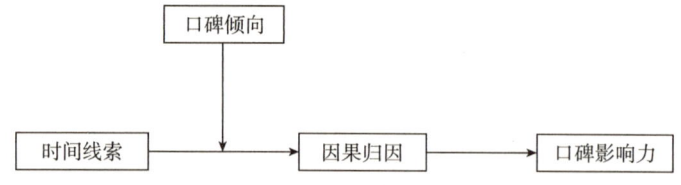

图 3-9 网络口碑中负面偏差的修正理论模型

在本理论模型中,将口碑影响力作为重要的研究变量,把时间线索作为影响负面偏差的自变量,并将时间线索进一步划分为"刚刚""昨天""上周""一月前""半年前"几个时间节点,研究不同时间线索对负面偏差修正的影响效果。口碑倾向作为中介变量影响消费者对口碑发表者发表口碑的动机的不同归因,而对口碑发表动机的归因不同最终又会影响到口碑的影响力。

根据前面的相关研究内容,本书对模型中的相关变量提出如下研究假设。

(一)考察时间接近性线索与因果归因之间的关系

H1a:在没有时间接近性线索的情况下,相对于负面口碑的影响力,正面口碑更可能被归因于评论者本人;

H1b:相对于负面口碑,时间连续性线索的存在增加将正面口碑归因于产品真实体验的可能性更大;

H1c:对口碑的不同归因会影响口碑的影响力,归因于产品真实体验的口碑影响力比归因于评论者本人的口碑影响力大。

(二)考察时间接近性线索与口碑影响力的关系

H2a:当没有时间接近性线索时,正面口碑的影响力往往低于负面口碑的影响力,存在负面偏差;

H2b:相对于负面口碑,时间接近性线索的存在更大程度上增加了正面口碑的影响力。

(三)考察不同的时间线索对负面偏差的修正效果

H3:不同的时间线索对负面偏差的修正效果不同,时间间隔越远,修正效果越不明显,甚至起不到修正的效果。

二、概念操作定义

口碑倾向指的是口碑阅读者认为口碑有多正面或多负面。

口碑影响力指的是口碑阅读者在做出购买决策时有多大的可能性会使用该口碑,即阅读者的购买决策在多大程度上会受到该口碑的影响。

负面偏差是指口碑阅读者认为负面口碑的影响力大于正面口碑的影响力的现象(即相对于正面口碑,口碑阅读者在进行购买决策时更多地受到负面口碑的影响)。

负面偏差的修正是指通过增加正面口碑的影响力,从而削弱负面偏差,达到修正负面偏差的效果(本书考虑到伦理道德方面的相关因素,不对如何减少负面口碑的影响力进行研究,而从增加正面口碑的影响力入手进行探讨),见图3-10的加粗线条路径。

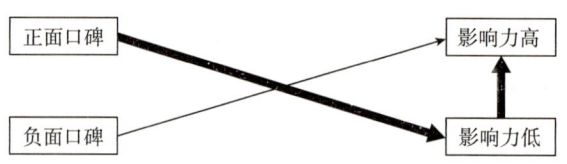

图3-10 负面偏差修正的概念界定

时间线索指的是评论文本中表明消费者发生消费行为与撰写评论之间时间间隔长短的词语,分为时间接近性线索和其他时间线索,其中时间接近性线索指的是表明评论是写在产品消费当天之内的词语(如"刚刚""今天"),其他时间线索包括"昨天""上周""一月前""半年前"四种时间线索。

具体研究过程设计如下所示:

(1)以大众点评网为载体,从中选择出一条文本长度适宜的不带有任何时间线索的正面评论。

(2)创建负面评论,用负面的形容词替代原评论中正面的形容词,例如,用"食物是不美味的"替代"食物是美味的"。

(3)插入时间线索,将"刚刚""昨天""上周""一月前"和"半年前"几个时间节点插入评论中,这样便形成了下表所示的12种评论类型,其中评论类型A1表示没有带任何时间线索的正面评论,A2表示评论文本中有"刚刚"这一时间接近性线索的正面评论,依次类推。

(4)选择100个受访者,这些受访者被随机分配到上图的12种(评论倾向:正面与负面)×6(时间线索:无"刚刚""昨天""上周""一月前"和"半年前")评论类型中。受访者首先阅读评论,然后对评论的影响力进行评估,之后紧跟着感知倾向的检验。

表 3-13 实验涉及的 12 种评论类型一览表

时间 倾向	无	有				
		刚刚	昨天	上周	一月前	半年前
正面	A1	A2	A3	A4	A5	A6
负面	B1	B2	B3	B4	B5	B6

（5）评论的影响力在一个五分制的数值范围内被测量，问题是"如果现实中你打算去该餐厅吃饭，那么看完此评论后您有可能选择去此餐厅吃饭吗？（1 = 非常不可能，5 = 非常有可能）"。

（6）感知的倾向作为一个操纵检验，参与者被要求表明他们所感知到的评论是正面的还是负面的？（1 = 非常负面，5 = 非常正面）。

（7）参与者被问及"您认为评论者有多大的可能性是因为个人因素（如情绪、性格等）的影响而写此评论的？（1 = 非常不可能，5 = 非常有可能）"。

（8）参与者被问及"您认为评论者有多大的可能性是根据在餐厅的真实体验（如食品质量、服务等）而写此评论的？（1 = 非常不可能，5 = 非常有可能）"。

（9）收集研究数据。

三、主要研究发现

本书研究采用 PASW（SPSS18.0）分析软件进行数据分析，分析结果如下所示。

（一）信度与效度检验

对本书测量研究变量的量表进行信度、效度检验，结果表明，网络口碑负面偏差修正量表信度均在 0.90 以上，表示量表的信度很好，即量表的内在一致性很好；KMO 值均大于 0.5，说明用来预测因子的问卷题目是足够的；Bartlett 检验也是显著的（Sig. 值均小于 0.05），说明变量高度相关，足够为因子分析提供合理基础。因此，上述对各变量的概念操作定义，可用以进行回归分析模型检验。而且中介变量口碑倾向与时间接近性线索之间存在显著的交互作用 [T（1, 99）= 10.4，p < 0.001]。此外对口碑倾向的实验操作也是成功的，在负面的评论中指

明这些评论是负面的程度大于正面的评论 [$M_负=1.97$, $M_正=3.92$, $T(1,99)=17.35$, $p<0.001$]。

(二) 研究假设检验

1. 有关时间接近性线索与因果归因关系假设的检验结果

(1) 将正面口碑归因于评论者的可能性大于负面口碑。

支持假设 H1a, 通过方差分析, 可以发现：当没有时间接近性线索时, 正面口碑比负面口碑更可能被归因为评论者的个人因素而不是产品体验 [$M_{正,无}=-0.29$, $M_{负,无}=1.35$, $T(1,99)=8.72$, $p<0.001$], 如图 3-10 所示。

(2) 时间接近性线索对正面口碑归因的影响大于负面口碑。

支持假设 H1b, 通过方差分析可以得出：时间接近性线索的存在, 增加将正面口碑归因于产品体验 (相对于评论者个人因素) 的程度, 大于增加将负面口碑归因于产品体验的程度 [$M_{正,有}=0.87$, $M_{正,无}=-0.29$, $T(1,99)=6.2$, $p<0.001$] 而 [$M_{负,有}=1.35$, $M_{负,无}=1.35$, $T(1,99)<0.01$, $p=1$], 如图 3-11 所示。

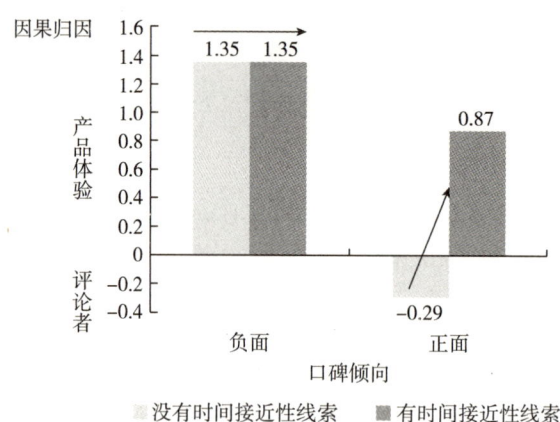

图 3-11 口碑倾向与时间接近性线索对因果归因的影响

(3) 归因于产品体验的口碑影响力比归因于评论者的口碑影响力大。

支持假设 H1c, 对口碑的不同归因会影响口碑的影响力, 归因于产品真实体验的口碑影响力比归因于评论者本人的口碑影响力大。如表 3-14 所示, 在

99.5%的置信水平上,真实体验与采纳评论显著相关。也就是说,如果阅读者将评论者写评论的动机归因于产品的真实体验,则阅读者更愿意采纳该评论,即归因于真实体验的口碑影响力更大。

表3-14 因果归因与口碑影响力的相关性分析

	相关性			
		个人因素	真实体验	采纳评论
个人因素	Pearson 相关性	1	0.169	0.190
	显著性(单侧)		0.092	0.059
	N	100	100	100
真实体验	Pearson 相关性	0.169	1	0.217*
	显著性(单侧)	0.092		0.030
	N	100	100	100
采纳评论	Pearson 相关性	0.190	0.217*	1
	显著性(单侧)	0.059	0.30	
	N	100	100	100

注:*表示在0.05水平(双侧)上显著相关。

2. 有关时间接近性线索与口碑影响力关系假设的检验结果

(1) 支持假设 H2a,如图3-12所示,实验数据分析结果表明:在没有时间接近性线索的情况下,负面口碑被认为是比正面口碑更有影响力的 [$M_{负,无}$ = 3.86,$M_{正,无}$ = 3.15,T(1,99) = 4.52,$p < 0.001$],即存在负面偏差。然而,当存在时间接近性线索时,这种负面偏差便会消失 [$M_{负,有}$ = 3.17,$M_{正,有}$ = 4.00,T(1,99) = 0.76,$p = 0.52$]。

(2) 支持假设 H2b,如图3-12所示,通过数据对比分析,可以得出:对于负面口碑而言,时间接近性线索的存在,对于增加口碑的影响力并没有显著的影响 [$M_{负,有}$ = 3.17,$M_{负,无}$ = 3.86,T(1,99) = 1.09,$p = 0.30$];然而,对于正面口碑,时间接近性线索的存在显著增加了口碑的影响力 [$M_{正,有}$ = 4.00,$M_{正,无}$ = 3.15,T(1,69) = 6.33,$p < 0.001$]。也就是说,相对于负面口碑,时间接近性线索的存在,更大程度上增加了正面口碑的影响力,从而削减了负面偏

差,因此,假设 H2b 的说法成立。

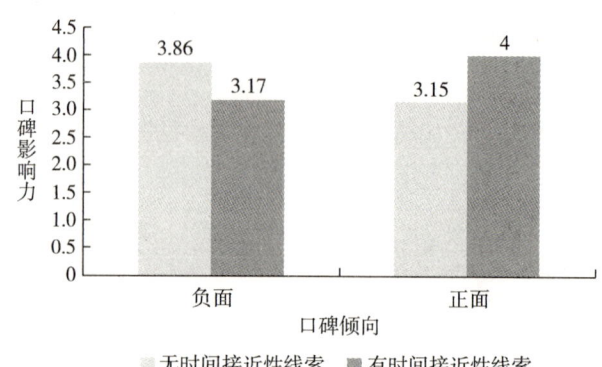

图 3-12 口碑倾向和时间接近性线索对口碑影响力的影响

3. 有关不同时间线索对负面偏差修正效果假设的检验结果

通过对表 3-15 和图 3-12 的分析,我们可以发现:当存在时间接近性线索("刚刚")时,正面口碑的影响力增加($M_{正,t1}$(4)- $M_{正,t0}$(3.15)= 0.85)[①],有效地修正了网络口碑的负面偏差,修正效果为 1.54(0.85 -(-0.69)= 1.54);当时间线索为"昨天"时,正面口碑影响力的增加幅度($M_{正,t2}$(4)- $M_{正,t0}$(3.15)= 0.66)不如时间接近性线索存在时的增加幅度(0.66 < 0.85),负面偏差的修正效果不如时间接近性线索"刚刚"对负面偏差的修正效果(0.66 -(-0.72)= 1.38 < 1.54);而当时间线索为"上周"时,正面口碑影响力的增加幅度有一个明显的下降(仅为 0.07),远不如时间接近性线索"刚刚"的增加幅度(0.85),负面偏差的修正效果也不如前两者(0.83 < 1.38 < 1.54);当时间线索为"一月前"时,正面口碑的影响力小于没有时间线索时的影响力(2.94 < 3.15),也小于负面口碑的影响力(2.94 < 3.04),出现负面偏差,没有起到修正的效果;当时间线索为"半年前"时,负面口碑和正面口碑的影响力都出现较大幅度的下降,正面口碑的影响力小于负面口碑的影响力,出现负面偏差。综上所述,我们可以发现时间线索能对负面偏差起到有效修正效果

---

① t_i(i = 0~5)表示不同的时间线索,例如 t_1 表示"刚刚",以此类推,详见表 3-13。

的时间周期是一个星期,超过1周的时间线索对负面偏差几乎起不到修正的作用,于是我们可以得出支持假设3的结论,即不同的时间线索对负面偏差的修正程度不同,时间线索越远,修正效果越差甚至起不到修正效果。

此外,本书意外地发现对于负面口碑而言,时间接近性线索的存在减少了它的影响力,而且不同的时间线索的减少程度不同,时间线索越远,负面口碑影响力的减少幅度越小。

表3-15 不同时间线索对负面偏差的修正效果对比分析

时间线索 口碑影响力	无时间（t_0）	刚刚（t_1）	昨天（t_2）	上周（t_3）	一月前（t_4）	半年前（t_5）
正面	3.15	4	3.81	3.22	2.94	2.47
正 $t_i - t_{i-1}$	—	0.85	0.66	0.07	-0.21	-0.68
负面	3.86	3.17	3.14	3.1	3.04	2.56
负 $t_i - t_{i-1}$	—	-0.69	-0.72	-0.76	-0.82	-1.3

4. 其他发现

此外,通过调查,我们还可以发现在评论发表与评论被阅读的时间差方面,50.98%的被调查者表示更愿意相信刚刚发表的评论,41.18%的被调查者表示愿意相信1周内发表的评论（大于昨天之内发表的评论33.33%）,只有23.53%的被调查者表示愿意相信1个月内发表的评论,而愿意相信半年内发表的评论的只有5.88%,如图3-13所示。

综上所述,我们得出如下结论:当时间接近性线索不存在时,相对于负面口碑,正面口碑更多地被归因于口碑发布者;而当时间接近性线索存在时,对于正面口碑和负面口碑因果归因的差异是不显著的（都偏向于归因为产品的真实体验）;因此,我们可以得出:时间接近性线索的存在,通过增加将正面口碑归因于产品真实体验的程度增加了正面口碑的影响力,从而削弱了负面偏差,并达到了修正效果。而不同的时间线索对正面口碑的影响程度不同,其修正效果也不同。

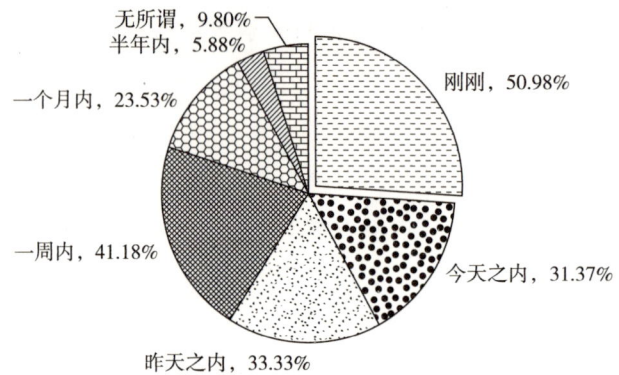

图 3-13 受众愿意接受的评论发表与评论被阅读之间的时间差比率

四、结语与讨论

（一）研究总结

本书研究的最终目的是在一定程度上解决网络口碑中负面偏差的修正问题。通过本次研究，我们验证了：不同的时间线索对网络口碑负面偏差的修正效果不同，其中时间接近性线索可以有效地削减网络口碑中的负面偏差，而这其中可能的机制是因为时间接近性线索减少了阅读者将正面口碑归因于评论者个人因素，而更多地归因于产品体验。在没有时间接近性线索的情况下，相对于负面口碑，消费者更可能将正面口碑归因于评论者，而不是产品体验。换句话说，时间接近性线索通过偏置转移阅读者关于正面口碑产生动机的归因，增加了正面口碑的影响力，削弱了负面偏差。

本书提出了对网络口碑负面偏差的归因解释，提出了时间接近性线索通过改变读者关于口碑来源的归因削弱了负面偏差；同时本书发现了虽然时间接近性线索仅仅是评论文本中的一小部分，但在实验和现实世界中它们却对口碑影响力有一个强烈的影响；此外，本书还发现时间接近性线索增加的是正面口碑的影响力而不是负面口碑的影响力，即时间接近性线索是通过增加了正面口碑的影响力而使得负面偏差得以修正的。这也就给予我们启示：营销人员可以鼓励对此次消费行为满意的消费者，在消费之后 1 周内对产品给予评价，并在评价文本中明确地体现出表示 1 周以内的时间线索(如"刚刚"、"今天"和"昨天"等),而若是能在消费之后立即对产品给予好评并在评论文本中明确体现出时间接近性线索("刚刚")则效果更好。

(二)局限性和未来的研究方向

虽然本书的研究验证了一部分假设,但是本书还存在一些不足,例如理论模型有待进一步完善,研究的问题可以进一步扩展等。因此,未来的研究可以进一步探讨正负面口碑的归因机制,例如研究"正面口碑可能是被归因于自我提升或社会赞许动机,而时间接近性线索的存在可能改变这些归因";或者可以检验"负面口碑是更多地被归因于评论者,所以其比正面口碑有更小的影响力";还可以探讨"影响人们更倾向于将正面口碑归因于评论者的主要因素"。在当今社会中,消费者越来越习惯依赖于他人的产品体验口碑而做出自己的消费选择,所以研究影响这些口碑的影响力的相关因素也就越来越具有重要的现实意义。

第四节 基于网络文本数据分析的国内影视旅游发展现状研究

一、研究背景与意义

(一)研究背景

早在 2009 年,文化部与国家旅游局联合发布的《关于促进文化与旅游结合发展的指导意见》中就有这样的表述:"文化是旅游的灵魂,旅游是文化的重要载体。"人们对旅游品质的需求不断提高,文化旅游日受青睐。

作为文化旅游的一个重要分类,跟着电影去旅游,跟着电视剧去旅游日益成为游客打卡的热门。影视旅游是与影视相关的各类旅游资源所构成的文化体验过程。近年来,影视流行文化正逐渐成为刺激游客出游的理由。因为热播影视剧形成的旅游"小高潮"的现象近年来屡见不鲜,也让许多曾经名不见经传的地方一跃成为备受追捧的热门旅游地。

影视旅游最早起源于1955年的迪士尼乐园。1963年，第一个围绕电影拍摄场景建立的主题娱乐公园——环球影城建成开业。在影视主题公园的引领下，真正意义上的影视旅游开始起步，并很快风靡全球。当电视走进人们的生活，与电影电视相关的旅游形式不断地涌现：以拍摄地为载体的主题公园，以影视节为形式的电影节事旅游，以影片景观为吸引物的旅游目的地推广，以影视展示文化内容为主题的影视文化旅游。

本书选取有IP的主题公园、影视拍摄基地和取景地三类影视旅游类型，对采集到的网络文本进行数据分析，了解发展现状，以及游客心目中的影视主题词，从而为影视产业链延伸发展提供策略指引。

（二）研究意义

通过本次调查研究，研究问题聚焦于影视剧、影视剧元素与拍摄地的结合，实现以下调查目的：

第一，了解影视拍摄地的现状，从而对当前影视旅游资源分类和发展情况有基本把握和判断。

第二，聚焦当前影视元素对拍摄地的旅游带动作用，从游客体验角度审视当前景区产品的内容和效果。

第三，提供影视旅游的发展的规划建议，涉及旅游资源开发建议，旅游产业链延伸等方面。

二、研究思路

为了充分论述影视旅游之间的联系，将景区分为主题公园、影视基地、取景地3个部分，并对每个部分进行地点细分，与相应影视剧（包含部分综艺、动漫卡通）的相关信息一一对应，在研究内容上采取信息源分析、声量分析、词云图等，以此分析影视在旅游产业延伸的效果。

（一）景点名单

主题公园，以含有IP元素的主题公园为主，例如华强方特主打的《熊出没》系列，以及迪士尼乐园的米老鼠、唐老鸭等卡通动漫形象，这些IP元素为景区创收做出了突出的贡献。

影视基地，首先从 5A 和 4A 级景区中，选取影视剧拍摄数量多并且收视率高的影视基地，并补充一些旅游属性显著的影视基地，最终结合马蜂窝游记数量，从 30 个影视基地中筛选出 19 个。

取景地，初步通过百度搜索确定了 55 个景点，然后结合马蜂窝的游记查询，剔除游记数量不足 20 的景点，最终确定 46 个取景地。

最终，确定了 6 个主题公园、19 个影视基地和 46 个取景地，合计 71 个景点，对景点相关的影视元素进行分析。

表 3-16 景区名单

主题公园 （6 个）	华强方特、长隆欢乐世界、迪士尼乐园、环球动漫嬉戏谷、海昌海洋公园、Hello Kitty 主题乐园
影视基地 （19 个）	横店影视城、镇北堡西部影城、中山影视城、无锡影视城、象山影视城、上海影视乐园、赤坎影视城、焦作影视城、襄阳唐城影视基地、两江国际影、水浒影视城、天龙八部影视城、南海影视城、北普陀影视城、涿州影视城、关东影视城、闯关东影视基地、冯小刚电影公社、乌兰布统草原影视基地
取景地 （46 个）	武当山、天门山、苏州园林、乌镇、庐山、雁荡山、长白山、乔家大院、西溪湿地、鼓浪屿、青岩古镇、皇城相府、九寨沟、张掖丹霞、亚龙湾、百里荒、稻城亚丁、茶山竹海、桃花岛、厦门园林植物园、普者黑、东川红土地、九乡、新场古镇、北京大观园、周村、厦门双子塔、莫尔道嘎、千丈幽谷、开平碉楼、安吉竹海、仙都、南屏村、郭亮村、天生三桥、雪乡、灵水村、碧色寨、五缘湾、大嶝岛、厦门环岛路、沙坡尾、乌拉盖草原、和顺古镇、乌尔禾魔鬼城、东极岛

（二）指标体系

影视旅游大数据包含四级指标体系：一级指标将景点分为三个模块，即主题公园、拍摄基地和取景地；二级指标为景区名称；三级为与景区相关的影视剧；四级为影视元素，如导演、男主角、女主角等。

（三）判定图

在本次调查中，通过国内全网资讯内容的文本信息采集，从互联网舆情视角研究影视旅游大数据。为实现采集的全面性,课题组采用国内领先的中文分词公司——海量信息技术有限公司的判定图来采集文本信息,其信源范围如表3-18所示,在判定图仅以取景地为例。

表3-17 指标体系

分类	景区	影视剧	影视元素
主题公园	方特	《熊出没》	熊大、熊二、光头强、蹦蹦、李老板
	长隆欢乐世界	《爸爸去哪儿》《奔跑吧兄弟》	
	迪士尼	《玩具总动员》《爱丽丝梦游仙境》《冰雪奇缘》等	唐老鸭、米奇、米妮、白雪公主、小熊维尼
	环球动漫嬉戏谷	摩尔庄园、洛克王国	洛克、摩尔、拉姆
	海昌海洋公园		水母玫朵、美人鱼艾米、北极熊佩左
	Hello Kitty 主题乐园		Hello Kitty
影视基地	横店影视城	《伪装者》《麻雀》《甄嬛传》《鸦片战争》《潜伏》等	胡歌、靳东、孙俪等
	镇北堡西部影城	《大话西游》《新龙门客栈》《红高粱》《牧马人》《黄河谣》等	周星驰、朱茵、张艺谋等
	中山影视城	《孙中山》《走向共和》《风雨十二年》《回首辛亥革命》	孙中山、宋庆龄等
	无锡影视城	《三国演义》《水浒传》《唐明皇》《杨贵妃》《笑傲江湖》	杨贵妃、宋江、小龙女等
取景地	长白山	《盗墓笔记》	无邪、张起灵、南派三叔
	乔家大院	《大红灯笼高高挂》《乔家大院》	巩俐、乔致庸、张艺谋等
	西溪湿地	《非诚勿扰2》	葛优、梁笑笑、冯小刚等
	鼓浪屿	《云水谣》《烈日灼心》	陈坤、邓超、张嘉倪等
	青岩古镇	《寻枪》	姜文、陆川、宁静等
	皇城相府	《康熙王朝》	陈道明、斯琴高娃等
	九寨沟	《英雄》《神雕侠侣》《神话》	杨过、小龙女、张艺谋等

表 3-18　海量大数据服务平台信源覆盖范围

媒体	报纸	700 +	全面覆盖在互联网上可公开采集的报纸内容，新闻出版署公布的报纸数量为2000家，其余大部分为企业、院校等未上网的报纸
	期刊	70 +	覆盖在互联网上可公开采集的偏新闻类期刊，新闻出版署公布的期刊为9000家，绝大部分在网上需收费阅读
	广播电视	130 +	覆盖国家级、省级、副省级城市的电视台、广播电台，含普通城市共300余家，但更新量普遍较少
	通讯社	6 +	新华社、中新社、中评社、美通社亚洲、路透社等
	新闻资讯网站	9000 +	全面覆盖市级以上官方新闻网站、商业门户网站以及主要行业资讯网站，已包括了Alexa全球排名10万以内的中文新闻资讯网站，行业网站根据客户需求可专项增加
	视频网站	60 +	新浪视频、腾讯视频、搜狐视频、优酷视频、土豆视频、汽车之家视频、搜酷视频等
	海外媒体	150 +	覆盖主要海外媒体中文网站，如联合早报、华尔街日报等
	搜索引擎	10 +	百度、搜搜、搜狗、360、即刻、盘古的新闻频道
政府	政府网站	3000 +	覆盖省部级以上的政府网站，全国各级政府网站约5万家，但政策类信息主要由省部级以上政府网站发布
用户	综合性论坛	140 +	全面覆盖综合性论坛，如强国论坛、天涯社区等
	区域性论坛	590 +	覆盖主要的有影响力的区域性论坛，如十九楼、青岛人论坛等
	行业性论坛	760 +	覆盖主要的有影响力的行业性论坛，如家电网论坛、汽车之家论坛
	贴吧	13 +	覆盖百度贴吧、和讯股吧、新浪股吧等
	博客	44 +	覆盖主要博客网站，如新浪博客、搜狐博客等
	微博	2	新浪微博、腾讯微博
	微信	1	微信
	问答	16 +	百度知道、360问答、soso问问、搜狐问答、39健康搜等

三、研究结果

本次网络文本采集周期为2018年1月1日至12月31日，合计数据量为101406条，其中主题公园的数据为19156条，影视基地的数据为16981条，取景地的数据为65269条。信源类型包括资讯、论坛、贴吧、博客、微博、问答、视频和微信。其中资讯类数据中包含马蜂窝、携程、去哪儿、途牛、飞猪等OTA的数据。

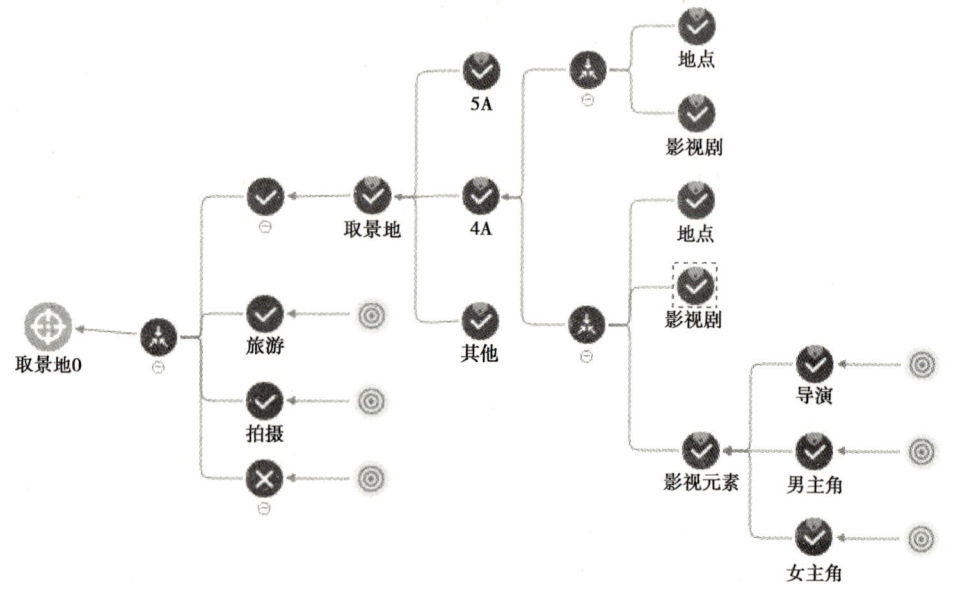

图3-14 取景地判定图示例

(一)主题公园

1. 主题公园采集信源分析

在信源构成中,资讯成为主要的信息来源渠道占比51.27%。微博较高的传播影响力,微信自带的高信息交换能力,日益成为信息传播的主流方式,各占比27.91%、9.97%。其他网络平台,如博客、论坛等在一定程度上起到信息传播的功能,分别占比6.08%、3.52%。

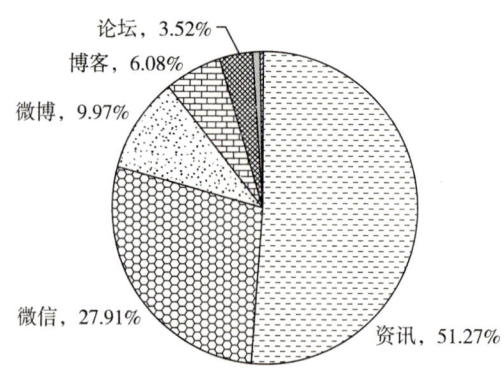

图3-15 信源构成

2. 声量全年趋势

通过对全网的舆情监测,分析影视旅游的声量趋势。由图 3-16 可知,一年中相比夏季和冬季,主题公园在春季和秋季的活跃度更高,5 月、10 月达到极点,原因可能是这两个月气候条件温和,正值旅游黄金周,去主题公园游玩会成为更多家庭的选择。其次,7 月、12 月虽遇假期,但明显 12 月的声量略显突出,可能是因为主要的几大主题公园地处南方,夏天过于炎热,而冬天温度适中,造成此差别。

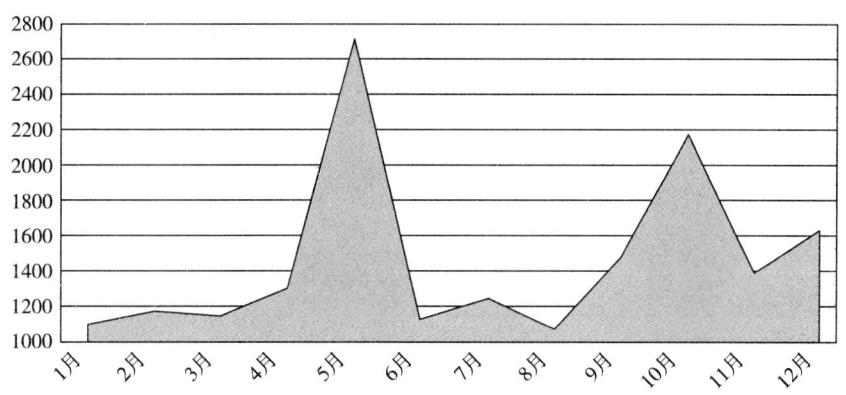

图 3-16　主题公园声量趋势

词云图是对主题公园相关文本中出现频率较高的"关键词"予以清晰的视觉化的展现。如图 3-17 可知,剔除通用字眼如中国、主题乐园、公园等,国内最受欢迎的主题公园是上海的迪士尼乐园,像《米老鼠与唐老鸭》等部分经典的动画片均出自迪士尼公司,许多人慕名而来,由此可知影视对旅游产业影响深远。

3. 主题公园声量

排名第一的是迪士尼乐园 18389 次,其次是华强方特合计 1452 次,其次是 Hello Kitty 乐园 1360 次。方特的欢乐世界、梦幻王国、主题公园和水上乐园等诸多系列,进一步扩大了方特的品牌影响力,之后长隆欢乐世界、环球动漫嬉戏谷、海昌海洋公园凭借自身独特优势吸引游客驻足。

图 3-17 主题公园词云图

表 3-19 主题公园声量排名

排名	主题公园	数据量
1	迪士尼乐园	18389
2	Hello Kitty 乐园	1360
3	方特欢乐世界	654
4	方特梦幻王国	431
5	方特主题公园	212
6	方特水上乐园	155
7	长隆欢乐世界	151
8	环球动漫嬉戏谷	144
9	海昌海洋公园	16

4. IP 声量

在卡通动漫系列的前 15 名中，声量最高的是国产《熊出没》1190 次，但占比最多是迪士尼乐园的系列电影，高达 86.67%，其中长隆欢乐世界凭借《奔跑吧兄弟》和《爸爸去哪儿》综艺也刷了把热度，影视成为带动主题乐园流量的主要方式之一。

第三章 内容偏差:文本说服力

表3-20 卡通动漫系列声量TOP15

排名	动漫作品	数据量	IP归属
1	《熊出没》	1190	华强方特
2	《玩具总动员》	510	迪士尼乐园
3	《寻梦环游记》	375	迪士尼乐园
4	《冰雪奇缘》	215	迪士尼乐园
5	《疯狂动物城》	154	迪士尼乐园
6	《奔跑吧兄弟》	119	长隆欢乐世界
7	《加勒比海盗》	68	迪士尼乐园
8	《爸爸去哪儿》	65	长隆欢乐世界
9	《幻想曲》	45	迪士尼乐园
10	《阿拉丁》	28	迪士尼乐园
11	《木偶奇遇记》	18	迪士尼乐园
12	《爱丽丝梦游仙境》	17	迪士尼乐园
13	《睡美人》	15	迪士尼乐园
14	《创:战纪》	12	迪士尼乐园
15	《海底总动员》	9	迪士尼乐园

而真正带流量的是各个动画片中主角,排名前三的是米奇5958次、睡美人2090次、米老鼠1610次。"80后""90后"的记忆米奇、21世纪的熊大熊二,鲜活的人物形象令人回味和向往,吸引着一代又一代的人前往主题公园。

表3-21 卡通动漫人物声量TOP10

排名	卡通形象	数据量	主题公园
1	米奇	5958	迪士尼乐园
2	睡美人	2090	迪士尼乐园
3	米老鼠	1610	迪士尼乐园
4	唐老鸭	1140	迪士尼乐园
5	灰姑娘	632	迪士尼乐园
6	米妮	594	迪士尼乐园
7	七个小矮人	562	迪士尼乐园
8	小熊维尼	479	迪士尼乐园

续表

排名	卡通形象	数据量	主题公园
9	凯蒂猫	443	Hello Kitty 乐园
10	雪莉玫	282	迪士尼乐园
11	茉莉	260	迪士尼乐园
12	小飞象	229	迪士尼乐园
13	花木兰	198	迪士尼乐园
14	小米	195	迪士尼乐园
15	杰克船长	158	迪士尼乐园
16	史迪奇	144	迪士尼乐园
17	高飞	126	迪士尼乐园
18	熊大	122	华强方特
19	摩尔	105	环球动漫嬉戏谷
20	奇奇	75	迪士尼乐园

(二) 影视基地

1. 影视基地信源分析

在影视基地的信源构成中，资讯占比最多，达 64.78%，其次是微信占比 23.58%，论坛、博客和视频的占比均较小，分别占比 5.96%、2.26% 和 0.14%。

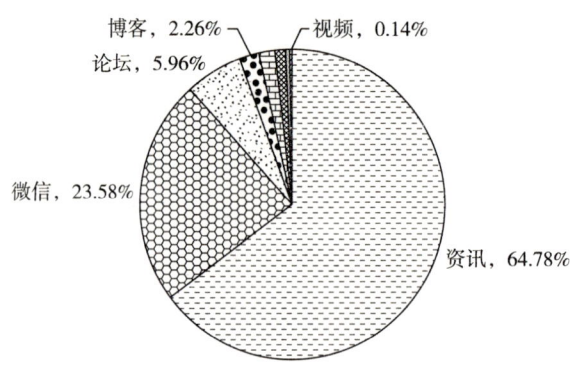

图 3-18 影视基地信源构成

从大多数群体想了解影视基地一般通过网站搜索看相关内容获知,其次通过主流通讯软件交流频繁、传播速度快。其他的平台类似于论坛、博客等用户量少,采用此信息渠道人流量少。尽量将信息广告的投放力度聚集于优势平台,才会减少耗损提高收益率。

2. 声量全年趋势

整体看来,影视基地的曝光率在上半年和下半年呈现明显的等级划分,其中秋冬两季的游客量约占全年游客量的60%,并在国庆节期间达到高峰。影视基地的声量分布,部分原因也与影视剧的播放周期有关。上半年播放的影视作品的影响力会有一个沉淀期,并在下半年爆发,进而带动了相应影视基地的旅游。

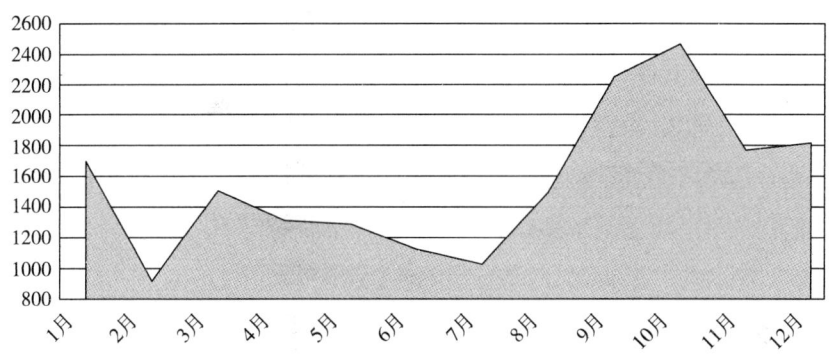

图 3-19 影视基地声量趋势

3. 影视基地词云图

在影视基地的词云图中,词频最高的是"影视城""象山""镇北堡""横店"等影视基地的影响力较大,是为人们广而熟知的影视的产地,说明大火的影视剧的产地也是旅游胜地,同时也会促进人们再回顾影视,为影视剧增加热度。"金庸""陈凯歌""冯小刚"等作家和导演对影视剧的贡献有目共睹。

4. 影视基地声量

在影视基地的排名中,"镇北堡影视基地"以其古朴、原始、粗犷、荒凉、民间化为特色排名第一,提及2885次;其次是号称"中国好莱坞"的横店影视城,作为全球规模最大的影视拍摄基地排名第二,提及1512次。排名第三的是无锡影视城，是中国首创的、大型影视拍摄基地和文化旅游胜地，提及887次。

图3-20 影视基地词云图

表3-22 影视基地声量排名

排名	影视基地	数据量	排名	影视基地	数据量
1	镇北堡西部影城	2885	11	南海影视城	89
2	横店影视城	1512	12	水浒影视城	86
3	无锡影视城	887	13	北普陀影视城	81
4	象山影视城	810	14	赤坎影视城	75
5	两江国际影视城	575	15	闯关东影视基地	64
6	天龙八部影视城	546	16	涿州影视城	65
7	冯小刚电影公社	479	17	中山影视城	35
8	上海影视乐园	344	18	关东影视城	6
9	襄阳唐城影视基地	309			
10	焦作影视城	93			

5. 影视剧声量

通过全网的文本抓取，共确定了50部影响较大的影视剧作品，其中排名前5的依次是《大话西游》《红高粱》《琅琊榜》《甄嬛传》《芈月传》，提及次数分别为 2209 次、1691 次、1199 次、996 次和 966 次。这 5 部都是在其播映期间火遍全国的影视剧，并且受到了观众的一致好评，同时也引起了网友的讨论。在影视引致旅游的产业体系中，可以从这些饱受观众喜爱的影视剧中寻找灵感。

表 3-23　影视剧声量 TOP50

排名	影视剧	数据量	拍摄地
1	《大话西游》	2209	镇北堡西部影视城
2	《红高粱》	1691	镇北堡西部影视城
3	《琅琊榜》	1199	横店影视城
4	《甄嬛传》	996	横店影视城
5	《芈月传》	966	横店影视城
6	《牧马人》	914	镇北堡西部影视城
7	《鸦片战争》	824	横店影视城
8	《一九四二》	756	两江国际影视城
9	《荆轲刺秦王》	689	横店影视城
10	《花千骨》	579	横店影视城
11	《新龙门客栈》	568	镇北堡西部影视城
12	《步步惊心》	545	横店影视城
13	《英雄》	520	横店影视城
14	《三国演义》	499	无锡影视城
15	《神雕侠侣》	458	象山影视城
16	《天龙八部》	456	天龙八部影视城
17	《无极》	455	横店影视城
18	《黄河谣》	439	镇北堡西部影视城
19	《水浒传》	436	无锡影视城
20	《三生三世十里桃花》	415	象山影视城
21	《寻秦记》	365	横店影视城
22	《非诚勿扰》	353	冯小刚电影公社
23	《汉武大帝》	352	乌兰布统影视基地
24	《锦衣卫》	337	镇北堡西部影视城
25	《老人与狗》	337	镇北堡西部影视城
26	《伪装者》	322	横店影视城
27	《刺陵》	311	镇北堡西部影视城

续表

排名	影视剧	数据量	拍摄地
28	《黄河绝恋》	303	镇北堡西部影视城
29	《宫锁心玉》	301	横店影视城
30	《满城尽带黄金甲》	294	横店影视城
31	《赵氏孤儿》	294	象山影视城
32	《雍正王朝》	254	横店影视城
33	《妖猫传》	250	襄阳唐城影视城
34	《西游记》	240	象山影视城
35	《宫锁珠帘》	235	横店影视城
36	《太子妃升职记》	233	象山影视城
37	《金枝欲孽》	231	横店影视城
38	《唐山大地震》	230	冯小刚电影公社
39	《美人心计》	221	横店影视城
40	《潜伏》	219	横店影视城
41	《功夫之王》	211	横店影视城
42	《鹿鼎记》	201	横店影视城
43	《宫》	191	横店影视城
44	《情深深雨濛濛》	180	上海影视乐园
45	《木乃伊3》	177	横店影视城
46	《天下无双》	174	横店影视城
47	《乔家大院》	173	镇北堡西部影视城
48	《绝地苍狼》	153	镇北堡西部影视城
49	《新射雕英雄传》	146	横店影视城
50	《四大名捕》	145	象山影视城

在排名前50的影视剧归属的拍摄地中，横店影视城的影视作品最多有24部，其次是镇北堡影视基地11部，象山影视基地6部。横店影视城以其多元化的拍摄场景名列前茅，镇北堡的景区特色赋予影视剧独特的魅力。

（三）取景地

1. 取景地信源分析

本书针对取景地，采用的信源一半以上为资讯，占比54.64%，其次是微信，占比 34.24%。另外博客占比 4.3%、论坛占比 3.41%、问答占比 0.29%。资讯具有时效性,便于我们及时地获取到最新的信息,而微信是现代人广泛使用的社交软件,有利于我们准确地了解游客心理。

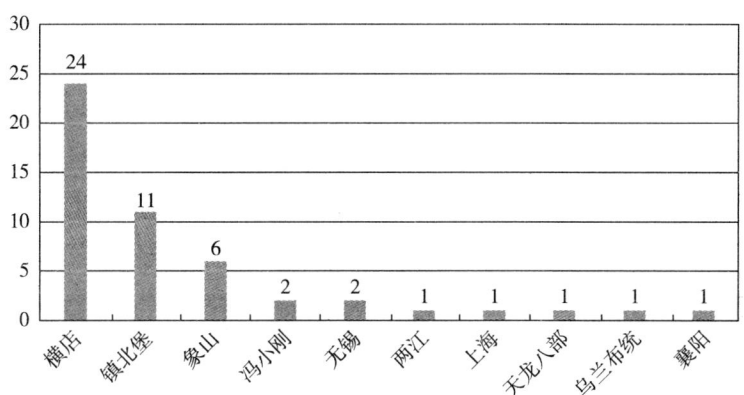

图 3-21　影视剧 TOP50 的拍摄地

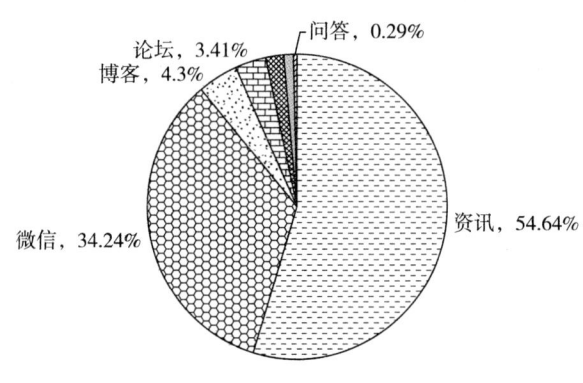

图 3-22　信源构成

2. 声量全年趋势

数据显示,游客对取景地的关注度在全年呈现出波动趋势,其中游客在 3 月和 9 月对取景地的关注达到高峰。3 月万物复苏,游客会换下冬装,前往影视剧的取景地打卡,重温剧中的经典桥段;而 9 月、10 月,正值秋高气爽的时节,也正是放松愉悦身心、体悟生命美好的黄金时段。

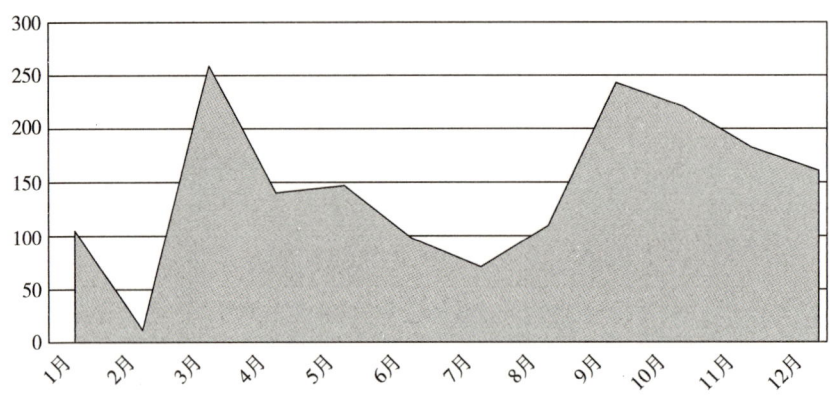

图 3-23 取景地声量趋势

3. 取景地词云图

游客提及最高频的是"中国""景区""古镇"和"取景"等词汇，此外，游客提及的高频词包含了诸多国内著名景点，如"九寨沟""雁荡山""红土地"等，以及一些影视元素，如"芳华""金庸""陈建斌"等，可见游客会受影视作品的引导来取景地游玩。

图 3-24 词云图

4. 取景地声量

我国的景区众多，影视剧中涉及的景区更是数不胜数。在这些取景地中，人气排名前三的是东川红土地1734次、雪乡1368次和亚龙湾1308次，分别位于我国的云南、黑龙江和三亚。

《无问西东》带火了东川红土地，《爸爸去哪儿》带火了雪乡，而《非诚勿扰》带火了亚龙湾。在排名前20的取景地中，多为原始的自然风光，尤其是有特色的小村寨。取景地丰富的旅游资源和影视作品的文化内涵嫁接，进一步促进了文旅融合。

表3-24 取景地声量TOP20

排名	取景地	数据量	影视剧
1	东川红土地	1734	《无问西东》
2	雪乡	1368	《爸爸去哪儿》
3	亚龙湾	1308	《非诚勿扰》
4	碧色寨	1175	《芳华》
5	乌镇	1154	《似水年华》
6	庐山	1144	《庐山恋》
7	乔家大院	819	《乔家大院》
8	九寨沟	789	《英雄》《神雕侠侣》
9	普者黑	602	《三生三世十里桃花》《爸爸去哪儿》
10	雁荡山	529	《琅琊榜》《神雕侠侣》
11	鼓浪屿	446	《云水谣》《烈日灼心》
12	稻城亚丁	427	《从你的全世界路过》
13	桃花岛	396	《射雕英雄传》
14	长白山	383	《盗墓笔记》
15	天生三桥	380	《满城尽带黄金甲》
16	东极岛	294	《后会无期》
17	天门山	279	《心花路放》
18	南屏村	274	《菊豆》《卧虎藏龙》
19	开平碉楼	254	《让子弹飞》
20	仙都	242	《道士下山》

5. 取景地中的影视剧声量

在取景地的文本数据采集中,影视剧排名声量前三名的分别是《西游记》3060次、《芳华》2299次、《爸爸去哪儿》2197次,这说明游客对于经典名著的喜爱并没有随着岁月的流逝而磨灭,而《爸爸去哪儿》亲子互动旅游的综艺更受到了游客的喜爱。

表3-25 取景地中的影视剧声量TOP20

排名	影视剧	数据量	排名	影视剧	数据量
1	《西游记》	3060	11	《三生三世十里桃花》	565
2	《芳华》	2299	12	《卧虎藏龙》	506
3	《爸爸去哪儿》	2197	13	《射雕英雄传》	494
4	《无问西东》	1425	14	《庐山恋》	485
5	《似水年华》	1251	15	《神雕侠侣》	452
6	《后会无期》	771	16	《从你的全世界路过》	382
7	《非诚勿扰2》	721	17	《琅琊榜》	372
8	《乔家大院》	708	18	《满城尽带黄金甲》	340
9	《非诚勿扰1》	621	19	《倚天屠龙记》	313
10	《东游记》	553	20	《菊豆》	306

四、结论和建议

(一)结论

通过本次研究,5月和10月是主题公园旅游的高峰,影视基地在秋冬两季获得更高的关注度,而取景地仅在炎热的夏天对游客的吸引力有所下降。

迪士尼乐园作为关注度最高的主题乐园,吸引了大量的游客观光游览,其丰富的动漫人物为园区创造了无尽的吸引力。华强方特的多系列园区给游客带来诸多欢乐,长隆欢乐世界与真人秀的成功合作进一步提升了园区的影响力。

横店影视城多而全的建筑特色和镇北堡西北影视基地独特的地域风光成为众多影视剧选择入驻的重要原因,同时影视剧也为影视基地不断赋予更加丰富的文化内涵。

取景地以其奇特的原始景观为影视剧带来出乎意料的视觉效果，随着影视剧热度的提升会一夜走红，并被更多的人所知，所以取景地热度与影视剧的关系最为紧密。

（二）建议

1. 通过体验互动提升景区人气

拍摄地因其影视剧的传播而为人们所知，在蹭热度的同时，充分挖掘自身的优势，充分利用影视的品牌影响力，同时加强自身的文化挖掘和硬件设施的投入力度，增加游客的体验互动，形成独特的沉浸式体验，提高游客的满意度，形成品牌的链式传播，形成景区自身的持续的热度，满足消费者多层次的体验需求。

2. 影视元素融入旅游产品开发

以剧带景、以景带剧，将影视元素植入吃住行游购娱六大旅游要素中，打造一体化的综合性旅游生态。以影视产业为切入口，探索旅游叠加文化的新的经营方式，不断丰富旅游业态，完善旅游产品体系。

3. 紧跟剧中热点开拓旅游路线

影视作品独特的视觉体验更能使观众产生情感共鸣。追踪当前的影视剧热点，通过观众的社交用户动态，实时监测观众的对拍摄地的情感变化，定期发布影视旅游地图，并开发出精品影视旅游路线图，打造影视旅游的新篇章。

第五节　国内省级旅游局官方微信文章共现效应分析

一、引言

近年来，由于互联网自身的一些特性，使其已成为社会舆论传播的主平台和旅游业的营销要地。伴随着微信、博客、网络社区等传播平台的快速发展，游客、政府旅游部门在有关互联网平台上发布的大量的网络信息，为相关研究提供了客观的资料来源。目前以网络信息为数据来源的研究中，基本上都是以博客、网络社区等传播平台的游客评论信息为主体来研究旅游行为，以微信平台上发布的信息为主体进行研究的少。同样,以政府旅游部门在微信平台上发布的旅游文章为对象进行的研究也相对较少。而实际上,各省政府旅游部门在官方微信上发布的旅游文章中包含了政府视角下对本省及其他各省旅游资源的宏观把握和营销推动,结合各省的官方旅游局微信平台发布的文章可以更全面地对有关旅游问题进行研究。

随着人们生活水平的提高,旅游消费逐渐成为我国居民生活中重要的消费方式。同时,由于网络交流的实时性、交互性和易用性特点便于各省旅游局利用网络播报旅游景点的实况或改进,从而使得有关旅游的大量引导信息在网络平台上得以有效地传播。一般来说,某个省份的官微文章在宣传本省景点时,往往会提及本省某一景区内的一个或多个景点,并与其他省份的景区(景点)加以对比。因而,作为一种类似于捆绑销售的宣传形式,官微文章能够反映出最热门旅游景点的相关信息,这无疑为游客深入了解官方宣传行为并以此为基础进行更加合理的出游规划提供了新的路径。

二、相关理论综述

自2011年微信上线以后,微信就以其新潮时尚、沟通便捷、成本低廉、功能丰富、常变常新等诸多优势,迅速获得了智能手机用户的青睐。微信公众平台更是为企业、政府提供了一种全新的信息传播方式,构建与读者之间更好的沟通与管理模式。因此,企业、政府纷纷利用微信的公众账号开展各式各样的网络营销活动。其中就包括各省旅游局为旅游营销开通的官方微信,但截至目前以政府旅游部门在微信平台上发布的旅游文章为对象进行的研究也相对较少。

自互联网兴起至今,以博客、网络社区等传播平台的游客评论信息为主体来研究旅游行为的文章较多。例如,姚占雷(2011)以华东地区首批国家5A级旅游景区为例,综合运用Web数据挖掘、社会网络分析法、共现效应、火车头采集器等,构建了基于网络文本的游客旅游偏好分析理论。廉同辉(2012)利用点度中心性分析了旅游网站间的联系程度,并据此提出了各网站经营策略的改进建议。滕茜(2015)基于网络游记与官方要闻动态的比较分析了上海历史街区的旅游发展状况。郭凤华(2015)以中国著名乡村旅游地成都农家乐"五朵金花"为案例,选择新浪旅游博客为数据来源,结合内容分析与共现网络方法,研究了

"五朵金花"的旅游地形象认知特征。梁保尔(2015)文章将构成上海历史街区的12个历史文化风貌区作为研究对象,借助包含官方宣传意图的官方宣传文书以及反映游客实际偏好的网络游记文本,利用计算机共现处理平台在统计各历史文化风貌区关注次数与共现次数等多重指标的基础上,探寻官方与游客的关注偏好及共现偏好差异所在。

在前人研究基础上,本书拟采用来自微信这一新兴社交媒体上的旅游数据,研究旅游中的共现效应。本文着眼于各省份发表在其官方微信上的文章,通过统计这些文章中呈现的景点共现次数来探寻各省份对其所辖旅游景区及景点的宣传与省外景点的联系密度,运用社会网络分析方法描绘不同省份的景区之间共现关系。

实际上,鉴于旅游景区(点)之间各种内在互动性关系特质,在旅游研究中应用社会网络分析具有现实的可能性和必要性,社会网络分析法(Social Network Analysis,SNA)是综合运用图论、数学模型来研究行动者与行动者、行动者与其所处社会网络,以及一个社会网络与另一社会网络之间关系的一种结构分析方法(孙立新,2012)。其中,"社会网络"是指社会行动者(Actor)及其间关系的集合,即一个社会网络是由多个点(社会行动者)和各点之间的连线(行动者之间的关系)组成的集合(朱庆华、李亮,2008)。社会网络中各点之间的连线(称为"边")可以是有向的,也可以是无向的。社会网络分析就是对这一社会网络中行为者之间的关系进行量化的分析,其形式化描述为社会网络关系图。

"共现"一词指的是有关两事物的描述在同一样本中出现的现象。在本书中:共现指的是在某一省份的样本中出现了对其他省份景区、景点、特色化事物等旅游资源的描述。具体来说,在给定的一个省份的官微文章中,以其均值前十位的文章为总体,其他省份的景区、景点、特色化事物等在这一总体中出现的次数称为共现次数。同时,为了避免某一省份的景区、景点、特色化事物等在同一样本中重复出现而导致数据偏移,我们假定其在单篇文章中只要被提到无论被提及几次,其共现次数均为1。根据中华人民共和国国家质量监督检验检疫总局2003年2月24日发布,2003年5月1日实施的《旅游资源分类、调查与评价》(GB/T1 8972—2003)提供的8个主类、31个亚类、155个基本类型,并且结合本书研究目标，编制了具体旅游资源共现编码表。

三、研究设计

（一）样本选取

本书研究周期为2015年7月至12月，在此期间，除去未开通旅游局官方微信公众号的省市，本书中以国内省份的旅游局官方微信文章为研究案例。监测到2015年下半年31个省份的旅游局官方微信文章共计8637篇，其分布如表3-26所示。

表3-26 国内各省市旅游局官方微信文章分布一览表

序号	省份	文章数	序号	省份	文章数
1	内蒙古	708	17	新疆	262
2	福建	568	18	澳门	161
3	北京	552	19	青海	151
4	广西	502	20	黑龙江	148
5	贵州	464	21	云南	103
6	河南	463	22	天津	82
7	四川	458	23	江苏	76
8	山东	456	24	河北	75
9	江西	441	25	山西	68
10	宁夏	427	26	湖南	65
11	上海	423	27	重庆	60
12	陕西	413	28	海南	42
13	甘肃	412	29	安徽	38
14	广东	377	30	辽宁	37
15	浙江	317	31	吉林	19
16	湖北	266			

针对31个省份的旅游局官方微信中发布的文章，我们采用爬虫搜集的方法定期监测，共监测了2015年7月至12月发表在其各自官方微信中的文章8637

篇。监测内容包括文章发布的具体时间点、标题、点赞量和阅读量等,根据监测内容选取每个省份中点赞量和阅读量综合排名前10位的文章。其综合排名以标准化后的点赞量和阅读量的均值为依据,具体计算公式为:

$$\bar{z_i} = (x_i/100000 + y_i/1173)/2$$

上式中,$\bar{z_i}$ 为标准化后的点赞量和阅读量的均值,x_i 为每篇文章中的阅读量,y_i 为每篇文章的点赞量,变量下标代表不同的文章。由于各省的点赞量和阅读量差距较大,且同一个省份内部点赞量和阅读量数据也较悬殊。因此,采取每项数据除以最大值的方法来解决这一问题,8637篇文章中阅读量的最大值为100000+,故每篇文章的阅读量同除100000;点赞量的最大值为1173,故每篇文章的点赞量同除1173。将处理后的每篇文章的点赞量和阅读量取平均值,再按均值降序排列,每省取均值前十位的文章即为所需数据,由此共选出符合要求的文章共计310篇。

(二)共现效应处理

"共现"一词指的是有关两事物的描述在同一样本中出现的现象。在本书中,共现指的是在某一省份的样本中出现了对其他省份景区、景点、特色化事物等的描述。具体来说,在给定的一个省份的官微文章中,以其均值前十位的文章为总体,其他省份的景区、景点、特色化事物等在这一总体中出现的次数称为共现次数。同时,为了避免某一省份的景区、景点、特色化事物等在同一样本中重复出现而导致数据偏移,我们假定其在单篇文章中只要被提到且无论被提及几次,其共现次数均为1。现就具体共现内容编制编码表,编码表是一种代码说明表格,本书中旅游资源共现编码表如表3-27所示:

表3-27 旅游资源共现编码

指标分类	编码指标	指标说明
文章基本信息	文章编号	按照发表时间,从前到后对微信文章进行编号
	发表时间	微信文章发表的日期及具体时间点
	标题	记录微信文章标题
	文章字数	记录微信文章字数

续表

指标分类	编码指标	指标说明
共现信息	自然景观	水域风光：河流、天然湖泊与池沼、瀑布、河口与海面、冰雪地 生物景观：树木、草原与草地、花卉地、野生动物栖息地 天气与气候现象：避暑气候地、云海、雾海、冰雪风景、树挂奇观 野生动物
	人文景观	现代景观： 文化游乐体育场所：歌剧院、动物园、植物园、其他类型公园 交通建筑：桥梁、航空港、公路、地铁、公交车、出租车、铁路 娱乐场所及设施：旅游景区、游乐场所、交际场所、休闲场所 古代景观： 宗教与祭祀活动场所：宗教活动及宗教建筑［佛塔、塔形建筑物、楼阁、石窟、摩崖字画、碑碣（林）］ 归葬地［陵区陵园、墓（群）、悬棺］
	时尚商业	购物：聚会场所及活动、商业购物中心、商业闹市街区、步行街 商业：时尚（装）秀场、商业演出
	科教资源	科学实验场所：教育场所、学校教育、社会教育、教育设施、大学小学等教学设施
	人文活动	艺术活动及作品：文艺团体、文学艺术作品（书法、水墨、照片、刺绣、绘画、雕塑等及相关展览展示活动） 现代节庆：旅游节、文化节、商贸农事节、体育节 娱乐休闲活动：高尔夫、瑜伽、戏水、骑行、篮球 其他物品及活动：阅读、参观等
	地方资源	城市传统建筑：居住地与社区、乡土建筑、特色街巷、特色社区、名人故居与历史纪念建筑、书院、会馆、特色店铺、特色市场） 旅游商品：地方旅游商品（特色小吃、水产品与制品、中草药材及制品、传统手工产品与工艺品、日用工业品、其他物品） 代表性的动植物
	民俗文化	民间习俗：地方风俗、民间节庆、民间健身活动与赛事、宗教活动 节日风俗：庙会与民间集会 民间文艺：民间演艺及地方戏曲（茶艺、舞龙舞狮、打太极、扭秧歌、年画、皮影戏、刺绣、剪纸、窗花、门笼、泥塑、年画、书法） 特色饮食：八大菜系（粤菜、川菜、鲁菜、淮扬菜、浙菜、闽菜、湘菜、徽菜）
	市民形象	市民风貌：人民生活场景、民间健身活动与赛事（太极、轮滑等） 人事记录：人物（市民形象、职业角色）、事件

第三章　内容偏差：文本说服力

续表

指标分类	编码指标	指标说明
读者反应信息	阅读人数	读者对某一文章的点击阅读数量
	点赞量	读者对于某一文章的点赞数量

根据以上编码表，针对本文监测省份的旅游局官方微信中发布的文章中点赞量和阅读量综合排名前 10 位的文章，采用人工搜集的方法，监测出各个省份之间的共现次数，包括各省主动提及其他省份的次数和各省被其他省份提及的次数。可见，运用社会网络分析法将这一抽象的数据直观化。

四、分析结果

1. 社会网络关系图

本书采用目前较为成熟的社会网络分析方法来描述各省份间的共现现象及其强弱程度。首先运用 Ucinet 软件将共现次数数据库转换为 Ucinet 文件，然后借助可视化工具 NetDraw 将形成的 Ucinet 文件转换输出，形成各省旅游局官微文章的社会网络关系图，如图 3-25 所示。

在 31 个省旅游局官微文章的社会网络图中可以直观地看出各个省份之间都互有联系，但联系强弱程度不同。本图中针对某一节点，箭头指出代表该节点处省份提及其他省份，箭头指入代表节点处省份被其他省份提及。因此，各省节点处的箭头数代表被其他省份提及的频数，箭头越密集代表被提到次数越多；各省节点处引出的线代表提及其他省份的频数，引出线越多代表对其他省份提及频率越高。不难看出浙江、广东等省份处于网络的中心位置，说明其既多次提及其他省份同时又频繁被其他省份所引用。

2. 点度中心性分析

中心度分为点度中心度、接近中心度和中间中心度三种形式，点度中心度是测量网络中单个节点结构位置的指标，如果一个点与其他许多点直接相连，则该点就具有较高的点度中心度（罗家德，2005），其公式为：

$$C_D(n_i) = \sum_{j=1}^{n} R_{ij}$$

式中：$C_D(n_i)$ 为点度中心度，R_{ij} 为节点间的联系强度。本书 $R_{ij}=1$ 指的是节点 i 到节点 j 链接，为 0 则不存在链接。

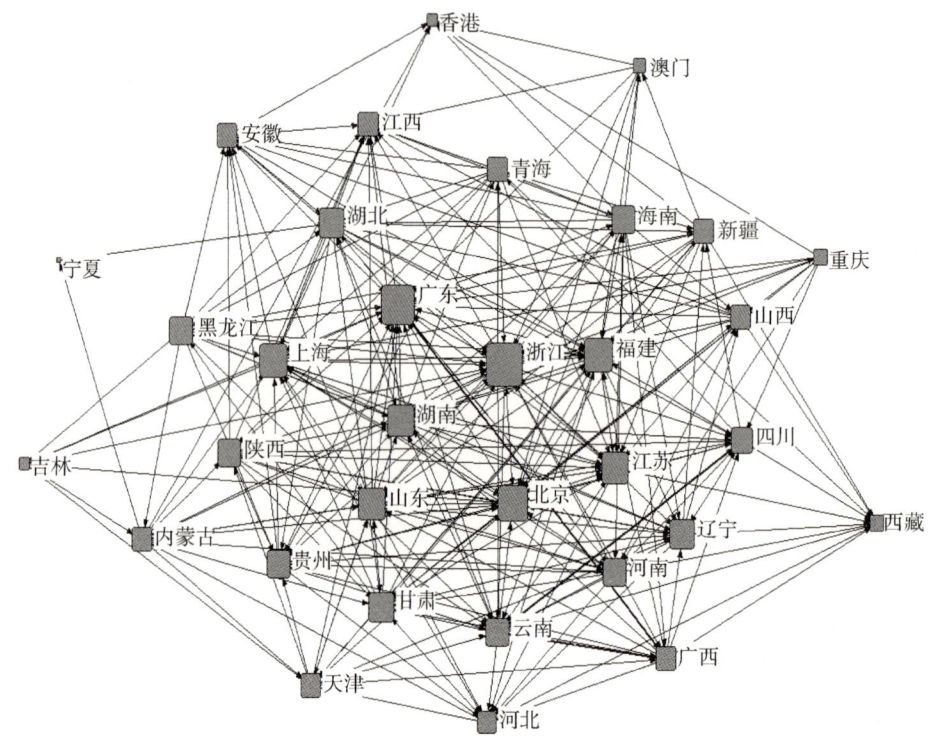

图 3-25　31 省旅游局官微文章的社会网络关系

在 31 个省级旅游局官微文章的社会网络图中未能明确体现出各省份对其他省份的引用次数，我们进一步引入点度中心性分析，将转换后的 Ucinet 文件在软件中进行分析得到关于点度中心性的表格，如表 3-28 所示。

表 3-28　点度中心性数据

省份	Nrm Out Deg	NrmInDeg	OutDegree	InDegree
广东	10.714	11.161	24	25
浙江	10.714	11.161	22	25
陕西	9.375	3.125	21	7
山东	8.929	5.357	20	12
上海	8.929	6.696	20	15
广西	8.482	5.357	19	12
福建	7.589	8.482	17	19
黑龙江	7.589	1.786	17	4

续表

省份	Nrm Out Deg	NrmInDeg	OutDegree	InDegree
云南	7.589	8.929	17	20
海南	7.143	3.125	16	7
青海	7.143	1.786	16	4
安徽	5.804	5.357	13	12
贵州	5.804	9.375	13	21
江西	5.804	10.268	13	23
河南	5.804	5.357	13	12
湖北	5.357	4.464	12	10
湖南	5.357	7.143	12	16
内蒙古	5.357	1.786	12	4
重庆	5.357	0.446	12	1
四川	4.911	8.482	11	19
天津	4.911	2.679	11	6
新疆	4.911	2.679	11	6
北京	4.464	10.714	10	24
甘肃	4.464	5.804	10	13
辽宁	4.464	5.357	10	12
山西	4.464	2.679	10	6
河北	3.571	6.250	8	14
江苏	3.571	10.268	8	23
澳门	3.125	0.893	7	2
吉林	2.679	1.339	6	3
宁夏	2.679	1.786	6	4

表格中四列数据分别为：标准化的点出度、标准化后的点入度、点出度和点入度。点出度是指某省提到其他省份的次数，点入度则是某省被其他省份提到的次数。从中可以看出广东、浙江、陕西等省提及其他省份次数较多，而吉林、澳门、江苏等省份提及其他省份较少。同时广东、浙江、云南、福建等省份提及其他省份较多，而澳门、吉林、山西等省份提及其他省份较少。

3. 点赞量阅读量与标准化点出度关系比较

为了进一步确定各组数据间的关系，首先观察点赞量阅读量均值与标准化点出度（Nrm Out Deg）的表现。结果如图 3-26 所示。

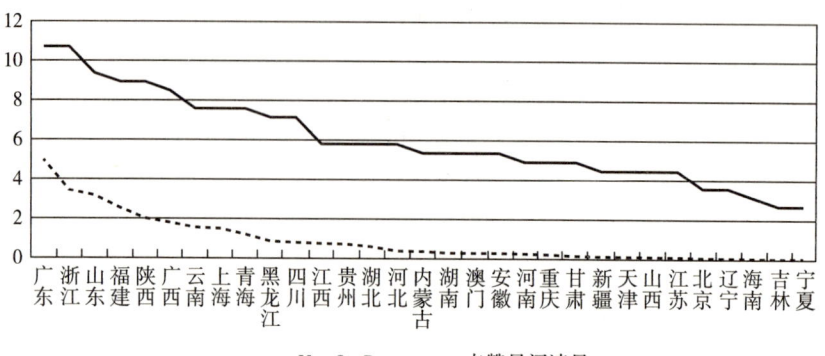

图 3-26 各省官微文章点赞量阅读量均值与标准化点出度折线图

其中各省的点赞量和阅读量分别为各省份 10 篇文章点赞量和阅读量均值之和即：

$$Z = \sum_{i=1}^{10} \overline{z_i}$$

由图 3-26 可以看出，各省份官微文章的点赞量阅读量均值与标准化点出度之间存在共变关系，标准化点出度高的省份，其发布在官方旅游局微信号上的文章的点赞量、阅读量高；标准化点出度低的省份，其发布在官方旅游局微信号上的文章的点赞量、阅读量低。

五、对策分析

（一）省份类型划分

通过重要性表现矩阵，本书以各省份点出度、点入度为依据，建立横坐标表示由低到高的点出度，纵坐标表示由低到高的点入度的二维象限图，如图 3-27 所示。

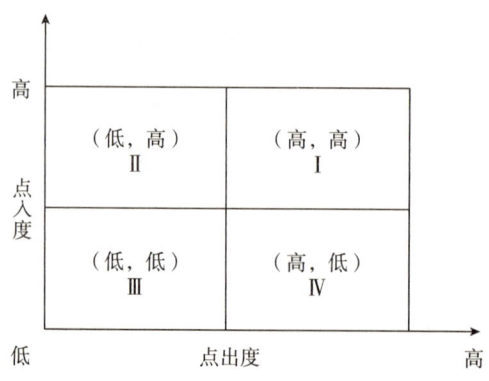

图3-27 各省份类型划分

根据上图,依次将本书研究的31个省份"对号入座",得到了如表3-29所示的类型划分:Ⅰ类省份4个、Ⅱ类省份4个、Ⅲ类省份10个、Ⅳ类省份11个。

表3-29 各省份类型划分一览表

类型	社会网特征	点赞量阅读量均值	范畴内省份
Ⅰ	点出度高,点入度也高	高	广东、浙江、福建、云南
Ⅱ	点出度低,点入度高	低	湖南、四川、江苏、江西
Ⅲ	点出度低,点入度也低	低	内蒙古、重庆、天津、宁夏……
Ⅳ	点出度高,点入度低	高	陕西、山东、上海、广西……

某省份的点入度越高,说明该省份被其他省份提起的频率越高,也越容易受游客欢迎。另外,某省份的点出度越高,说明该省份越重视省份间的联动宣传,认为这样宣传影响力度更大。

在区域Ⅰ内,代表被其他省份提起的频率高且经常提及其他省份的省,受其他省份欢迎又重视省份间联动宣传的省。区域Ⅱ内,表示被其他省份提起的频率高但不经常提及其他省份的省,受其他省份欢迎但不重视省份间联动宣传的省;这说明具有资源优势的这些省份只有很少一部分具有比较高的控制资源的能力。很大一部分不具有控制资源的能力,不会充分发挥资源的有效性。区域Ⅲ内,表示被其他省份提起的频率低且不经常提及其他省份的省,不受其他省份欢迎且不重视省份间联动宣传的省。区域Ⅳ内,表示被其他省份提起的频率低但经常提及其他省份的省,不受其他省份欢迎但重视省份间联动宣传的省;这是因为很多省份没有意识到链接对其建立对外关系、吸引访问量的重要性,故导致大多数省份的点度中心度偏低。

(二)不同类型省份官微的运营策略分析

1. 类型Ⅰ省份

该省份为被其他省份提及的频率高且经常提及其他省份,受其他省份欢迎又重视省份间联动宣传,且能够充分利用本省资源优势,使其发挥最大效用。因此，此类省份官微应在充分了解现有游客偏好并保持原有宣传热度的基础上进一步扩大客源市场，通过实施精准宣传，有效瞄准游客偏好；优化解说系统，强化人文资源解说；加大对深层人文内涵的挖掘宣传力度等方面进一步提高本省的认知度、吸引更高的访问量。

如浙江在旅游公众号中提到：“浙赣皖三省交界，千岛湖、三清山、黄山、婺源……众多美景中央，藏着一个国家公园。这里是被莫言称为'神仙境'的地方，北纬30度神秘纬线在境内穿过。纵横密布的川流，绵延起伏的群山，苍莽葱郁的林海，古老静谧的村落，堪比婺源的油菜花田。"其中就对江西省的三清山与婺源有所提及。

2. 类型Ⅱ省份

该省份被其他省份提及的频率高但不经常提及其他省份，受其他省份欢迎但不重视省份间联动宣传；因为没有意识到对外连接对其建立对外关系、吸引访问量的重要性，故导致此类省份的点出度偏低。这些省份具有很好的资源优势但不具有很强的控制资源的能力，不会充分发挥资源的有效性。因此应突出自身旅游资源的优化配置并重视如何发挥自身旅游资源的最大效益。省际联动协调发展是保证营销资源合理、有效利用的关键之所在。因此需要强化跨省份或区域协作意识，依托具有较高旅游资源的禀赋重视开展省际联动宣传，增强资源控制能力，充分发挥资源有效性。

3. 类型Ⅲ省份

该省份被其他省份提起的频率低且不经常提及其他省份的省，不受其他省份欢迎且不重视省份间联动宣传的省。此类省份属于"双低"省份，点出度和点入度均低。运营策略应该从两方面入手，首先，通过培育新的热门景点、推广冷门景点，增强吸引力，优化旅游资源，增加自身可利用资源；其次，注重省际联动宣传，主动出击，弥补先天不足的资源状况，通过省际合作宣传，提高自身知名度，培育自身特色。

4. 类型Ⅳ省份

该省份被其他省份提起的频率低但经常提及其他省份的省，不受其他省份欢迎但重视省份间联动宣传的省。该类省份主要存在的问题是自身缺乏特色度较高的旅游资源禀赋，但意识到链接对其建立对外关系、吸引访问量的重要性。在此基础上仍保持较高的省际联动性,便可从根本上改善资源状况,真正达到较高的吸引力和访问量。

如山东省在公众号中提到:"从山东始发的'最美高铁'今起开通了,这趟高铁线从青岛直达厦门,途经山东、安徽、江西和福建。这一路,有崂山、泰山、黄山,还有皖南宏村及上饶婺源。当然鼓浪屿也是名声在外。从今天起,来一场说走就走的旅行更容易了!"其中对安徽、江西和福建各省就有所提及。

第四章 基于网络文本的城市旅游形象评价研究

第一节 引言

一、研究背景

(一) 区域旅游产业发展迅猛

中国经济进入21世纪后产生了跨越性的发展,2018年10月15日《中国经济时报》发表了一篇名为《"旅游+"正在成为推动经济社会发展新引擎》的报道,文中指出:"旅游业已经广泛进入了生产生活的方方面面,成为推动社会经济发展的不可忽视的有生力量。以'旅游+'方式打造的新产品、新业态成为假日旅游的'新潮流',正在成为不可阻挡的发展趋势,对经济社会发展产生战略性和全局性的影响,推动新时代的到来。"湖南省永州市江华县湘江乡庙子源村正是通过旅游产业完成了脱贫致富。2014年庙子源村人均收入不足1000元,当年庙子源村被列入全国乡村旅游扶贫重点村,2015年位居"湖南省春节十佳旅游去处"排行榜第二位,2017年,通过发展旅游产业、林下经济,全村人均纯收入达到10000元,通过几年时间实现了经济飞速发展。

Proença 和 Soukiazis (2008) 以1990~2004年希腊、意大利、葡萄牙、西班牙的统计资料为依据,证实了旅游产业对提高当地居民生活水平有显著影响,并且旅游产业的发展对区域经济发展有重要贡献。张攀、杨进(2014)证实了我国将旅游业作为国民经济的战略性产业，在我国区域经济增长中发挥重要作用。

旅游业在各级政府的推动下，获得前所未有的发展。旅游业综合性强、关联度高、带动性强，能够影响、带动和促进交通、餐饮、住宿、商业、通信等一系列行业的发展。并且国家将文化部与旅游局合并为文化和旅游部，将旅游视为文化的传播媒介。根据统计的数据显示，2017年全年度，我国境内旅游者人数达50.01亿，相较于2016年同期上涨12.8%。全年相关的旅游收入为4.57万亿元，相较于2016年同期上涨15.9%。中国入境游客人数达到13948万人次，相较于2016年同期上涨0.8%。无论是中国还是世界，整体的旅游业都呈现出良好的发展态势，尤为突出的是国内旅游和出境旅游这两大市场。这种发展状况的出现主要是由于中国经济发展为旅游业奠定了坚实的基础，也与政府决策密不可分。

（二）城市旅游形象重要性

旅游产业作为服务业，旅游城市的口碑以及形象成为决定旅游产业发展的重要因素。李萍、陈田（2017）认为，旅游城市的竞争越来越激烈，形象是吸引游客和创造地方认同的核心因素。提升旅游城市形象，充分展示当地自然特色和历史文化遗产，确定适宜的旅游形象的管理和策略。谢雪莲（2017）认为，形象是旅游城市能够在旅游市场中占据更大份额的有力工具。

从20世纪70年代开始就有学者对城市旅游形象进行研究，经过近半个世纪的发展已经成为旅游研究中必不可少的方面。目前，对城市旅游形象的存在多种识别方法，但大多数学者认为城市旅游形象更应该是由游客的心理范畴来界定的。根据游客真实的旅游体验总结出形象。换句话说，他们更偏向于认为城市旅游形象是纯粹的主观印象，是将外部映射到人类内部，从而形成的默认的观念。城市旅游形象是旅游决策过程中的决定性因素之一，并且可以成为细分旅游城市市场、市场定位和竞争分析的参照指标，主要通过视觉图像和认知形象来影响旅游者行为，即视觉的感触和内心的感悟。良好的城市旅游形象有利于促进旅游城市提升竞争力，吸纳更广泛的游客资源，扩大旅游区域的经济实力和社会影响力。因此，提升城市旅游形象和出行者对于目的地的情感认知，打造独特的地方品牌形象，挖掘深层次的地方特色旅游项目，创新宣传方式和突出形象包装，这些措施和行为将促进旅游行业发展得更好。

（三）区域经济研究进入大数据时代

目前区域经济学研究多采用年鉴数据以及抽样调查方法，但部分学者进行了方法创新，大数据成为一种新的研究方法。Bok 等（2017）通过零售商实时数据预测不同地区的 GDP 增速。范子英等（2016）通过卫星灯光数据，证实灯光强度与区域经济发展呈正相关关系。大数据成为一种新型研究方法，对于区域经济发展进行更全面细致的刻画。

在旅游产业大数据研究方法也得到一定应用，Khadivi 等（2016）通过分析 Wikipedia 数据，预测夏威夷旅游需求。保继刚等（2017）通过大数据对旅游目的地进行评价。通过网络资讯查找旅游目的地基本信息，通过社交媒体查看旅游目的地重大新闻，通过 OTA 查找旅行攻略和景区评价等工作成为游客出行前的必要准备，游客的真实评价直接影响了其他用户的选择。因此，利用网络上大量的信息对城市旅游形象进行评价，政府部门进行针对性的管理，从而使旅游产业更好地发展。

二、研究目的与价值

随着经济的发展和公众物质生活的改善，旅游业已成为居民日常娱乐的重要组成部分。2018 年年初，东北雪乡的一件骇人听闻事件，顿时间舆论哗然一片，不少网友戏称"雪白掩不过黑心""大雪变黑"等，之后去雪乡游览的游客大幅减少，导致当地的旅游产业和经济发展出现明显的下行趋势。可以看到，旅游形象可以对地方经济产生重要影响。

因此，本书通过网络爬虫技术，从旅游相关信源，包括网络资讯、社交媒体、OTA 网站等网站平台，全面系统采集网络文本数据，设定相应旅游城市形象指标体系进行评价，最终挖掘城市旅游经济发展中的问题瓶颈，优化旅游产业结构，提升旅游服务质量，进一步优化旅游产业，促进区域经济增长；在此过程中，同步创新发展出依托网络文本数据的城市形象评价方法工具。

在本书的理论价值方面，首先，传统的城市旅游形象多基于问卷调查的满意度模型进行，而采用大数据的城市旅游形象评价也仅局限于正负面，并未对文本信息进行深度挖掘。本书在借鉴传统城市旅游形象评价方法的基础上，对网络文本大数据进行系统指标体系及语料库构建，从而更为全面细致地评估旅游城市形象。其次,通过对旅游城市形象评价各个维度指标分析,了解区域旅游产业的发展现状和问题特点,在区域经济研究中针对网络文本大数据进行了有益尝试。

在本书的现实价值方面,首先,本书构建的评价方法及结果可以给当地旅游管理部门提供优劣势参考,可以发现本城市在哪些维度或者指标上得分较高,找到对应的旅游环节或者旅游项目加以宣传和推广,从而能够吸引更多的游客进行参与和体验;除此之外,当地旅游管理部门也可以看到在哪些维度或者指标上得分较低,找到对应的旅游环节或者旅游项目,分析其出现的问题,寻找相应的解决办法,促进旅游管理部门及相关部门的管理水平和效率的提升,为政府建立高效的工作机制提供帮助。其次,本书的指标数据均通过网络爬虫获取,可以实现对旅游城市形象的实时监测评价,该方法可以进一步提高城市旅游管理效率。

第二节 城市旅游形象文献综述

一、城市旅游形象的作用

江金波、赫瑞娜(2015)认为伴随新一轮城市旅游的快速发展,城市旅游形象的作用日见显著,良好的城市旅游形象往往成为吸引人们前往城市旅游的动力源泉。Greaves 和 Skinner(2010)通过研究英国迪恩森林的旅游案例和数据,发现建立良好旅游目的地的形象可以增加旅游的人次和提升游客的重游概率。Chi 和 Qu H.(2008)认为,城市旅游的良好形象能够吸引更多的游客,也可以提升游客旅游的满意度和忠诚度,从而大大提高游客重访的概率,进而提升当地旅游业的收入。王春阳、黄福才(2010)认为,目的地形象影响着游客目的地选择的决策行为,这是吸引游客的关键因素,也是目的地形成竞争优势的最有力工具。建立和维护有利的目的地形象对于旅游目的地的发展至关重要。邓颖颖、徐文海(2014)认为良好的城市旅游形象能够吸引更多的旅游,为城市带来更广阔的旅游资源。陈志军、杨红（2015）认为，旅游目的地的感知形象是影响游客旅游动机、旅游决策和旅游满意度评价的重要因素。良好的旅游目的地形象以及成功旅游目的地的形象和传播已成为旅游业发展旅游市场和提高旅游竞争力的重要工具。赵刘、程琦（2017）提出，城市旅游形象一般是指游客或潜在游客对旅游目的地的整体认识、评价和印象。研究发现，潜在的游客在选择目的地时严重依赖目的地的感知形象。建立和维护有利的目的地形象对于目的地的发展至关重要。因此，需要认真研究游客形象的感知，科学地进行旅游城市形象设计。李萍、陈田（2017）认为，旅游城市的竞争越来越激烈，形象是吸引游客和创造地方认同的核心因素。提升旅游城市形象，充分展示当地自然特色和历史文化遗产，确定适宜的旅游形象管理和策略。谢雪莲（2017）认为，形象是旅游城市能够在旅游市场中占据更大份额的有力工具。

从上述文献可以看出，城市旅游形象具有较高的研究价值，并可以从微观、中观和宏观层面进行总结。微观层面主要是从个人旅游行为的角度出发，在旅游行为发生前，城市旅游形象直接决定了个人在旅游过程中的旅游动机和旅游决策，在旅游行为发生后，城市旅游形象对于游客回馈产生影响。正如"推拉理论"所描述的推力与拉力直接影响了游客的行为，一个较好的城市旅游形象会吸引游客到该地旅游，可以作为拉力因素促使游客做出来此旅游的决策；与此相反，一个较差的城市旅游形象会阻碍游客到该地旅游，可以作为推力因素促使游客做出不来此旅游的决策。中观层面主要从旅游行业角度出发，旅游目的地的形象直接影响旅游的竞争力以及旅游业的发展，打造良好形象成为各地区进行旅游发展的重中之重。在宏观层面，主要从城市发展的角度来看，城市旅游形象也将为城市提供平台展示，具体汇总如表4-1所示：

表4-1 城市旅游形象文献梳理

角度		影响方面
微观层面（个体）	旅游前	旅游动机、旅游行为
	旅游后	重游率、满意度、忠诚度
中观层面（旅游业）		旅游竞争力、旅游业发展
宏观层面		城市形象、经济增长、社会影响力

二、城市旅游形象评价方法

现有的关于城市旅游形象的评价方法大致可以分为以下两类：

第一类是通过研究城市旅游形象的影响因素，构建评价城市旅游形象的指标体系。Bigne（2001）利用结构方程模型测度城市旅游形象与游客重游意愿、推荐意愿等因子之间的关系，然而，在测量的过程中，只使用一个尺度来研究城市旅游的形象。刘智兴、马耀峰（2015）总结了评价城市旅游形象的五个影响因素，并用问卷对北京旅游形象感知的五个影响因素进行了评价。杨妮、高军（2015）基于国内现实游客感知视角出发，收集了市场调查的资料，利用SPSS、AMOS等软件，提取西安旅游形象的五个结构维度，采用结构模型构建西安旅游形象与旅游行为意愿的关系结构模型，然后分析影响西安旅游形象的因素。关新华、李健仪（2015）把游客感知的旅游公共服务质量作为出发点，利用问卷调查的方式收集数据，对广东省旅游600余位游客进行访问，利用结构方程模型进行数据分析，认为旅游公共服务质量、游客满意度和游客对政府的信任是影响城市旅游形象的因素，并且会产生积极的影响。张珍珍、李君轶（2014）采用问卷调查的方法，收集相关的旅游评价方法，获取游客对西安旅游形象的感知数据。比较整体感知形象，感知因子和城市旅游代表性景点的数据，然后研究三者对城市旅游形象的影响。

第二类是基于形象结构理论，来研究城市的旅游形象感知，从而构建指标体系。Lee（2007）以韩国旅游形象为研究对象，基于形象结构理论提取四个构成因子作为自变量，并以感知服务质量作为中间变量。研究与游客的满意度、推荐度和重游度三个因变量之间的关系。朱翠兰、侯志强（2013）利用旅游门户网站搜集相关游客对于厦门旅游的评价信息，对其进行文本语言处理和相关的属性分析，通过层次分析法（AHP）对文本分析的内容进行排序和总结，总结出影响厦门旅游形象的相关感知因素及其权重，并且概述了厦门旅游形象。江金波、赫瑞娜（2015）通过问卷调查的方式，获取西安市旅游景区及游客的相关数据，运用SEM方法，构建出城市旅游情感形象、形象认知、满意度以及感知成本等四方面下的城市旅游形象的理论模型，根据多元回归分析的结果，研究对西安城市旅游评价的影响。马勇、李娜（2018）将陕西省咸阳市的袁家村地区作为研究对象，根据世界旅游媒体排名选取的携程、马蜂窝及途牛旅游等相关旅游门户网站上

300余篇旅游评价及游记作为资料文本,通过文本挖掘获取文本数据,利用统计分析研究了游记相关内容中的高频特征词、语义网络关系及长尾分布特征,并结合扎根理论重点将负面情感类的语句进行编码,探究袁家村旅游目的地的感知形象。王纯阳、黄福才(2010)基于现有的城市旅游形象研究成果,在形象结构的基础上,建立了目的地形象影响因素的路径模型。以张家界为例,采用结构方程模型分析了城市旅游形象的影响因素。杨洪、陈志军(2015)通过研究发现国内的世界遗产地旅游形象在研究内容及研究方法上的不足之处,利用 ROST Word-parser 软件分析网络上游客对于崀山地区的旅游评价及游览记录,提炼归纳出游客对于崀山的认知、情感及总体形象,进而分析了崀山旅游形象塑造及发展策略。赵刘、程琦(2017)首先统计了无锡市官方对于旅游的宣传形象以及游客实际的感知形象,应用 ROST 软件并结合内容分析方法进行宣传—感知图像差异、共词和情感分析;其次,运用 IPA 模型进一步研究相关的数据,分析和评价了旅游感知形象的优势区域及改进区域;最后,构建了基于旅游形象网络文本的 IPA 模型,并对无锡市旅游形象进行了实证分析。并从如何开发资源、进行旅游城市形象定位、打造全域旅游三方面提出对策与建议。李萍、陈田(2017)用文本挖掘方法对北京百度旅游,携程网等典型城市旅游社区的游客评论进行定性研究。分析了南锣鼓巷、798艺术区、三里屯、什刹海、大栅栏五个旅游社区认知形象,情感形象和总体形象感知。谢雪莲(2017)利用深度访谈的方法,基于旅游形象感知理论,从情感、认知和意图的形象出发,深入了解柳江古镇土著人、外来者和游客三种身体之间的认知和差异。分析影响古镇形象感知的因素,提出具体措施,提高古镇的形象感知能力,更好地促进古镇旅游经济发展。

总结以上文献,城市旅游形象评价方法可以从三个方面进行分类:第一方面是数据来源主要有问卷调查和网络文本,第二方面是分析方法主要有因子分析(SEM 视为因子分析的一种变形)、层次分析法、内容分析、文本数据挖掘,第三方面是分析的目标主要有构建指标体系、寻找高频词、情感分析。将这三方面进行结合匹配可以发现,基于问卷调查的数据大多用因子分析和层次分析法进而构建指标体系最终对城市旅游形象进行评价,基于网络文本的数据用于通过内容分析评估城市旅游的形象,并通过文本数据挖掘找到高频词和网络结构,具体汇总如表4-2所示:

表4-2 城市旅游形象评价方法文献梳理

数据源	分析方法	目标
问卷调查	因子分析	指标体系的构建及赋权
	AHP	
网络文本	内容分析	高频词、情感
	文本数据挖掘	

第三节 城市旅游形象评价思路

一、研究对象及数据来源

(一) 研究对象

本书丰富了一种研究方法,并进行了有益尝试。为了最终研究结果的可评判性,因此需要寻找既有评判结论作为校标效度,将两种方法结果进行相关检验来验证本书的效度。根据2017年3月4日中国研究院发布的《中国旅游城市吸引力排行榜》,本书研究选取排行榜前十位的城市进行城市旅游形象评价分析。

表4-3 中国旅游城市吸引力排行榜前10名

排名	城市	分数
1	上海	93.21
2	北京	92.89
3	重庆	92.86
4	成都	91.66
5	杭州	91.63
6	广州	90.21
7	天津	90.13
8	武汉	90.07

续表

排名	城市	分数
9	深圳	90.05
10	西安	90.04

中国旅游城市吸引力排行榜前10名分别是上海、北京、重庆、成都、杭州、广州、天津、武汉、深圳和西安。考虑到旅游行为存在季节性，为保证本书研究的无偏性，选取一年的数据进行分析，规避季节性问题。同时将网络文本信源分为三类（旅游新闻报道、微博微信社交媒体、OTA），以保证数据的全面性。

(二) 数据来源

在本次研究中，通过国内网络内容的文本信息采集，为实现采集的全面性，本书采用国内领先的中文分词公司——海量信息技术有限公司的判定图来采集文本信息，该公司采集信源覆盖资讯、论坛、微博、微信等平台，满足本次调查需求，如表4-4所示：

表4-4 海量大数据服务平台信源覆盖范围

媒体	报纸	600+	全面覆盖在互联网上可公开采集的报纸内容，新闻出版署公布的报纸数量为2000家，其余大部分为企业、院校等未上网的报纸
	期刊	70+	覆盖在互联网上可公开采集的偏新闻类期刊，新闻出版署公布的期刊为9000家，绝大部分在网上需收费阅读
	广播电视	130+	覆盖国家级、省级、副省级城市的电视台、广播电台，含普通城市共300余家，但更新量普遍较少
	通讯社	6+	新华社、中新社、中评社、美通社亚洲、路透社等
	新闻资讯网站	8800+	全面覆盖市级以上官方新闻网站、商业门户网站以及主要行业资讯网站，已包括了Alexa全球排名10万以内的中文新闻资讯网站，行业网站根据客户需求可专项增加
	视频网站	29+	新浪视频、腾讯视频、搜狐视频、优酷视频、土豆视频、汽车之家视频、搜酷视频等
	海外媒体	70+	覆盖主要的海外媒体中文网站，如联合早报、华尔街日报等
	搜索引擎	40+	百度、搜搜、搜狗、360、即刻、盘古的新闻频道
政府	政府网站	3000+	覆盖省级以上的政府网站，全国各级政府网站约为5万家，但政策类信息主要由省部级以上政府网站发布

续表

用户	综合性论坛	90 +	全面覆盖综合性论坛,如强国论坛、天涯社区等
	区域性论坛	500 +	覆盖主要的有影响力的区域性论坛,如十九楼、青岛人论坛等
	行业性论坛	700 +	覆盖主要的有影响力的行业性论坛,如家电网论坛、汽车之家论坛
	贴吧	12 +	覆盖百度贴吧、和讯股吧、新浪股吧等
	博客	45 +	覆盖主要博客网站,如新浪博客、搜狐博客等
	微博	2	新浪微博、腾讯微博
	微信	1	微信
	问答	15 +	百度知道、360问答、soso问问、搜狐问答、39健康搜等

在上述研究基础上,根据文本采集指标体系设定海量大数据服务平台的判定图,从而精准抓取目标信息文本,如图4-1所示:

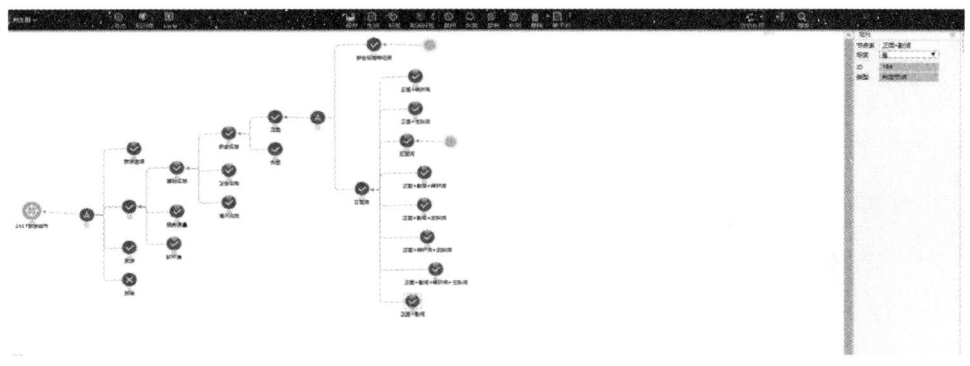

图4-1 采集判定图(局部)

注:由于判定图过大,细节部分仅以安全设施的正面词为例。

二、构建城市旅游形象指标体系

(一)指标选取原则

本书指标体系的构建遵循以下原则:

1. 理论指导性

旅游形象结构理论中提出的三类形象:认知形象(Cognitive Image)、情感形象(Affective Image)、意动形象(Conative Image)。在建立指标体系时充分考虑这三类形象的指导。

2. 全面性

研究对象的每个方面代表其不同方面的特征，全面性要求指标体系的设计应尽可能从不同角度反映城市旅游形象的全貌。

3. 数据可获得性

指标体系所涉及的数据应该是网络文本中能够全面反映的内容，这样才能具有较强的可操作性，而对数据不可得的指标只能做舍弃处理。

（二）指标选取过程

基于上述原则，也考虑现实中选取过程的可操作性。本书选择通过文献综述、与国家优秀旅游城市评选标准校验、预实验的方式来完成指标的选取以及指标体系的构建。综上所述，评价体系建立具体分为三个步骤：第一步，参考国内外文献，整理描述城市旅游形象的指标；第二步，根据"中国优秀旅游城市检查标准"对收集的指标进行分类与筛选；第三步，通过预实验对指标体系进行验证、补充和删减，使指标体系更加合理。

在文献中可大致将指标体系分为两类：一类是基于旅游实际行为，寻找影响城市旅游形象因素；另一类是基于形象结构理论，据此进行因素划分。

在旅游实际行为过程中，张高军（2011）将城市旅游形象因素总结为以下12个因素：个体差异、客观因素、景观破坏、食宿问题、厕所问题、服务设施、财产安全、人身安全、服务意识景区管理、卫生环境、生态环境、交通环境。马勇（2018）将因素按照扎根理论汇总为餐饮体验、交通环境、收费管理、旅游商品、乡村原真性、活动体验、乡村承载力、危机管理、空间布局、公共环境十大因素。刘智兴（2015）借鉴冈恩和瓦尔提出的5个供给面理论和前人研究成果整合成五大因素。陈倩在研究中将旅游环境细分为城市硬环境与城市软环境，杨妮、高军在研究中将旅游环境细分为旅游人文环境与旅游自然环境。

在形象结构理论中，李萍、陈田（2017）将城市旅游形象分为两大类，分别是认知形象和情感形象。在认知形象中，有六个维度，分别是建筑、饮食、文化、相关的地名、群体和业态。在情感形象中包括建筑风格、历史文化、业态类型、居住群体4个维度。朱翠兰、侯志强（2013）将城市旅游形象与满意度和旅游（饮食、住宿、出行、游玩、购物、娱乐）六大要素结合起来。具体指标体系如表4-5所示：

表4-5 基于网络口碑的城市旅游形象感知指标体系

一级指标	二级指标
整体形象感知	整体满意度
	关键词出现频率
	环境
认知形象感知	景区景点
	餐饮
	住宿
	交通方式
	旅游活动类型
	旅游购物
	娱乐
情感形象感知	政府、公共机构的满意度
	对当地居民满意度
	酒店满意度
	景区满意度

通过文献资料，编制了更为合理的评价指标，并与《中国优秀旅游城市检验标准》进行了比较。《中国优秀旅游城市检查标准》包括旅游开发水平、旅游定位规模、旅游投资支持、现代旅游功能等20个主要项目。结合本书的研究需要，共有现代旅游功能，城市旅游交通、旅游开发管理、旅游住宿设施、旅行社、旅游餐饮、旅游购物、旅游文化娱乐、旅游厕所、旅游市场秩序10个大项与文献总结出的指标进行互补。例如，在旅游市场秩序中，明确定义了导游的质量。而在文献中将导游与旅行社拢为一谈，甚至仅仅划归到旅游服务，并未进行细分。文献中的市场秩序的定义与"中国优秀旅游城市"检验标准并不完全一致，因此有必要重新拟合这些指标。

最后，通过预实验修改了拟议的指标体系。在预实验中发现，对于气候、通信设置（Wi-Fi等）进行的描述在指标体系中未能呈现。因此通过预实验确定最终的指标体系。

（三）指标体系选取结果

基于选取指标的原则与选取过程，特别是旅游形象结构理论，最终本文的城市旅游形象指标包含四个维度，分别为旅游资源、基础设施、服务质量、软环境。旅游资源与基础设施对照认知形象，服务质量对照情感形象，软环境对照意动形象。具体的指标体系如表4-6所示：

表4-6 本文指标体系

一级指标	二级指标
旅游资源	自然资源
	人文资源
基础设施	安全设施
	卫生设施
	通信设施
服务质量	旅行社
	导游
	住宿
	交通
	娱乐
	购物
	餐饮
软环境	社会秩序
	文化氛围
	居民素质
	气候

三、构建城市旅游形象专属词库

建立城市旅游形象的评价方法，需要建立旅游情感形象的词库。目前研究采用的词库大多数为CNKI（知网）公开发布的HowNet词典。总体词库分为十二类，分别为：中文正面评价词语、中文负面评价词语、中文正面情感词语、中文负面情感词语、中文程度级别词语、中文主张词语、英文正面评价词语、英文负面评价词语、英文正面情感词语、英文负面情感词语、英文程度级别词语、英文主张词语，共计176311个词语。但根据本书研究需要，仅需六类中文词库。在此基础上为了保证词语的精准性进行了预实验。首先，从旅游新闻报道、微博微信社交媒体、OTA（携程、马蜂窝、驴妈妈等网站）分别抽取阅读量或转载量较高的200篇报道或游记。其次，人工对他们进行特征词选取，最终共获得632个特征词，与HowNet词典进行比对，发现仅有50%的重合率。因此需要进一步将两者进行调整，融合成符合旅游形象的专属词库。在此过程中，发现HowNet字典虽然包含面广，但针对性不强。例如倪、俶俶、僄、劼等诸多词语在旅游形象描述中不会出现，因此适量将字典中的词语进行剔除，再加入旅游形象专业词。参考徐琳宏、邸鹏、程晓明等在语言学中的研究，同时在实验中发现正面评价与正面感情词语、负面评价与负面情感词语区分不大，将这四类词语合并成两类统称为正面词语和负面词语，并且发现转折词也能够反转人们的情感，因此加入转折词词库。最终共采用6531个特征词作为本次城市旅游形象专属词库。

（一）旅游目的地词库

为了精准抓取关于旅游目的地的文本，保证数据质量的准确性，从预实验的过程中发现。文章中出现旅游景点名称、旅行社、导游等信息可大概率确定为关于旅游的信息。在此基础上，本书选取2017年中国研究院出版的《中国旅游城市吸引力排行榜》中前10位城市的5A、4A、3A级景区信息进行定向抓取。由于文本长度的限制，仅以北京风景区为例，其余9个城市的景区也参照北京市景区信息这样统计。

表4-7 北京旅游景区名称

景区级别	景区名称
5A	故宫、八达岭长城、天坛、颐和园、慕田峪、奥林匹克公园、明十三陵、恭王府
4A	松山森林、北京欢乐谷、石景山游乐园、潭柘寺、戒台寺、红螺寺、云居寺、北京野鸭湖、十渡、圆明园、什刹海、北海、景山、龙脉温泉度假村、玉渊潭、中央广播电视塔、石花洞、八达岭水关长城、百里山水画廊、世界葡萄博览中心、龙庆峡、张裕爱斐堡国际酒庄、桃源仙谷、黑龙潭、司马台、黄花城水长城、青龙峡、雁栖湖、京东大峡谷、丫髻山、京东石林峡、金海湖、平谷青龙山、绿野晴川野生动物园、银山塔林、温都水城、小汤山现代农业示范园区、居庸关、顺义国际鲜花港、奥林匹克水上公园、通州大运河、圣莲山、八大处、世界花卉大观园、北宫森林公园、南宫、世界公园、凤凰、紫竹院、香山、北京市植物园、蟹岛绿色生态农庄、朝阳公园、元大都城垣遗址、陶然亭、北京海洋馆、北京动物园、地坛、中山公园、明城墙遗址、龙潭、北京市规划展览馆、北京中国紫檀博物馆、北京汽车博物馆、北京韩美林艺术馆、孔庙国子监博物馆、北京天文馆、中国航空博物馆、周口店北京人遗址博物馆、首都博物馆、中国人民抗日战争纪念馆、京杭大运河、北京园博园

续表

景区级别	景区名称
3A	大觉寺、太平洋海底世界博览馆、青龙湖水上游乐园、辉煌国际会议度假区、阳光时代马球俱乐部、八达岭古长城、八达岭滑雪俱乐部、石京龙滑雪场、八达岭国家森林公园、古崖居原始部落、八达岭野生动物世界、捧河湾风、北京仙居谷、青菁顶、冶仙塔、雾灵西峰、云龙涧、北京力维斯白龙潭、云峰山、清凉谷、石门山、星美今晟影视城、喇叭沟原始森林公园、圣泉山、北京二锅头酒博物馆、九谷口、北京鹅和鸭农庄、云梦仙境、幽谷神潭、生存岛新概念旅游基地、响水湖、长力金源（北京）热带植物园、留民营生态农场、麋鹿苑、采育葡萄大世界观光采摘园、中华文化园、艺麓园、北京草莓博览园、中国北方国际射击场、北京鳌山国际休闲空间、北京棋盘山、蟒山森林公园、北京七彩蝶园、北京河北村民俗体验园、顺鑫绿色度假村、通州运河公园、龙门生态园、张坊古战道、北京首创奥莱休闲驿站、北京百花山、白草畔、上方山、仙栖洞、韩村河、京西古道、定都阁、神泉峡、蘖柏、黄芩仙谷、妙峰山、首钢工业文化旅游区、青龙湖公园、抗日战争雕塑园、汇通诺尔狂飚乐园、北京西山国家森林公园、龙徽葡萄酒博物馆、鹫峰、百望山、北京陶瓷艺术馆、白鹿公园、四得公园、北小河公园、庆丰公园、大望京公园、将府公园、兴隆公园、古塔公园、蓝调庄园、北京蓝色港湾、红领巾公园、团结湖、日坛金中都公园、大栅栏、宣武艺园、大观楼影城、老舍茶馆、湖广会馆大戏楼、北京大观园、北京古钱币展览馆、青年湖、前门大街、南新仓文化休闲街、御仙都皇家菜博物馆、房山世界地质公园博物馆、中国民兵武器装备陈列馆、宣南文化博物馆、中国印刷博物馆、焦庄户地道战遗址纪念馆、宋庆龄故居、西周燕都遗址博物馆、大钟寺古钟博物馆、中国地质博物馆

资料来源：根据北京市旅游局官网整理。

（二）正负面词库

通过预实验与HowNet字典对比发现，关于正负面评价的词语出入较大。在正面评价中"敬业""点赞""划算"等词语在字典中并没有体现，同时字典中"倪""俶傥""僄""劼""嬺""悙"等词语又与本书的研究无关，将其剔除。因此综合两者选定最终正面词库。在负面评价中"不安全""异味""垃圾""坑""骗人"等词语没有在字典中出现，同时字典中"僛倖""恼""恂""憟"等词语与本书的研究无关，将其剔除。最终综合两者选定负面词库。以部分词库作为展示，如表4-8所示：

第四章 基于网络文本的城市旅游形象评价研究

表4-8 正负面词语词库

类型\来源	词库中的词语	补充词语
正面	高兴、歌颂、欢乐、美丽、心旷神怡、好玩等	完善、安全、敬业、点赞、划算、井然有序等
负面	不满、不满意、不满足、不好吃、不好看等	跌落、惊险、不安全、异味、垃圾、坑、骗人等

资料来源：根据HowNet字典与人工抓取总结。

（三）转折性词库

在HowNet字典中没有关于转折词的汇总，将在预实验中人工判断出的转折性词作为本次研究的转折性词库，如表4-9所示：

表4-9 转折性词语词库

词性	转折词语
转折词	却、但是、然而、而、可是、只是、竟然、只不过

资料来源：根据人工抓取总结。

（四）程度副词词库

HowNet字典中将程度副词分为六类，分别是最、很、较、稍、欠、超。通过预实验与HowNet字典对比发现，关于程度副词的词语大部分吻合在最、很、较、稍这四类，在欠和超这两类中没有与本次研究契合的词语，因此选取大部分吻合的四类与人工提炼后的词语结合，汇总后的词库使得本次研究更为合理。部分词语如表4-10所示：

表4-10 程度副词词库

词性\来源	词库中的词语	补充词语
程度副词	非常、极、极度、愈、比较、更等	几乎、基本、真心、必、差点、超级等

资料来源：根据HowNet字典与人工抓取总结。

（五）主张词词库

HowNet 字典中共有 38 个主张词词语，分类感知型和认为型。但在预实验过程中发现两者区分并不大，例如，感知型中的"感觉到"与认为型的"感觉"两者在网络上的表达几无二致，考虑到研究样本是网络文本，这两种词语更多的是由于人们各自的说话方式不同，因此在本书研究中并未将两者进行区分。同时根据预实验，对主张词词语进行了补充。部分词语如表 4-11 所示：

表 4-11　主张词词库

来源 词性	词库中的词语	补充词语
主张词	感觉、感觉到、感受到、觉得、认为、以为等	建议、推荐、值得推荐等

资料来源：根据 HowNet 字典与人工抓取总结。

四、构建城市旅游形象评分规则

建立城市旅游形象评分规则需要三个步骤，分别为语义情感方向判断、语义情感程度判断、语义情感评分规则设定。本书设定两个评判规则进行分析，根据分析结果来衡量评判规则的优劣。

规则 1：首先根据词库中选出的正负面词、转折词进行语义情感方向判断。（情感方向）正负面词语的出现直接表示正负面情感，转折词的出现则会使语义发生反转，具体规则如表 4-12 所示：

表 4-12　语义情感方向判断

类型	情感方向
正面词	正面
负面词	负面
正面词 + 转折词	负面
负面词 + 转折词	正面

其次根据词库中选择的正负面词、程度副词、主张词进行语义情感程度判断。HowNet 字典将程度副词分为 6 类,并给予 0.5、1、1.5、2、2.5、3 的情感系数,有些学者将程度副词分为 2 类,分为绝对程度和相对程度。本书在选取程度副词时并未按照 HowNet 字典规则选取,因此不将程度副词进行分类,主张词同副词一样也可以增强语义强度。具体规则如表 4 - 13 所示:

表 4 - 13　语义情感程度判断

类型	情感程度
正面词 + 副词 + 主张词	强正面
正面词 + 副词	强正面
正面词 + 主张词	强正面
正面词	弱正面
负面词	弱负面
负面词 + 主张词	强负面
负面词 + 副词	强负面
负面词 + 副词 + 主张词	强负面

最后根据前面的语义情感方向及程度设定不同的评分规则,并结合李克特量表,最终确定本书的评分规则。如表 4 - 14 所示:

表 4 - 14　语义情感评分规则

情感程度	分值	例证	命中特征词
强负面	1	景区的食物非常贵,不建议在景区吃饭	景区、食物、贵、非常、建议、不
弱负面	2	景区的食物较贵	景区、食物、贵、较、建议、不
中性	3	景区的食物质量一般	景区、食物、一般
弱正面	4	景区的食物较便宜	景区、食物、较、便宜
强正面	5	景区的食物便宜,建议在景区吃饭	景区、食物、便宜、建议

规则 2:第一步的语义情感方向判断同规则 1 一样,根据正负面词、转折词进行语义情感方向判断。

第二步的语义情感程度判断进行了比规则1更细致的划分，将程度副词大体分为两类。主张词同副词一样也可以增强语义强度。并且考虑文本中可能同时出现程度副词与主张词，这样会使得语义情感程度发生叠加（情感方向+情感强度）。

具体规则如表4-15所示：

表4-15 语义情感程度判断

类型	情感程度
正面词+相对副词	正面较强
正面词+绝对副词	正面很强
正面词+主张词	正面较强
正面词+相对副词+主张词	正面很强
正面词+绝对副词+主张词	正面超强
负面词+相对副词	负面较强
负面词+绝对副词	负面很强
负面词+主张词	负面较强
负面词+相对副词+主张词	负面很强
负面词+绝对副词+主张词	负面超强

最后根据规则2的语义情感方向及程度设定不同的评分规则，参考刘逸（2017）设定的评分方法。并结合量表，最终确定本书的评分规则。如表4-16所示：

表4-16 语义情感评分规则

情感程度	分值	例证	命中特征词
负面超强	1	景区的食物非常贵，不建议在景区吃饭	景区、食物、贵、非常、建议、不
负面很强	2	景区的食物较贵，不建议在景区吃饭	景区、食物、贵、较、建议、不
负面较强	3	景区的食物较贵	景区、食物、贵、较
中性	4	景区的食物质量一般	景区、食物、一般
正面较强	5	景区的食物较便宜	景区、食物、较、便宜
正面很强	6	景区的食物较便宜，建议在景区吃饭	景区、食物、较、便宜、建议
正面超强	7	景区的食物非常便宜，建议在景区吃饭	景区、食物、非常、便宜、建议

由表 4-16 可见，本书将语义情感分为 7 类，其中 1 分为最低分，表示对城市旅游形象评价最差，7 为最高分，表示对旅游目的地评价最好，从 1 分到 7 分逐渐递增。若出现未提及的内容，则用 0 代表缺失值。例如"景区的食物较贵"这一句只提及了指标体系重中的餐饮维度，并未提及其他维度，那么在旅行社、导游等维度中得分为 0。命中的特征词可以更好地将信息分类汇总，在分析时提供依据。以"景区的食物非常贵，不建议在景区吃饭"命中的特征词"景区、食物、贵、非常、建议、不"为例，具体特征词作用如表 4-17 所示：

表 4-17 特征词使用说明

命中特征词	特征词用途
景区	确定为城市旅游信息
食物	确定为指标体系中餐饮维度
贵、不	确定情感方向
非常、建议	确定情感程度

第四节 城市旅游形象评价结果

一、原始数据评价

（一）频数评价

考虑到旅游行为的时间因素（周期性、节假日情况、季节性），本次研究抓取了 2017 年的旅游信息。总共获得 102052 个样本，为了进一步提高数据质量，排除一些广告以及 OTA（携程、马蜂窝、驴妈妈等）网站等默认的评论情况，最后得到 75675 个有效样本作为本次研究数据。

从总体的信源来看，资讯为 37990 条，占总样本的 50.20%；社交媒体为 32116 条，占总样本的 42.44%，其中微博、微信各占 14.02% 和 28.41%；OTA 等网站为 5569 条，占总样本的 7.36%。具体情况如图 4-2 所示：

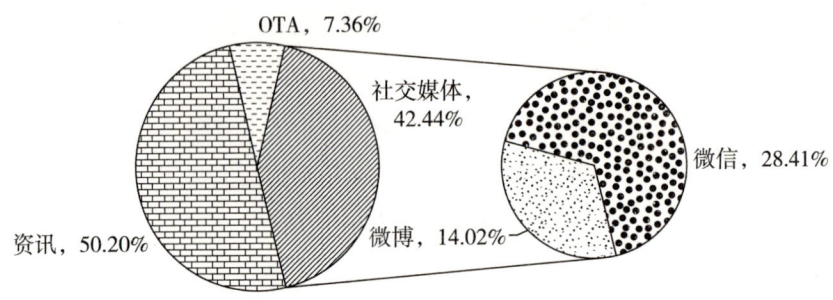

图4-2 信源分布

从城市信息来看，10个城市各自的信息量存在较大差别。其中，北京的样本量最多为21402，占总量近30%。深圳的样本量最少为885，仅占总量的1.17%。北京信息量是深圳信息量的24倍多，由此可见，各个城市之间的网络文本信息数量存在较大差距。具体各城市信息量如表4-18所示：

表4-18 各城市信息量

城市	样本量	样本量比例
北京	21402	28.28%
重庆	14591	19.28%
杭州	11564	15.28%
西安	7079	9.35%
广州	6025	7.96%
成都	4721	6.24%
上海	4496	5.94%
天津	3046	4.03%
武汉	1866	2.47%
深圳	885	1.17%
合计	75675	100.00%

从指标体系来看，本书将城市旅游形象评价分为4个维度，共计16个指标，虽然分析样本量为75675，但是一个样本中存在涉及两个甚至更多指标的情况，例如北京故宫周围的交通拥堵并且吃饭不方便。这句话中命中了交通及餐饮两个指标，发生上述情况时，将此样本在交通以及餐饮两个指标分别记录，最终按指标体系计算的频数总计为171800，其中涉及人文资源的信息最多达到23.34%，涉及气候及通信设施的最少比例为0.06%。具体各指标信息量如表4-19所示：

表4-19 各指标信息量

指标	样本量	样本量比例
自然资源	35301	20.55%
人文资源	40102	23.34%
安全设施	1389	0.81%
卫生设施	2970	1.73%
通信设施	109	0.06%
旅行社	12854	7.48%
导游	17585	10.24%
住宿	11893	6.92%
交通	696	0.41%
娱乐	1972	1.15%
购物	11067	6.44%
餐饮	19336	11.25%
社会秩序	4766	2.77%
文化氛围	11421	6.65%
居民素质	234	0.14%
气候	105	0.06%
总计	171800	100%

(二) 情感评价

原始数据中的信息以整段整句的形式存在,无法对第三章设定的词库进行合理匹配,因此需对文本信息碎片化处理,并将整句拆分,以便确定情感词的出现情况。

本次分析采用成型的分词器,目前 Python 中可实现结巴分词,将词语进行细粒度的拆分该分词器采用的是基于概率统计的分词方法、概率语言模型的分词方法,具体过程如下:输入是一句话 C,此时会输出一串拆分好的词语,将词语进行拼接之后便会得到原本的字符串,而对于一句特定话 C,会有很多种拆分的方法,我们的任务是在众多的拆分方法中,找到一个最好的可能性最大的拆分方案,那么也就是说,寻找到输入字串被拆分为最可能的字段序列。

$$\mathrm{Seg}(c)\underset{S_i \in G}{\mathrm{argmax}} P(S_i \mid C) = \underset{S_i \in G}{\mathrm{argmax}} \frac{P(C \mid S_i) P(S_i)}{P(C)}$$

其中,$P(C)$ 是字符串出现在语料库中的概率,并且有且只有一种方法可以从分散的字符中恢复到中文字符串,所以 $P(C \mid S) = 1$。因此,将比较 $P(S_i \mid C)$

的大小转化为 $P(S_i)$ 的比较,每一个 $P(S)$ 大小的计算方法如下:

$$P(S) = P(W_1, W_2, \cdots, W_m) \approx P(W_1) \times P(W_2) \cdots \times P(W_m)$$
$$\propto log P(W_1) + log P(W_2) + \cdots + log P(W_m)$$

$$P(W_i) = \frac{W_i \text{在语料库中的出现次数 } n}{\text{语料库中的总词数 } N}$$

$$log P(W_i) = log(Freq_w) - log N$$

接下来使用结巴分词器,将文本段落进行分词处理。将一段文字分词的结果如下:

原始段落为:我是今年五一去旅游的,品质纯玩游的服务和安排真是没得说的,全程很满意,尤其是推荐我吃的北京当地特色小吃,价格实惠,味道地道正宗很棒,晚上经过世贸天阶的时候刚好遇到天幕放映。

分词之后的结果为:我是今年五一去旅游的,品质纯玩游的服务和安排真是没得说,全程很满意,尤其是我吃的北京当地特色小吃,价格实惠,味道地道正宗很棒,良心推荐,晚上经过世贸天阶的时候刚好遇到天幕放映。

通过分词结果结合设定词库,可以抽取北京、旅游、小吃、价格、服务、实惠、满意、很、推荐等词。其中北京可以确定城市信息,旅游可以确定信息属性,小吃可以确定餐饮指标,服务可以确定服务质量维度,实惠和满意可以确定为正面信息,很为程度副词,推荐为主张词。将所有文本进行分词处理后,将信息分别汇总,由上例可知,一个文本中可能存在多个情感词语情况,因此最终的词频分布统计总数并非总样本数(75675)。具体情感词语分布情况如表4-20所示:

表4-20 情感词语分布

正面	负面	副词	转折词	主张词	合计
464884	97347	281879	174085	239007	1257202

二、赋权结果评价

为了深入比较十个城市的旅游形象,需对本书设立的各指标进行综合处理。通过分词及本书设定的规则,可对第三章设定的指标体系中末级指标进行打分,但各指标的权重仍需进一步研究。目前通常使用三种类型的赋权方式,第一种通过因子分析来赋权,第二种通过层次分析法来赋权,第三种通过频率来赋权。

(一) 因子分析法赋权

通过验证性因子分析法赋权,主要是求得原始变量的因子负荷矩阵,通常采用主成分法来计算。首先通过降维的思想将原始变量信息聚合,选取第一主成分,通过成分得分矩阵进行权重的计算。本书通过因子分析时发现。KMO 和 Bartlett 的检验结果为 0.49491,结果低于 0.6,不适合用因子分析。

表 4 - 21　KMO 和 Bartlett 的检验结果

KMO 和 Bartlett 的检验		
取样足够度的 Kaiser - Meyer - Olkin 度量		0.49491
Bartlett 的球形度检验	近似卡方	9163.434
	df	21
	Sig.	0

通过因子的方法贡献率可以看到,第一个大因子仅占 20.4568%,由此可以看出,因子分析并不适用于本次研究。

表 4 - 22　解释方差贡献率

解释的总方差						
成分	初始特征值			提取平方和载入		
	合计	方差的%	累积%	合计	方差的%	累积%
1	1.431976	20.4568	20.4568	1.431976	20.4568	20.4568
2	1.055503	15.07862	35.53542	1.055503	15.07862	35.53542
3	1.000363	14.2909	49.82632	1.000363	14.2909	49.82632
4	0.989273	14.13247	63.95878			
5	0.889906	12.71294	76.67172			
6	0.849388	12.13412	88.80584			
7	0.783591	11.19416	100			

通过文献数据与本次研究数据对比发现,使用因子分析进行赋权的数据全部为传统调研数据,拥有良好的数据结构以及数据完整性,而通过网络文本采集的非结构化数据多数只提其中一个或几个指标,缺失值很多。例如,北京当地特色小吃,价格实惠,味道地道正宗很棒,晚上经过世贸天阶的时候刚好遇到天幕

放映。按照本书的指标体系仅仅命中餐饮一个指标,其他指标并未命中(即均为缺失值)。由此可见,网络文本数据无法完全契合因子分析这种赋权方法。

(二) 层次分析法赋权

层次分析法(AHP)寻找主要因素,寻找这些因素内在关联构建模型。首先,模型是分层的,具有目标层和准则层。其次,构造判断矩阵,判断两个指标哪个对于目标层研究问题影响大,具体大多少,并使用 1~9 的比例标尺来赋值,如表 4-23 所示:

表 4-23 Saaty 标度说明

第 i 指标与第 j 指标比较结果	B_{ij}	物理意义
W_i 与 W_j 同样重要	1	$W_i = W_j$
W_i 比 W_j 稍重要	3	$W_i = 3W_j$
W_i 比 W_j 相当重要	5	$W_i = 5W_j$
W_i 比 W_j 非常重要	7	$W_i = 7W_j$
W_i 比 W_j 极端重要	9	$W_i = 9W_j$
重要性在上述描述之间	2, 4, 6, 8	
两因素反向比较为该值倒数	$1/B_{ij}$	

通过指标的两两比较,构建比较矩阵:

$$B = (b_{ij})_{n \times n} = \begin{matrix} & \begin{matrix} B_1 & \cdots & B_n \end{matrix} \\ \begin{matrix} B_1 \\ \vdots \\ B_n \end{matrix} & \begin{bmatrix} b_{11} & \cdots & b_{1n} \\ \vdots & \ddots & \vdots \\ b_{n1} & \cdots & b_{nn} \end{bmatrix} \end{matrix}$$

在该公式中 B_i 为当前层评价目标因素,b_i 为 B_i 相对于 B_i 的重要度。

然后计算矩阵 B 中行向量几何平均值:

$$\overline{W}_i = \sqrt[n]{\prod_{j=1}^{n} b_{ij}} \ (i = 1, 2, \cdots, n)$$

对向量 $W = (W_1, W_2, \cdots, W_n)^T$ 作标准化处理:

$$W_i = \frac{\overline{W}_i}{\sum_{j=1}^{n} \overline{W}_j} \ (j = 1, 2, \cdots, n)$$

式中 W_i 为所求指标的权重系数值,最后的权重向量 $W = (W_1, W_2, \cdots, W_n)^T$。

最后,进行一致性检验,所谓的一致性检验就是指不能出现矛盾的条件,比如三者之间存在循环关系。

第一步计算最大特征根 $\lambda_{max} = \dfrac{1}{n}\sum_{i=1}^{n}\dfrac{(BW)_i}{W_i}$;

第二步计算一致性指标 $CI = \dfrac{\lambda_{max} - n}{n - 1}$;

第三步是从平均随机一致性指标中找到 RI;

第四步计算相对一致性指标 CR。

通常,相对一致性指数 CR 越小,判断矩阵的一致性越好。只有小于 0.1 时,层次分析法一般才可适用,或者说较为合理。否则需要修正赋值或重新赋值。

下表为本书综合指标体系确定的各个层次,将指标与层次进行对应。

表 4-24 本书指标体系

目标层	准则层	子准则层
城市旅游形象	旅游资源	自然资源
		人文资源
	基础设施	安全设施
		卫生设施
		通信设施
	服务质量	旅行社
		导游
		住宿
		交通
		娱乐
		购物
		餐饮
	软环境	社会秩序
		文化氛围
		居民素质
		气候

以目标层与准则层为例，进行权重计算。通过走访旅游局、旅游相关委办局及旅游产业工作人员，得到准则层判断矩阵，如表4-25所示。

表4-25 准则层判断矩阵

A	B1	B2	B3	B4
B1	1	5	3	6
B2	1/5	1	1/2	2
B3	1/3	2	1	3
B4	1/6	1/2	1/3	1

对上表矩阵进行计算，首先计算单一因素（A）下各指标的权重，如表4-26所示。

表4-26 权重分布

A	B1	B2	B3	B4	W_A
B1	0.588	0.588	0.621	0.500	0.574
B2	0.118	0.118	0.103	0.167	0.126
B3	0.196	0.235	0.207	0.250	0.222
B4	0.098	0.059	0.069	0.083	0.077

因此，B1、B2、B3、B4四个指标对城市旅游形象影响的权重为0.574、0.126、0.222、0.077。然后进行一致性检验：

λ_{max} = 2.336/4 × 0.574 + 0.507/4 × 0.126 + 0.898/4 × 0.222 + 0.310/4 × 0.077 = 4.034

CI =（4.034 - 4）/3 = 0.0113

CR = CI/RI = 0.0113/0.9 = 0.0126 < 0.1，通过一致性检验，因此上述指标权重有效。

同理，将其他指标按同样方式进行权重赋值，最终确定权重如表4-27所示：

表4-27 层次分析法权重赋值结果

目标层	准则层	权重	子准则层	子权重
城市旅游形象	旅游资源	0.574	自然资源	0.295
			人文资源	0.279
	基础设施	0.126	安全设施	0.051
			卫生设施	0.045
			通信设施	0.031
	服务质量	0.222	旅行社	0.020
			导游	0.023
			住宿	0.050
			交通	0.045
			娱乐	0.026
			购物	0.016
			餐饮	0.042
	软环境	0.077	社会秩序	0.023
			文化氛围	0.020
			居民素质	0.016
			气候	0.017

(三) 频数赋权法

根据各指标的频数加总,得到总频数,用各自的频数除以总频数即为该项指标的权重。各项指标频数为 N_i,总和为 $\sum = N_1 + N_2 + \cdots + N_k$。各项指标权重为 $\lambda_i = N_i / \sum$。沈体雁、黄宁(2015)运用频数赋权法,对旅游资源、基础设施、接待服务、综合管理进行了权重分析,从而确定中国景区网络形象指数。通过本书的指标体系中各指标的频数,进而确定权重。若一个样本中涉及多个维度,则将此样本进行小数化处理,例如一个样本中涉及自然资源和旅行社两个指标,那么在频数上自然资源与旅行社各占0.5,最终各级指标的频数及权重如表4-28所示:

表4-28 频数法权重赋权结果

一级指标	频数	权重	二级指标	频数	权重
旅游资源	28180	0.372	自然资源	10412	0.138
			人文资源	17768	0.235
基础设施	3903	0.052	安全设施	1304	0.017
			卫生设施	2510	0.033
			通信设施	89	0.001
服务质量	36795	0.486	旅行社	6321	0.084
			导游	8201	0.108
			住宿	6621	0.087
			交通	420	0.006
			娱乐	1021	0.013
			购物	5501	0.073
			餐饮	8710	0.115
软环境	6797	0.090	社会秩序	2384	0.032
			文化氛围	4231	0.056
			居民素质	120	0.002
			气候	62	0.001

（四）权重评价结果

根据前文制定的两种评分规则以及两种指标赋权规则，共产生四种评价结果。依次对每个样本进行量化评分，之后按照城市类型将同一城市的样本得分进行加总，由于75675个样本在10个城市中并非平均分配，因此采用每个城市加总后的评价平均分作为该城市的最终得分。评分规则1为情感方向法。评分规则2为"情感方向+情感强度"法。

四种评价结果如表4-29所示：

表4-29 评价结果

层次分析法和评分规则1		层次分析法和评分规则2		频数赋权法和评分规则1		频数赋权法和评分规则2	
城市	得分	城市	得分	城市	得分	城市	得分
上海	3.398	上海	5.806	上海	3.441	上海	6.097

续表

层次分析法和评分规则1		层次分析法和评分规则2		频数赋权法和评分规则1		频数赋权法和评分规则2	
城市	得分	城市	得分	城市	得分	城市	得分
北京	3.396	北京	5.801	北京	3.440	北京	6.090
天津	3.387	成都	5.787	广州	3.435	重庆	6.076
杭州	3.383	杭州	5.767	杭州	3.414	天津	5.972
广州	3.366	广州	5.686	成都	3.395	杭州	5.970
成都	3.353	天津	5.676	天津	3.382	广州	5.960
西安	3.248	西安	5.627	重庆	3.216	成都	5.958
深圳	3.225	武汉	5.519	深圳	3.195	武汉	5.795
武汉	3.148	深圳	5.439	武汉	3.072	深圳	5.711
重庆	2.023	重庆	4.285	西安	2.455	西安	5.499

通过4种评价结果可以看出，上海和北京一直处于前两位，而其他城市根据不同的评价规则得到的结果并不完全一致。从赋权方法来看，层次分析法比频数赋权法得分相对较低，从评分规则来看，评分规则1——满分为5分，评分规则2——满分为7分，两种规则下大部分的城市都处于平均分以上，这说明整体形象较好。

三、模型校验

通过上述4种方法得到了4种排名结果，并将4种结果与中国研究院发布的《中国旅游城市吸引力排行榜》中的排名进行对照，从而衡量本书建立的研究方法效度。排名情况如表4-30所示：

表4-30 排名情况

标准排名		层次分析法和评分规则1排名		层次分析法和评分规则2排名		频数赋权法和评分规则1排名		频数赋权法和评分规则2排名	
城市	排名	城市	排名	城市	排名	城市	排名	城市	排名
上海	1	上海	1	上海	1	上海	1	上海	1
北京	2	北京	2	北京	2	北京	2	北京	2

续表

标准排名		层次分析法和评分规则1排名		层次分析法和评分规则2排名		频数赋权法和评分规则1排名		频数赋权法和评分规则2排名	
城市	排名	城市	排名	城市	排名	城市	排名	城市	排名
重庆	3	天津	7	成都	4	广州	6	重庆	3
成都	4	杭州	5	杭州	5	杭州	5	天津	7
杭州	5	广州	6	广州	6	成都	4	杭州	5
广州	6	成都	4	天津	7	天津	7	广州	6
天津	7	西安	10	西安	10	重庆	3	成都	4
武汉	8	深圳	9	武汉	8	深圳	9	武汉	8
深圳	9	武汉	8	深圳	9	武汉	8	深圳	9
西安	10	重庆	3	重庆	3	西安	10	西安	10

本书采用相关性检验中的秩相关检验来衡量评价方法的准确性,秩相关检验是将两个结果值按大小前后等规则进行排列,通常有两种检验方法,分别是 Spearman 相关系数和 Kendall 相关系数。

Kendall 相关系数取值范围为 $-1 \sim 1$：当 τ 为 1 时,表示两个随机变量等级次序完全相同；当 τ 为 -1 时,表示两个随机变量等级次序完全相反；当 τ 为 0 时,表示两个随机变量是相互独立的。

计算公式：

$$\tau = \frac{\sum_{i<j} \text{sgn}(x_i - x_j)\text{sgn}(y_i - y_j)}{\sqrt{(T_0 - T_1)(T_0 - T_2)}}$$

其中,

$$\text{sgn}(z) = \begin{cases} 1 & \text{if } z > 0 \\ 0 & \text{if } z = 0 \\ -1 & \text{if } z < 0 \end{cases}$$

$T_0 = \frac{n(n-2)}{2}; T_1 = \sum \frac{t_i(t_i - 1)}{2}; T_2 = \sum \frac{u_i(u_i - 1)}{2}$

t_i（或 u_i）是 x（或 y）的第 i 组节点 x（或 y）值的数目,n 为观测量数。
Kendall 相关系数计算结果如表 4-31 所示：

表 4-31 Kendall 相关系数检验结果

		标准排名	层次分析法和评分规则1排名	层次分析法和评分规则2排名	频数赋权法和评分规则1排名	频数赋权法和评分规则2排名
标准排名	相关系数	1	0.333	0.600*	0.644**	0.778**
	Sig.（双侧）	0.0	0.18	0.016	0.009	0.002
	N	10	10	10	10	10
层次分析法和评分规则1排名	相关系数	0.333	1	0.733**	0.244	0.2
	Sig.（双侧）	0.18	0.0	0.003	0.325	0.421
	N	10	10	10	10	10
层次分析法和评分规则2排名	相关系数	0.600*	0.733**	1	0.244	0.378
	Sig.（双侧）	0.016	0.003	0.0	0.325	0.128
	N	10	10	10	10	10
频数赋权法和评分规则1排名	相关系数	0.644**	0.244	0.244	1	0.778**
	Sig.（双侧）	0.009	0.325	0.325	0.0	0.002
	N	10	10	10	10	10
频数赋权法和评分规则2排名	相关系数	0.778**	0.2	0.378	0.778**	1
	Sig.（双侧）	0.002	0.421	0.128	0.002	0
	N	10	10	10	10	10

注：**、*分别表示在0.01、0.05水平（双侧）上显著相关。

Spearman 相关系数取值范围为 -1~1，计算公式：

$$\rho = 1 - \frac{6\sum d_i^2}{n(n^2-1)}$$

两个结果 X、Y 秩次分别为 $\{x_1, x_2, x_3, \cdots, x_N\}$、$\{y_1, y_2, y_3, \cdots, y_N\}$ 其中 $c_i = x_i - y_i$，秩次的差值就是 d_i，秩次差为 $\{c_1, c_2, c_3, \cdots, c\}$，n 为变量中数据的个数。

Spearman 相关系数计算结果如表 4-32 所示：

表 4-32 Spearman 相关系数检验结果

		标准排名	层次分析法和评分规则1排名	层次分析法和评分规则2排名	频数赋权法和评分规则1排名	频数赋权法和评分规则2排名
标准排名	相关系数	1	0.503	0.624	0.818**	0.891**
	Sig.（双侧）	0.0	0.138	0.054	0.004	0.001
	N	10	10	10	10	10
层次分析法和评分规则1排名	相关系数	0.503	1	0.879**	0.321	0.321
	Sig.（双侧）	0.138	0.0	0.001	0.365	0.365
	N	10	10	10	10	10
层次分析法和评分规则2排名	相关系数	0.624	0.879**	1	0.345	0.442
	Sig.（双侧）	0.054	0.001	0.0	0.328	0.2
	N	10	10	10	10	10
频数赋权法和评分规则1排名	相关系数	0.818**	0.321	0.345	1	0.891**
	Sig.（双侧）	0.004	0.365	0.328	0.0	0.001
	N	10	10	10	10	10
频数赋权法和评分规则2排名	相关系数	0.891**	0.321	0.442	0.891**	1
	Sig.（双侧）	0.001	0.365	0.2	0.001	0.0
	N	10	10	10	10	10

注：**、*分别表示在0.01、0.05水平（双侧）上显著相关。

根据相关性检验结果可以看出，两种相关性检验方法均显示频数赋权法和评分规则2的评价方法最好，与标准排名相关性达到0.778和0.891。由此可见，在网络文本大数据下，将文本进行细致的分类以及文本发声频率是进行城市旅游形象评价的重要因素。

四、最优模型评价

（一）一级指标评价

基于前文所述，根据7级量表（1~7分）及频数赋权法结合得出的结果准确性最高，本书考虑了城市旅游形象的四个维度，即旅游资源、基础设施、服务质量和软环境。十个城市的各自维度得分如表4-33所示：

表4-33 各维度评价

城市	旅游资源	基础设施	服务质量	软环境
上海	6.213	6.011	6.011	6.127
北京	6.102	6.032	6.065	6.209
重庆	6.098	5.921	6.062	6.150
天津	6.098	5.985	6.004	5.271
杭州	6.163	5.898	5.850	5.861
广州	5.883	6.109	6.089	5.492
成都	5.931	5.856	5.989	5.961
武汉	5.732	5.819	5.898	5.485
深圳	5.576	5.866	5.846	5.452
西安	5.631	5.630	5.332	5.778

以上信息基础的描述性统计结果如表4-34所示:

表4-34 信息描述统计

	旅游资源	基础设施	服务质量	软环境
平均值	5.934	5.913	5.915	5.779
最大值	6.213	6.109	6.089	6.209
最小值	5.576	5.630	5.332	5.271

从上面可以看出,旅游资源、基础设施、服务质量和软环境四个维度的平均值分别为5.934分、5.913分、5.915分、5.779分。旅游资源评价最高,基础设施和服务质量评价相当,软环境评价相对较低。

旅游资源是城市旅游的基础。上海、北京、重庆、天津、杭州在旅游资源维度评价较高且均在6分以上,上海得分最高达到6.213分,深圳得分最低为5.576分。我国的四个直辖市在旅游资源方面占有优势,俗话说"上有天堂,下有苏杭",可见杭州的旅游资源也是十分丰富,相比之下一些经济拉动的城市和古城在旅游资源方面并不占很大优势。

基础设施可以为旅游提供更为便利的服务,上海、北京、广州在基础设施维度评价较高且均在 6 分以上，广州虽然在总评价中只位列第 6 名，然而，设施维度最高的达到 6.109 分，西安的最低分为 5.630 分。一线城市基础设施建设处于中国前列，其他城市需要加强基础设施建设。

服务质量使游客在旅游过程产生直观的感知，上海、北京、重庆、天津、广州在服务质量维度评价较高且均在 6 分以上，广州虽然在总评价中只位列第 6 名，但是服务质量得分最高达到 6.089 分，西安得分最低为 5.332 分，这 5 个城市较为注重服务环节。

软环境给游客传递当地的文化、民风等感知。上海、北京、重庆在软环境维度评价较高且均在 6 分以上，北京得分最高达到 6.209 分，天津得分最低为 5.271 分。软环境平均分最低，表明城市对这方面的关注较少，特别是那些排名较低的城市。软环境得分通常是四个维度中得分最低的一项，在今后提升旅游形象时可重点改善。

（二）二级指标评价

在旅游资源方面，十个城市的评价结果如表 4-35 所示：

表 4-35 旅游资源评价

城市	自然资源	人文资源
上海	6.235	6.135
北京	6.023	6.148
重庆	6.158	5.987
天津	5.883	6.182
杭州	6.549	5.762
广州	5.648	5.996
成都	5.829	5.605
武汉	5.926	5.619
深圳	5.268	5.756
西安	5.341	5.759

从以上内容可以看出，各个城市的自然资源相差较大，杭州的自然资源得分远超于其他城市为 6.549 分，比第二名重庆高出 0.391 分，比最后一名深圳高出

1.281 分。关于杭州自然资源的评价,具体文本示例:"杭州不愧是被称为'天堂'的地方,风景环境均属一流,美景怡人,杭州西湖,风景秀丽,在这里待久了真有点不想走了。"

各个城市的人文资源相差不大,北京的人文资源得分最高为 6.148 分,比最后一名成都高出 0.543 分。关于北京人文资源的评价,具体文本示例:"圆明园是一座迷人的建筑,如同月宫城堡,蕴含了我国多少文明精粹,并且可以使我们铭记历史。"

在基础设施方面,十个城市的评价结果如表 4-36 所示:

表 4-36 基础设施评价

城市	安全设施	卫生设施	通信设施
上海	6.004	6.014	6.029
北京	6.212	5.939	6.018
重庆	5.901	5.931	5.932
天津	6.011	5.971	5.999
杭州	5.862	5.918	5.867
广州	6.009	6.158	6.191
成都	5.866	5.851	5.851
武汉	5.782	5.834	5.937
深圳	5.811	5.891	5.966
西安	5.619	5.631	5.762

从以上内容可以看出,安全设施方面北京、上海、天津、广州几个城市评价较高,北京得分最高为 6.212 分,说明在旅游安全方面做得较好。具体文本示例:"一上大巴车,便要求我们系好安全带,到了索道,工作人员非常负责,确保安全万无一失。"

卫生设施和通信设施方面各个城市之间差距不大,广州在两方面做得较好,均位列第一位。西安在基础设施方面整体评价较差,三项指标均位列最后。具体文本示例:"卫生间较少,并且信号不好,又没有 Wi-Fi,十分不方便。"

在服务质量方面,十个城市的评价结果如表 4-37 所示:

表4-37 服务质量评价

城市	旅行社	导游	住宿	交通	娱乐	购物	餐饮
上海	5.978	5.954	5.891	6.129	6.016	6.279	6.004
北京	5.959	5.981	5.889	6.136	6.131	6.268	6.216
重庆	5.876	5.994	5.989	5.713	6.152	6.089	6.306
天津	5.986	5.994	6.053	6.013	5.769	5.998	6.020
杭州	5.804	5.801	5.873	6.013	5.841	6.014	5.802
广州	5.982	5.986	6.021	6.121	6.171	6.219	6.222
成都	5.804	5.801	5.956	6.013	6.031	6.002	6.312
武汉	5.841	5.801	5.956	6.109	6.011	5.813	6.018
深圳	5.827	5.701	5.951	6.001	5.704	5.909	5.886
西安	5.227	5.246	5.351	5.457	5.396	5.216	5.536

以上信息基础的描述性统计结果如表4-38所示：

表4-38 信息描述统计

	旅行社	导游	住宿	交通	娱乐	购物	餐饮
平均值	5.828	5.826	5.893	5.971	5.922	5.981	6.032
最大值	5.986	5.994	6.053	6.136	6.171	6.279	6.312
最小值	5.227	5.246	5.351	5.457	5.396	5.216	5.536

从以上内容可以看出，旅行社、导游、住宿、交通、娱乐、购物、餐饮7个指标的平均值分别为5.828分、5.826分、5.893分、5.971分、5.922分、5.981分、6.032分，总体来看，旅行社和导游评价相对较低，餐饮评价较高。

旅行社和导游方面，广州、上海、北京、天津、重庆得分较高，这两个指标相连性较大，旅行社可以为游客安排行程，方便游客游览，导游则负责在旅行过程中的讲解工作，俗话说"祖国美丽全在导游的口中，他们是祖国大好河山的传播者"，可见导游的重要性。具体文本示例："旅行社非常负责，一早就有司机来接我们,导游全程讲解,十分负责。"

住宿和交通方面,除西安外其余城市的评价相差不大,目前出行住宿以经济型和商务型酒店为主,民宿为辅,由于酒店大多是全国连锁,所以差异性不大。而对于交通而言,旅游大巴车、地铁、私家车成为主流这些也并无明显差异。具体文本示例:"前一天晚上旅游大巴车把我们送到酒店,酒店环境不错,比较干净,第二天早上8点,大巴车准时又来接我们,非常负责,司机师傅开车也很稳。"

娱乐方面,北京、重庆、广州得分较高分别达到6.131分、6.152分、6.171分。提升旅游景点的可玩性成为所有城市发展旅游的下一个目标。具体文本示例:"这次欢乐谷之行非常愉快,玩得很尽兴,就是人有点多。"

购物方面,上海、北京、广州三个城市得分远高于其他城市,从经济实力来看,这三个城市的消费水平本来就高,加上旅游消费的概念深入人心,购物过程中的产品质量、服务态度成为游客最为看重的指标,本就以高消费冠名的城市在销售环节必然更有优势。具体文本示例:"来上海玩一趟,旅游总得买点东西,物品琳琅满目,售货员的态度也很好,买了一些十分有纪念意义的物品带回家。"

餐饮方面,重庆和成都表现较好,分别达到6.306分和6.312分。这两项得分也是所有服务质量指标中得分最高的,食品是旅游过程中不可或缺的一部分。火锅、川菜、小吃、特产构造了川味美食,游客对此予以高度评价。具体文本示例:"我吃到了正宗重庆火锅,真的很辣,但真的好吃。"

在软环境方面,十个城市的评价结果如表4-39所示:

表4-39 软环境评价

城市	社会秩序	文化氛围	居民素质	气候
上海	6.148	6.133	6.241	6.030
北京	6.216	6.229	6.231	5.893
重庆	6.213	6.137	6.256	5.752
天津	5.531	5.112	5.981	5.882
杭州	5.733	5.946	5.901	6.196

续表

城市	社会秩序	文化氛围	居民素质	气候
广州	5.619	5.428	5.683	5.808
成都	5.922	6.001	5.986	5.992
武汉	5.499	5.489	5.546	5.761
深圳	5.564	5.401	5.471	5.789
西安	5.561	5.929	5.481	5.676

以上信息基础的描述性统计结果如表4-40所示：

表4-40 信息描述统计

	社会秩序	文化氛围	居民素质	气候
平均值	5.801	5.781	5.878	5.878
最大值	6.216	6.229	6.256	6.196
最小值	5.499	5.112	5.471	5.676

从以上内容可以看出，社会秩序、文化氛围、居民素质、气候四个指标的平均分较低且都未达到6分，分别为5.801分、5.781分、5.878分、5.878分。其中，分化氛围得分最低，表明对文化的重视需要加强。

社会秩序方面，北京得分最高为6.216分，而武汉仅得到5.499分，可见城市之间得分差距较大。关于北京社会秩序的评价，具体文本示例："有一点让我感触颇深，上车前大家都自觉排队，没有人破坏规则，不像我们那大家互相拥挤。"

文化氛围方面，北京得分最高为6.229分，而天津作为直辖市并且紧挨着，其比较得分仅为5.112分。关于北京文化氛围的评价，具体文本示例："老北京文化真的是有韵味，这次旅游见到了老胡同，深刻了解了胡同文化。"

居民素质方面，重庆、上海、北京三个城市的得分在6分以上，远高于其他城市。具体文本示例："上海不愧是我国最发达的地区，人们都很热情，素质很高，有一次问路，一位大哥耐心为我指路，对我这种外地旅游的人来说帮了大忙。"

气候方面,杭州的得分最高为6.196分,总体来看,江浙地区的气候评价高于京津地区。具体文本示例:"杭州的天气让人很舒服,空气湿润,不过可能会使北方的游客感到不适,不过这种气候会使皮肤变好。"

根据本书设定的两种情感评分规则以及两种指标赋权规则,组合出4种评价方法,将旅游城市吸引力排名作为检验标准,通过相关性检验确定最优评价方法。验证了基于网络文本的城市旅游形象评价方法与传统城市旅游形象评价方法的一致性。

第五节 研究结论与建议

一、研究结论

本书从提升区域旅游产业发展出发,将基于网络文本大数据的城市旅游形象评价作为研究问题,选择国内10个旅游城市作为研究对象。经过本书研究,主要结论包括评价方法和评价结果两个层面。

(一)城市旅游形象评价方法

通过与《中国旅游城市吸引力排行榜》的现有排名进行比对,本书构建的4种评价方法中最优方法为频数赋权法与(情感方向+情感强度)组合。即通过样本中各个指标的数量计算各个指标的权重,通过正负面词库和转折词判断情感方向,通过程度副词和主张词判断情感强度。可见对网络文本进行细致的分类以及文本发声频率对城市旅游形象评价的效度最高。本书构建的评价方法是为了在研究过程中多一种解决问题的途径,并不是主张用新的方法代替已有的评价方法。不同的研究方法适用于不同的应用场景,多种方法的综合运用可以更好地服务于研究工作。

(二)城市旅游形象评价结果

基于最优评价方法对各个细分维度进行了分析评价。旅游资源方面:上海、北京、重庆、天津、杭州较为丰富,深圳相对匮乏;基础设施方面:广州基础设施较为完善,西安相对欠缺;服务质量方面:北京、上海、重庆、广州整体较好,西安相对较差;软环境方面:重庆、上海、北京三个城市的评价较高,天津相对不足。各个城市可以进行针对性的改进,便于城市管理者更加深刻洞察城市旅游经济发展中的不足。

二、发展建议

针对各个维度的分析评价,不同城市需要根据各自的问题进行针对性的改善发展。改善城市旅游形象存在多种方法,但由于不同城市的问题类型不同,并没有一个普世的改善方法。基于此,本书对城市旅游形象发展提出以下建议。

(一)整合旅游资源,明确旅游定位

对于旅游资源得分低,自然资源和人力资源不平衡的城市,例如,得分最低的深圳主要集中人工建造的景点,自然景观很少有人提到。在改革开放前是一个小渔村,缺乏历史,与其他古城市相比,缺乏文化底蕴,人文资源也相对匮乏。但深圳的大鹏古城、莲花山、梧桐山、羊台山等都是在岭南地区很有名气的自然山水或历史景观,可这些景点除本地人外,大多数游客都不知道。这与深圳的旅游定位有关,还与深圳对外宣传有关,针对这样的情况需要:①整合自然资源,丰富自然山水景点路线,提升自然景点的宣传力度,建设国内知名的自然景观。②突出都市景观旅游,丰富文化生活,建设大型国际风景名胜区,进一步完善欢乐谷、世界之窗、锦绣中华、华侨城等旅游产品。

针对旅游资源评分高,旅游资源相对丰富的城市如上海、北京、重庆、天津、杭州这样的城市,拥有丰富的自然景观和人文资源,应以现有旅游资源为基础,深度开发具有地域特色的旅游产品,提高服务意识,沿着当前的旅游发展路线,推出主题鲜明、内涵丰富、形式多样的产品组合,打造旅游产品核心竞争力。如杭州以自然风光形成的"人间天堂"旅游形象,而上海以都市主题形成的"东方明珠""魔都""东方巴黎"形象,以本身具有的高质量旅游资源为基础,通过准确地定位,让游客一目了然,形成生动、鲜明、具有旅游目的地特色的感知印象,提升了城市旅游形象。

(二)完善配套设施,增强旅游便利

基础设施包括安全设施、卫生设施和通信设施,具有影响力,对目的地的形

象有很大影响。一是旅游基础设施本身还不太完善的城市如西安,硬件设施陈旧,卫生和通信设施不完善,政府应超前规划,加大财政投入,坚持设施发展优先的理念,配合旅游产品的升级,增强旅游基础设施建设,如增加银行、景区公交车、信用卡消费网点,增加食品销售网点、餐厅、便利座椅和引导系统。增加邮电服务网点,增强居民和游客的便利性,增强城市旅游形象。二是广州一类基础设施评分高较完善的城市,进一步提升城市旅游形象则不仅仅只需要标准化的安全、方便、快捷等,同时应该注意别致,使旅游基础设施不仅是接待设施,而且是旅游目的地。

(三)提高服务水平,提升旅游体验

丰富了饮食、生活、旅游、购物、娱乐等体验元素,增强了游客的情感认同感。在饮食方面可突出各地区特色,如成都和重庆以小吃美食闻名世界,在游客评价中也高于其他地区,是游客到成都和重庆旅游的必备环节;其他地区如北京的文宇奶酪、传统小吃炸酱面、烤鸭、卤煮等,天津的煎饼果子、杭州的小笼包等具有地方特色的美食。各旅游目的地需要加强餐饮规范,并进行价格和质量的管理,保障价格公正,规范景区的餐饮经营;挖掘本土饮食文化,结合时尚、新潮的元素,增加饮食的特色性和创新性;改善用餐环境,为游客提供更好的就餐环境。

旅行社和游客的总体评价较低,存在"导游讲解水平差、旅行社服务态度不好、旅行社不负责、宰客、强制购物行为"等负面评价,因此管理部门需要提高旅游从业者的素质,开展更多的旅游从业者的培训工作,提高旅游从业者的服务意识技巧等;旅行社要了解旅游者需求,设计特色的旅游线路,为游客提供物超所值的食宿、为游客提供适应中高消费的特色酒店,提供高质量的导游讲解服务、设置反馈系统和做好回访工作,帮助旅行社改善服务质量;旅游从业人员应具有专业精神和职业素养,将当地热情的印象传递给游客,让游客在整个旅游过程中感受到当地的独特魅力。

在住宿和交通方面,虽然评价相差不大,但各城市仍有差别,北京、上海、杭州等总体评价位于前列但住宿方面评价较低,其原因是同等价格在天津等二线城市住宿条件有较大提升,住宿存在价格偏高的问题,应进行价格和质量的管理,保障价格公正;在交通方面,武汉评分较高是因为其为中国地理中心,两江交汇，交通十分便利，有"东方芝加哥"之称，但仍有可以提升的地方，如加大对城市内部交通和旅游交通的开发投入，优化"景区直通车"线路，改善交通环境，构建"快速快捷，方便安全，无缝转移"立体旅游交通系统，从而加强了旅游交通服务系统的网络建设，减少了游客被坑骗的机会，节省了游客的出行时间。同时美化城市交通，当作旅游吸引物来打造，包括公交系统、地铁环境、城市道路的打造。

在娱乐方面，政府和旅游企业可以适当增加旅游购物项目和娱乐项目的开发，推出多种多样、丰富多彩的主题旅游产品和旅游体验项目，创新旅游资源组合，形成具有地区特色的立体旅游产品体系，吸引游客的神往；合理设计旅游线路，以线路统筹旅游资源，实现景点串联，实现网络化旅游流形态，同时在部分景点景区引进多种国际流行的娱乐项目，变换旅游方式，如成都的山地旅游，可以在原有的滑雪、滑草、溜索、高山滑道等项目的基础上，引进山地自行车、越野车、攀岩等，形成特殊的山地体育旅游项目；例如，在西安民俗旅游资源的分布中，可以创新不同的旅行方式，如自驾游、自助游和团体游。

在购物方面，在上海、北京、广州等经济发达城市，加之临近海港，商品种类齐全、产品便宜、商品质量好、新产品层出不穷、景区购物服务态度、购物环境较好，使它们成为极有吸引力的"购物天堂"，因此这些城市的购物方面的评价多以正面为主，相反其他经济发展相对较差的地区，如西安等出现旅游产品、纪念品有质量问题，景区产品较贵，种类单一等问题，这需要政府部门加强监管，规范景区商品，调节旅游产品物价，打造高质量，具有特色的、创新的旅游纪念品、旅游产品，加强文创产品研发，如北京故宫景区文创产品的开发，西安可以借鉴故宫发展方式，将西安古都文化融入旅游纪念品中，让旅游纪念品为游客留住记忆。

（四）重视社会环境，宣扬旅游文化

在居民素质方面，旅游目的地的发展受到社会人文环境很大的影响，城市居民的文化素养影响着该城市旅游的发展。重庆、上海、北京三个城市的评价较高，主要原因是这些地区经济发达，基础教育产业发达，城市居民人文素质较高。居民素质较低的地区如武汉、深圳、西安等政府应该提供更加优质的教育资源，也可以依靠当地的高校积极配合国内外大学开展不同层次的教学；可以适当开发户籍管理,引进高素质人才。

在社会秩序方面,各城市的评价与经济发展关系紧密,与居民素质相同,评分较高的是北京、上海、重庆,深圳的社会秩序相对于其他三项评分属于较高评价,这要求各城市在发展智能经济,促进产业升级,优化产业结构的同时,政府应该实施积极的财政政策,增加技能培训,实施积极的就业政策,扩大居民就业,稳定社会秩序。

在气候评价方面,总体来看江浙地区的气候评价高于京津地区,而重庆、武汉、南京、南昌被称为"四大火炉",夏季气候十分炎热,气候评价较低,因此应积极宣传错峰旅游,避开夏季旅游,同时增强景区避暑设施建设,减少气候造成的负面评价;而杭州等气候好的地区应以良好的气候吸引全国游客前来避暑避寒。

文化氛围是吸引游客前来旅游的重要因素,在这一项结果中,北京得分最高,而天津却很低。天津文化资源并不缺乏有效的景观载体,可以在建筑、美食甚至基础设施的设计方面加入特色文化元素,让游客在旅游过程中处处可以体验到特色文化氛围;深度挖掘地区传统文化,如成都的巴蜀文化,可以开展民俗旅游,出台文化产业发展政策,再如西安的古都文化等非物质旅游特色和兵马俑、城墙遗址遗迹等物质旅游特色结合,发挥其丰富的文化内蕴。

第五章 京津冀旅游消费体验式调查结果

第一节 调查背景和意义

根据国家文化和旅游部在2019年5月发布的《2018年文化和旅游发展统计公报》，截止到2018年年末，全年国内旅游人次由2010年的21.03亿人次发展到2018年的55.39亿人次，国内旅游收入也由2010年的1.26万亿元发展到2018年的5.13万亿元，近年来发展迅猛。此外，2018年的旅游总收入为5.97万亿元，2018年国内生产总值（GDP）为90.03万亿元，旅游收入已经占GDP的6.63%，正逐步成为国民经济的战略性支柱产业，是新消费时代的代表性产业。

随着旅游业的快速发展，国家更加重视保障旅游消费者的合法权益，2013年10月1日施行的《中华人民共和国旅游法》，在消费者权益保护方面增加了许多明确、具体、实操性强的内容，且突出对旅游消费者的权益保护。但是，旅游消费迅猛发展的同时，在线旅游平台、旅行社与景区等从业机构服务质量良莠不齐，引发多起旅游消费投诉。根据京津冀三地消费者组织多年来受理的投诉和消费者反映的情况看，旅游消费领域存在景区管理混乱、广告夸大误导、不平等合同、强迫购物等问题。这些问题不仅侵害了旅游消费者的合法权益，也影响了京津冀旅游业的形象，制约了旅游业持续健康发展。

本书聚焦旅游目的地新媒体营销中的负面偏差问题研究，但这个问题不仅是营销宣传层面，更是旅游消费服务体验层面。京津冀三省市地域相接、人缘相亲、

第五章 京津冀旅游消费体验式调查结果

表5-1 京津冀三地2015~2019年旅游投诉情况统计

年份\投诉量	地区	北京	天津	河北
2015年	投诉总量	32809	—	10856
	旅游投诉量	1928	—	9
2016年	投诉总量	35085	1838	13122
	旅游投诉量	2917	1	15
2017年	投诉总量	48817	1713	13925
	旅游投诉量	1264	5	24
2018年	投诉总量	67576	2158	13757
	旅游投诉量	760	5	18
2019年（1~5月）	投诉总量	43849	—	4860
	旅游投诉量	691	—	9

资料来源：数据来自京津冀三地消协统计。

文化相近，是我国经济社会发展极为重要的区域。在旅游消费市场上，京津冀区域内的旅游线路存在密切关联，共同形成了国内重要旅游目的地；而且京津冀三地游客消费往来也非常频繁，互为彼此间的重要客源地。因此，京津冀三地旅游市场存在的部分问题也带有一定的区域共性，需要三地齐抓共管，统一协调。

在此背景下，京津冀旅游消费体验情况如何，通过在线旅游平台、旅行社、景区等服务要素的全面考察，从而挖掘问题短板，给营销传播和服务体验均提供了优化方向。本章研究由北京市消费者协会委托课题资助完成，部分成果于2019年10月29日在首届京津冀消费维权高端论坛上发布，在此感谢北京市消费者协会资助。

第二节 调查内容和方法

一、调查内容

2016年由京津冀三地旅游消费领域专家和消费者代表组成的测评专家组论证，首次确定了京津冀三地旅游消费体验式调查的内容和指标，主要分为全程体验调查（包括在线旅游平台、旅行社、景区）和退团体验（包括在线旅游平台、旅行社）两大类，并针对不同调查对象确定相应指标，如表5-2所示。

表5-2 旅游消费体验式调查对象

体验类型	编号	调查对象
全程体验	A	在线旅游平台
	B	旅行社
	C	景区
退团体验	D	在线旅游平台
	E	旅行社

为确保评分过程公正全面，把评分标准分为客观标准与主观标准两类：客观标准中每个评分点按照"评分标准正向与否"进行评分，"正向"为1分，"负向"为0分；主观标准为五级量表，根据感受进行打分，1~5分，评价越好分值越高。然后客观、主观评分均折算为百分制下的结果，在此基础上，三级指标计算均值得到二级指标，二级指标计算均值得到一级指标，最终得到百分制下的体验总分。以下为各类体验对象的具体指标内容和评分标准说明，下表为在线旅游平台的全程体验内容。

表5-3 在线旅游平台全程体验指标（A）

一级指标	二级指标	三级指标	评分标准
在线旅游平台全程体验	信息发布	线路信息完整度	客观标准
		线路信息一致性	
	售后投诉率		客观标准

下面是根据服务流程，设计的旅行社全程体验内容，分别为行程准备服务、行程中服务和行程结束服务。

表5-4 旅行社行程准备服务体验指标（B）

一级指标	二级指标	三级指标	评分标准
行程准备服务体验	信息发布	线路信息完整度	客观标准
		线路信息一致性	
	合同规范性和效力	旅游合同签约率	
		合同中住宿信息完整度	
		合同中交通信息完整度	
		合同中餐饮信息完整度	
		游客合同权益保障有效性	
	安全保障	购买旅游保险	
		安全事项提醒	
	行程准备服务满意度		主观标准

表5-5 旅行社行程中服务体验指标（B）

一级指标	二级指标	三级指标	评分标准
行程中服务体验	导游服务	导游或领队具备资格证	客观标准
		导游没有削减景点、压缩游览时间	
		导游服务质量满意度	主观标准
	购物及消费情况	导游没有安排超计划购物、强迫购物	客观标准
		没有强制消费项目	
		购物中没有以次充好、假冒伪劣情况	
		购物情况满意度	主观标准
	餐饮情况	餐饮与合同承诺一致性	客观标准
		餐饮卫生、整洁、新鲜情况	
		餐饮情况满意度	主观标准
	住宿情况	酒店档次与合同承诺一致性	客观标准
		酒店干净卫生、设施齐全	
		酒店住宿满意度	主观标准
	交通情况	交通工具安全性	客观标准
		交通工具与合同承诺一致性	
		交通工具满意度	主观标准
	行程中服务满意度		

表 5-6 旅行社行程结束服务体验指标（B）

一级指标	二级指标	三级指标	评分标准
行程结束服务体验	与合同一致性	所有服务内容与合同一致性	客观标准
		未征得游客书面同意没有委托其他旅行社执行	
	发票符合规范		
	旅游过程没有投诉		
	行程结束服务满意度		主观标准

下表为景区全程体验指标内容。

表 5-7 景区全程体验指标（C）

一级指标	二级指标	三级指标	四级指标	评分标准
景区体验	景区内代步车方便性			客观标准
	卫生情况	景区内公共卫生间条件	公共卫生间干净	
			公共卫生间不拥挤	
			公共卫生间指示牌清晰	
		景区内垃圾箱情况	垃圾箱清理及时	
			垃圾箱数量满足需要	
			垃圾箱摆放位置合理	

下表为在线旅游平台退团体验指标内容。

表 5-8 在线旅游平台退团体验指标（D）

一级指标	二级指标	三级指标	四级指标	评分标准
在线旅游平台退团体验	退团执行	退团执行一致性	退团违约金与平台网站信息一致性	客观标准
			退团违约金与合同中承诺的一致性	
		旅游合同签约		
		退团体验满意度		主观标准
	信息发布	线路信息完整度		客观标准
		线路信息一致性		

下表为旅行社退团体验指标内容。

表5-9 旅行社退团体验指标（E）

一级指标	二级指标	三级指标	评分标准
旅行社退团体验	信息透明性	线路信息完整度	客观标准
		线路信息一致性	
	合同规范性和效力	旅游合同签约	
		合同中住宿信息完整度	
		合同中交通信息完整度	
		合同中餐饮信息完整度	
		合同权益保障有效性	
	安全保障	购买旅游保险	
		安全事项提醒	
	行程准备阶段满意度		主观标准

以上述指标体系为基础，之后的2017～2019年，随着市场消费问题的变化，每年的指标体系略有微调，保证调查结果能够反映客观情况。其中，各年的变化主要包括以下内容：

2017年，随着汽车在家庭中普及率越来越高，周边自驾游也成为本地市民游客的旅游消费重点，因此新增加了周边自驾游体验调查。另外，确定了国内8家规模和影响力较大的在线旅游平台的体验调查，更全面了解在线旅游平台服务水平。

2018年，综合近年来旅游市场中出现的问题，部分是由于旅游企业缺乏相关资质违规操作，从而造成相关消费纠纷，甚至安全事故。因此，在2018年的调查内容中增加对企业资质展示方面的调查，主要了解在线旅游平台在旅行社企业资质展示方面的表现，是否给予了消费者充分的旅游供应商信息，便于消费者进行旅游产品选择。

2019年，根据习近平总书记指出抓"厕所革命"是提升旅游业品质的务实之举，强调厕所问题是城乡文明建设的重要方面，因此本年度调查中加大了对景区的厕所卫生相关内容的调查。

旅游目的地新媒体营销中偏差形成及引导机制研究

二、调查方法

（一）体验式调查方式及特点

体验式调查是由经过严格培训的体验员，在指定的时间里以真实消费者身份体验，对事先设计的一系列问题逐一进行评估的一种调查方式。与其他调查方式相比，体验式调查表是根据行业或企业的服务标准、规范流程制定的打分表，在体验过程中，体验员将严格按照调查表中的评分标准进行客观打分。

京津冀三地旅游消费体验式调查前期先招募志愿体验员，对其进行统一业务内容和方法工具方面的系统培训，继而体验员再根据指定线路有选择地报团，深度参与旅游消费体验，最终根据体验调查表进行客观评分。

此外，对企业资质调查，重点观察其营业执照和旅行社业务经营许可证这两个证件的公示情况，主要通过体验调查与网络信息查询相结合的方式进行。

（二）体验调查线路安排

在旅游线路选择方面，2016～2019年连续四年的调查都聚焦在京津冀旅游消费市场，选择了以北京、天津、河北为出发地和目的地的线路。其中，2016年全程体验调查线路50条，退团体验调查线路为7条，合计57条。2017年全程体验调查线路为44条，退团体验调查线路10条，合计54条。2018年全程体验调查线路为40条，退团体验调查线路10条，合计50条。2019年全程体验调查线路为65条，退团体验调查线路8条，合计73条。

表5-10 京津冀三地旅游消费体验调查线路安排（2016～2019年）

调查类型 年份	全程体验	退团体验	合计	线路说明
2016	50	7	57	京津冀三地旅游消费线路，包含一日游、异地游、平台体验、退团体验
2017	44	10	54	京津冀三地旅游消费线路，包括一日游、异地游、自驾游、平台体验和退团体验
2018	40	10	50	京津冀三地旅游消费线路，包括一日游、异地游、自驾游、平台体验和退团体验

续表

年份	调查类型 全程体验	退团体验	合计	线路说明
2019	65	8	73	京津冀三地旅游消费线路，包括一日游、异地游、自驾游、平台体验、火车站服务体验和退团体验
合计	199	35	234	

2016~2019年合计体验线路数量为234条，每条线路安排2名体验员，多年来参与京津冀三地旅游消费系列调查的体验员接近500人次，多数以京津冀三地消协志愿者为主参与进行，有力地支持了该项调查顺利开展。

在旅游消费体验的旅行社选择中，首要考虑完成特定旅游线路，以及在线旅游平台的线上旅行社。在景区方面，每条线路包含1~3个独立景点，基本覆盖京津冀三地主要4A级以上旅游目的地景区。每年调查大致于4月开始，6月结束，历时3个月。

（三）网络文本调查

在线旅游平台日益成为游客信息查询、订票购票的重要出行工具，因此，2019年针对在线旅游平台和火车站旅游服务，从游客网络评论视角，在全网采集近一年的网络负面评论信息进行网络文本调查。

其中，在线旅游平台选择了携程旅行网、去哪儿网、途牛旅游网、驴妈妈旅游网、飞猪旅行网、同程旅游网、马蜂窝旅游网、欣欣旅游网8个在线旅游平台从网络舆情的视角进行分析评价。火车站服务调查主要选择了京津冀三地旅游中客运量相对较大的北京地区火车站，包括北京南站、北京西站和北京站。

为实现采集的全面性和准确性，2019年网络文本调查采用国内领先的中文分词公司——海量信息技术有限公司的判定图来采集文本信息，本次采用全网采集的方式，采集信源覆盖资讯、贴吧、论坛、问答、视频、微博、微信等资源类型，进而满足本次调查需求。

（四）质量控制

在项目质控方面，每年的调查都在各个环节严把质量关，从而确保调查结果真实有效。

表5-11 海量大数据服务平台信源覆盖范围

媒体	报纸	700+	全面覆盖在互联网上可公开采集的报纸内容,新闻出版署公布的报纸数量为2000家,其余大部分为企业、院校等未上网的报纸
	期刊	70+	覆盖在互联网上可公开采集的偏新闻类期刊,新闻出版署公布的期刊为9000家,绝大部分在网上需收费阅读
	广播电视	130+	覆盖国家级、省级、副省级城市的电视台、广播电台,含普通城市共300余家,但更新量普遍较少
	通讯社	6+	新华社、中新社、中评社、美通社亚洲、路透社等
	新闻资讯网站	9000+	全面覆盖市级以上官方新闻网站、商业门户网站以及主要行业资讯网站,已包括了Alexa全球排名10万以内的中文新闻资讯网站,行业网站根据客户需求可专项增加
	视频网站	60+	新浪视频、腾讯视频、搜狐视频、优酷视频、土豆视频、汽车之家视频、搜酷视频等
	海外媒体	150+	覆盖主要海外媒体中文网站,如联合早报、华尔街日报等
	搜索引擎	10+	百度、搜搜、搜狗、360、即刻、盘古的新闻频道
政府	政府网站	3000+	覆盖省部级以上的政府网站,全国各级政府网站约50000家,但政策类信息主要由省部级以上政府网站发布
用户	综合性论坛	140+	全面覆盖综合性论坛,如强国论坛、天涯社区等
	区域性论坛	590+	覆盖主要的有影响力的区域性论坛,如十九楼、青岛人论坛等
	行业性论坛	760+	覆盖主要的有影响力的行业性论坛,如家电网论坛、汽车之家论坛
	贴吧	13+	覆盖百度贴吧、和讯股吧、新浪股吧等
	博客	44+	覆盖主要博客网站,如新浪博客、搜狐博客等
	微博	2	新浪微博、腾讯微博
	微信	1	微信
	问答	16+	百度知道、360问答、soso问问、搜狐问答、39健康搜等

第一,在调查方案和问卷设计环节,项目工作人员组织召开专家论证会,围绕本次调查内容和方法进行全面研讨。

第二,在培训环节,安排多场项目培训会,对项目调查内容和方法讲解、互动问答、真实试访检验,确保每个体验员全面正确理解调查项目。

第三,在执行环节,做好问题取证。体验员对在线旅游平台与旅行社的电话咨询与电话投诉环节均保存通话录音;对强制消费环节与消费体验其他问题的环节进行录音录像;对消费体验行程准备中的纸质合同、旅行社提供的餐饮、住宿、交通、发票情况以及体验景区的交通、卫生情况等进行拍照;对在线旅游平台与旅行社网站信息透明性的相关网页和电子版旅游合同进行截图。

第四,在全程体验中,每条线路的体验过程均有两位体验员参与,相互配合,并在完成调查后的第一时间内填写相应的体验调查表,确保结果真实客观。

第五,在数据整理和录入环节中,项目团队对全部资料进行分类整理,确保录音、图片、录像、数据库信息一致,完整无误。在此基础上,完成数据分析和报告撰写。

第三节 体验式调查结果

一、总体结果①

2016年由京津冀三地旅游消费领域专家和消费者代表组成的测评专家组论证,首次确定了京津冀三地旅游消费体验式调查内容和指标,主要分为全程体验和退团体验两大类。因此,京津冀三地旅游消费体验调查自2016年开始,从在线旅游平台、旅行社、景区三方面设置指标体系进行体验调查。之后的2018年和2019年都根据实际情况对指标进行了微调。总体而言,三年的体验指标大部分都保持了一致,统计口径基本一致,适合跨年度比较。2016~2019年全程体验调查的结果如表5-12所示。

2016年与2017年调查指标基本一致,可以看到,与2016年相比,2017年结果得分略有下降,主要是在线旅游平台、旅行社方面得分下滑所致。

2018年与行业主管部门协调沟通后,2018年的体验调查更强化了市场监管方面内容,调查指标更加严格。在线旅游平台体验指标中,增加了"企业资质展

---

① 本部分内容涉及2016~2019年的体验调查,为避免内容过于臃肿,仅在"总体结果"展示2016~2019年的调查结果,便于直观比较。后面的内容将以2019年最新调查结果为主,2016~2018年的调查结果不再逐一指标展示。

表 5-12　全程体验调查得分（百分制）

类型	全程体验指标	2016 年	2017 年	2018 年 同 2017 年指标	2018 年 新增指标	2019 年（新增指标）
A	在线旅游平台	89.29	82.02	89.80	78.54	85.66
B	旅行社	72.11	69.21	76.07	76.07	79.86
C	景区	85.47	88.77	84.72	84.72	94.63
全程体验得分		82.29	80.00	83.53	79.78	86.71

示"内容，查看这些体验线路的旅行社是否在平台上展示"营业执照"和"旅行社业务经营许可证"。因此按照 2017 年指标，2018 年的调查结果为 83.53 分，有所上升，但如果按照新增指标计算得到 2018 年的调查结果为 79.78 分，有所下降。

2019 年在旅游消费实际情况的基础上，对个别指标进行了优化，新增了"厕所革命"指标监测等内容，经过调查，京津冀三地旅游消费体验结果得分为 86.71，高于往年得分。

总体而言，在政府相关部门、社会力量的共同努力下，近年来京津冀三地旅游消费环境总体向好。

二、在线旅游平台

2019 年调查结果显示，8 家在线旅游平台总体得分为 86.70，主要问题还表现在信息发布方面，该指标得分为 79.46，相对较低。

表 5-13　在线旅游平台北京一日游体验指标得分（百分制）

一级指标		二级指标		三级指标		四级指标	
名称	得分	名称	得分	名称	得分	名称	得分
在线旅游平台	86.70	信息发布	79.46	信息透明性	87.50	线路信息完整度	92.86
						线路信息一致性	82.14
				企业资质展示	71.43	展示营业执照	75.00
						展示旅行社业务经营许可证	67.86

续表

一级指标		二级指标		三级指标		四级指标	
名称	得分	名称	得分	名称	得分	名称	得分
在线旅游平台	86.70	售后投诉	93.93	未投诉情况	85.71		
				投诉过程服务质量	100.00	投诉电话20秒内接通	100.00
						接线员主动使用礼貌用语	100.00
				投诉解决问题能力	100.00		
				投诉总体评价	90.00		

其中"企业资质展示"部分得分相对最低,"展示营业执照"得分75.00,相较于2018年的得分50.00,情况有所好转,但仍需加强。"展示旅行社业务经营许可证"得分67.86,相较于2018年的得分37.50,情况有所好转,但问题依然存在,在体验过程中,虽然部分网站标注了旅行社资质"经过网站自己审核"的字样,但未将这些审核信息对游客公布,因此游客在选择线路时无法查阅旅行社的资质信息,损害了消费者对于旅游消费服务的知情权。

在"信息透明性"方面,线路信息的完整度和一致性得分相较于2018年的得分均有所下降。因此,在线旅游平台需要进一步提升"信息透明性问题"。

三、旅行社

（一）总体指标得分

在旅游消费市场中,旅行社起着至关重要的作用,是旅行中陪伴游客时间最长的服务提供者,旅行社服务质量的好坏,直接影响游客体验。但是通过本次消费体验调查来看,2019年旅行社总体得分79.86,与前两年相比有所上升,但依然是问题相对较多的环节。连续三年来看,旅行社在"行程准备服务"得分相对最低,是亟待改进的主要方向。

（二）行程准备服务阶段

2019年调查结果显示,在"行程准备服务"阶段的二级指标中,"合同规范性和效力"表现相对最差,得分仅为74.13,还有待提升。

表5-14 京津冀三地旅游消费体验调查——旅行社指标得分（百分制）

旅行社体验指标	2017年	2018年	2019年
行程准备服务	61.08	67.16	77.57
行程中服务	72.25	75.14	80.07
行程结束服务	74.31	85.92	81.94
总计	69.21	76.07	79.86

其中，2019年的合同签约率为78%，比2018年的合同签约率65%略有上升，但与100%的合同签约率还有一定差距。某些旅行社声称行程单就相当于合同，这显然对消费者权益保护不利。

此外，具体合同信息也相对模糊甚至缺失，其中，在"合同中交通信息完整度""合同中餐饮信息完整度"得分均为60余分，交通、餐饮等关键信息完整度不足。

表5-15 旅行社"行程准备服务"阶段指标得分（百分制）

一级指标		二级指标		三级指标	
名称	得分	名称	得分	名称	得分
行程准备服务	77.57	信息发布	84.95	线路信息完整度	89.90
				线路信息准确度	80.00
		合同规范性和效力	74.13	旅游合同签约率	78.00
				合同中详细行程完整度	85.11
				合同中交通信息完整度	61.51
				合同中餐饮信息完整度	67.62
				游客合同权益保障感知	78.41
		安全事项提醒	75.99		
		行程准备服务满意度	75.20		

（三）行程中服务阶段

相对于旅游行程的其他阶段，"行程中服务"阶段表现相对较好，得分为80.07，且较之于2018年的得分77.43，表现有所上升。其中，最低的二级指标是"购物及消费情况",得分为71.90,相较于2018年的69.34分,有所提高,但依然排在"行程中服务"阶段的最后一名,有待加强,如表5-16所示。

表5-16 旅行社"行程中服务"阶段指标得分(百分制)

一级指标		二级指标		三级指标	
名称	得分	名称	得分	名称	得分
行程中服务	80.07	导游服务	85.00	导游没有削减景点、压缩游览时间	94.00
				导游服务质量满意度	76.00
		购物及消费情况	71.90	导游没有安排超计划购物、强迫购物	82.00
				没有强制消费项目	63.99
				对未参加另付费项目游客合理安排情况	41.59
				付费旅游项目或商品明码标价情况	77.94
				购物中没有以次充好、假冒伪劣情况	92.00
				购物情况满意度	73.87
		餐饮情况	79.23	餐饮与合同承诺一致性	89.12
				餐饮卫生、整洁、新鲜情况	87.02
				餐饮情况满意度	61.57
		交通情况	85.00	交通工具安全性	89.08
				交通工具与合同承诺一致性	92.31
				交通工具满意度	74.55
		行程中服务满意度	79.20		

以北京一日游为例,经过三年的调查比较,在2017年、2018年、2019年的体验调查中,"没有强制消费项目"的指标得分分别为25.00、45.00、73.33,三年持续升高,如图5-1所示。

此外,强制消费金额在团费金额中的比例也逐渐下降,2017年、2018年、2019年分别为43.40%、32.40%、14.38%。可以说,在各方共同努力下,无论是强制消费线路占比还是强制消费金额占比,这两方面都得到了逐步改善。

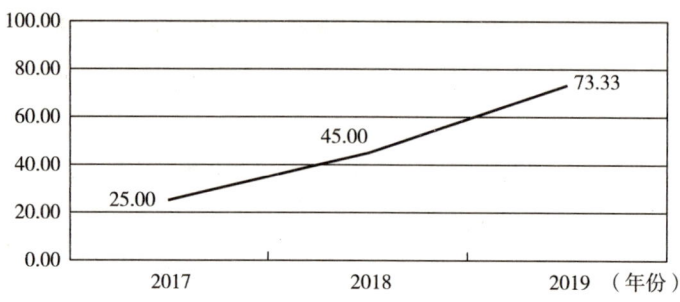

图 5-1　北京一日游"没有强制消费项目"调查指标得分（百分制）

不过，虽然在强制消费方面有了明显改善，但问题依然还没有得到完全解决。仍然以 2019 年北京一日游为例，在 30 条体验线路中，还有 8 条体验线路存在强制消费现象，而且其中有 4 条体验线路在合同中没有明示可能存在的自费项目，而且根据体验员观察，这些未在合同中明示的强制消费，不参加均会影响行程，隐性强制消费项目①依然存在。例如 20 号线路，导游要求交 100 元的演出费，否则就在演出场外边等待 1 个小时，多数游客被迫接受该演出安排。

此外，根据上表结果，"对未参加另付费项目游客合理安排情况"得分是"行程中服务"最低的三级指标，得分仅为 41.59。由此可见，导游的规范性有待提高，对未参加自费项目游客的合理安排比较差，部分导游还存在削减景点、压缩游览时间的现象，也导致游客体验较差。

在餐饮情况满意度方面，体验员打分为 61.57，表现相对较差，也亟待改善。

（四）行程结束服务阶段

在"行程结束阶段"，二级指标得分 81.94 分左右，其中最低的二级指标为"行程结束服务满意度"，得分为 75.60，表现相对较差的指标。

此外，"与合同一致性"得分为 81.67，其中"不存在'未征得游客书面同意就委托其他旅行社执行'情况"得分为 80.00，表明某些线路还存在未征得游客书面同意，就委托其他旅行社执行的现象，损害了消费者的知情权和选择权。

---

① 本书定义"隐性强制消费项目"为：旅行社或导游没有直接要求游客消费，但如果不消费该项目游客就无法继续行程或对游客行程影响很大，进而导致游客被迫选择消费的非团费内旅游项目，均可视为隐性强制消费项目。

表 5-17 旅行社"行程结束服务"阶段指标得分(百分制)

一级指标		二级指标		三级指标	
名称	得分	名称	得分	名称	得分
行程结束服务	81.94	与合同一致性	81.67	所有服务内容与合同一致性	83.34
				不存在"未征得游客书面同意就委托其他旅行社执行"情况	80.00
		发票符合规范	82.00		
		售后投诉	88.50	旅游过程没有投诉	92.00
				投诉后及时解决	75.00
		行程结束服务满意度	75.60		

四、景区

在 2019 年体验调查结果中,景区体验得分为 94.63,重点考察了景区卫生情况,体验指标"入/出口处卫生"得分在 95 分以上,目前景区的卫生情况整体表现较好。

表 5-18 景区体验指标得分(百分制)

一级指标		二级指标		三级指标	
名称	得分	名称	得分	名称	得分
景区体验得分	94.63	入/出口处卫生	95.60	公共卫生间	95.33
				垃圾箱清理	95.86
		游览中卫生	93.67	公共卫生间	93.33
				垃圾箱清理	94.00

五、退团调查

(一)总体指标得分

在线旅游平台的退团体验主要包括"信息发布"和"退团过程"两方面,各指标得分如表 5-19 所示。经过本次调查,8 家在线旅游平台总体得分为 85.46。其中,"信息发布"方面,"信息透明性"得分为 100,即线路信息的完整度和一致性方面表现相对较好;但"企业资质展示"得分85.71,还有待提升。"退团执行"方面,退团的执行效率和服务态度相对较低,分别为72.50和70.00,有待提升。

表5-19 在线旅游平台退团体验指标得分(百分制)

一级指标		二级指标		三级指标		四级指标	
名称	得分	名称	得分	名称	得分	名称	得分
在线旅游平台退团体验	92.77	信息发布	92.86	信息透明性	100.00	线路信息完整度	100.00
						线路信息一致性	100.00
				企业资质展示	85.71	展示营业执照	85.71
						展示旅行社业务经营许可证	85.71
		退团过程	92.69	旅游合同签约	100.00		
				退团违约金规范性	100.00	退团违约金与在线旅游网站信息一致性	100.00
						退团违约金与合同中承诺的一致性	100.00
				退团执行	78.06	退团执行效率①	72.50
						退团方式便捷性②	91.67
						退团服务态度	70.00

(二)退团体验主要问题汇总

根据2014年国家旅游局和国家工商行政管理总局联合发布的《团队境内旅游合同(示范文本)》,其中提出:"旅游者在行程开始前7日以上(含第7日)提出解除合同的,旅行社应当向旅游者退还全部旅游费用",其他规定如下:

---

① 退团执行效率:通过体验结果最多联系五次可以完成退团,因此联系1次即可退团的退团执行效率赋值100分,联系2次即可退团的退团执行效率赋值80分,以此类推,联系5次即可退团的退团执行效率赋值20分。

② 退团方式便捷性:退团方式一般通过400电话、在线客服、网页选项3种方式退团,方式越全面带给消费者便捷性越高,得分也越高。具备3种方式的平台退团方式便捷性赋值100分,具备2种方式的赋值66.67分,具备1种方式的赋值33.33分。

> 1. 旅游者在行程开始前7日以内提出解除合同或者按照本合同第十二条第二款约定由旅行社在行程开始前解除合同的，按下列标准扣除必要的费用：
>
> 　　行程开始前6日至4日，按旅游费用总额的20%；
> 　　行程开始前3日至1日，按旅游费用总额的40%；
> 　　行程开始当日，按旅游费用总额的60%。

> 1. 旅行社在行程开始前7日以内提出解除合同的，或者旅游者在行程开始前7日以内收到旅行社不能成团通知，不同意转团、延期出行和改签线路解除合同的，旅行社向旅游者退还已收取的全部旅游费用，并按下列标准向旅游者支付违约金：
>
> 行程开始前6日至4日，支付旅游费用总额10%的违约金；
> 行程开始前3日至1日，支付旅游费用总额15%的违约金；
> 行程开始当日，支付旅游费用总额20%的违约金。
> 如按上述比例支付的违约金不足以赔偿旅游者的实际损失，旅行社应当按实际损失对旅游者予以赔偿。

图 5-2　《团队境内旅游合同（示范文本）》违约信息内容截图

关于"旅行者在行程开始前7日（含第7日）提出解除合同的"的情况，8家在退改政策说明中均表现出与《团队境内旅游合同（示范文本）》不一致情况。其中，在65号线路退团中，途牛旅游网平台上公示的退改政策显示，"行程开始前7日以上买家违约需支付30%的违约金。"如图5-3所示。而其他7家平台的退改政策中均缺少"行程开始前7日以上违约，对违约金的扣除情况"的明确说明。

退改政策
【买家违约】订单生效后，因买家原因取消订单的，费用扣除标准如下： 行程开始前违约金（占订单总费用） 7日以上30% 1~6日50% 行程开始当日80% 【商家违约】订单生效后，因商家原因取消订单的，除全额退款外，商家还应向买家支付下表对应金额的违约金： 行程开始前违约金（占订单总费用） 7日以上5% 1~6日20% 行程开始当日50%

图 5-3　65号线路途牛网平台公示退改规则内容截图

另外，68号线路马蜂窝旅游网退团体验，平台上只公示了旅游者违约时扣除违约金的比例，并未公示商家违约时对商家扣除违约金的比例，对商家约束不够，难以保障消费者权益，如图5-4所示。

退改政策	
⊘ 按规则退　⊘ 支持部分退	
旅游者违约退改规则	
取消时间	**扣除订单金额**
使用日期前7天17：00之前	0%
使用日期前4天17：00之前	20%
使用日期前1天17：00之前	40%
使用日期前1天17：00之后	100%
上述时间均为商品当地时间	

图5-4　68号线路马蜂窝旅游网平台公示退改规则内容截图

综合来看，参照《团队境内旅游合同（示范文本）》中的退改政策标准，8家在线旅游平台的退改政策均存在表述不清晰情况，部分平台对消费者违约金比例过高。但在实际退团执行中，体验员与客服人员沟通中，部分客服人员表示退团没有标准，随到随走，走不了也不需要违约金。因此，实际情况中除了途牛旅游网，其他平台并未按照退改政策实施，退改政策的随意性比较强。

根据本次退团体验调查结果看，各平台退改执行中的违约金实际情况如表5-20所示。

表5-20　退团体验违约金比例说明

在线旅游平台	退团日期	违约金		团费（元）	违约金比例
		金额	备注说明		
61 去哪儿网	出发前5日	0.00	平台行程单中显示行程开始前4~7日旅行者违约，扣除20%违约金，但实际未扣除	188	0.00%

第五章　京津冀旅游消费体验式调查结果

续表

在线旅游平台	退团日期	违约金		团费（元）	违约金比例
		金额	备注说明		
62 同程旅游网	出发前4日	0.00	平台行程单中显示行程开始前4~6日旅行者违约，扣除20%违约金，但实际未扣除	149	0.00%
63 飞猪旅行网	出发前2日	0.00	平台行程单中显示行程开始前2日以上旅行者违约，扣除30%违约金，但实际未扣除	178	0.00%
64 欣欣旅游网	出发前5日	0.00	平台行程单中显示行程开始前4~7日旅行者违约，扣除20%违约金，但实际未扣除	218	0.00%
65 途牛旅游网	出发前7日	47.00	平台行程单中显示行程开始前7日以上旅行者违约，扣除30%违约金，与实际情况相符	158	29.75%
66 携程旅社网	出发前2日	0.00	平台行程单中显示行程开始前1天11：00（含）之前旅行者违约，不扣除违约金，与实际相符	128	0.00%
67 驴妈妈旅游网	出发前3日	0.00	平台行程单中显示行程开始前1天11：00（含）之前旅行者违约，扣除20%违约金，但实际未扣除违约金	97	0.00%
68 马蜂窝旅游网	出发前3日	0.00	平台行程单中显示行程开始前4日17：00之前旅行者违约，扣除20%违约金，但实际未扣除违约金	138	0.00%

第四节　网络文本调查结果

一、调查指标和方法

京津冀三地旅游消费市场的网络文本调查从"旅游消费问题"和"政府监管"两个方面展开。其中，在旅游消费问题方面，分解为"吃住行游购娱"六

· 203 ·

要素设置相应监测指标,针对京津冀三省市 13 个城市①的主要采集消费者负面评论内容进行网络爬虫采集,了解旅游消费的问题情况;在政府监管方面,同样分解为"吃住行游购娱"六要素设置相应监测指标,并对政府监管网络信息声量进行爬虫采集分析,了解监管重点方向。

(一)采集范围

在本次网络文本调查中,从消费者网络舆情视角分析京津冀三地旅游消费问题和环境。为保证信息分析的全面性,课题组采用国内领先的中文分词公司——海量信息技术有限公司的大数据平台采集文本信息,该大数据平台信源覆盖资讯、贴吧、论坛、问答、视频、微博、微信等平台,可以满足本次调查需要。

同时,为了保证采集指标体系的准确性,课题组通过对百度、新浪微博、消费者投诉平台等信源的检索,并结合现场体验调查的结果,总结提取出旅游消费的问题维度、问题关键词等特征,从而更加精准地采集网络文本内容,表 5 - 21 即为采集指标体系。

表 5 - 21　"旅游消费问题"采集和分词指标体系

一级指标	二级指标	三级指标	四级指标	关键词
旅游消费问题	吃	食品质量问题	吃出异物	吃出蟑螂、玻璃碴、塑料袋、石头、头发丝、钢丝球、苍蝇、烟头、指甲、纸屑
			食品安全	吃坏肚子、头疼难受、上腹部疼痛、恶心、想吐、腹泻、肠胃炎
		价格问题		天价、价格不合理、价格与实际收取的不符、买单多收费、菜品不标价、乱收费
		服务问题	服务员态度差	素质差、语言攻击、无人理睬、歧视顾客
		宣传问题	虚假宣传	随意改变团餐、实际套餐与宣传不一致、文字游戏
	住	房间质量问题	卫生问题	卫生差、床单有虫子、屋里脏、卫生间异味重、床单有破洞、被套有污迹、全身红肿痒、油烟味、有不明死亡昆虫、灰尘多

---

① 京津冀三地 13 个城市为:北京、天津、石家庄、唐山、承德、邢台、沧州、廊坊、张家口、衡水、邯郸、秦皇岛、保定。

续表

一级指标	二级指标	三级指标	四级指标	关键词
旅游消费问题	住	房间质量问题	硬件设施问题	店内物品不齐全、不满足标配、空调不制冷、空调漏水、设施差、无热水提供、洗漱用品、一次性牙刷、房间小、隔音差
		价格问题		价格差异大、哄抬物价、价格波动大
		宣传问题	虚假宣传	实际情况与描述不一致、诱导客户、商品标准、实物样品、夸大销售、入住酒店房型不一致、虚假房源信息
			虚假订单	刷好评、刷单、欺骗消费者、酒店评分标准误导消费、屏蔽差评
		服务问题	退改签	退改规则不透明、商家不解决、无法取消订单、无法退款、商家无故取消订单、未全额退回押金
	行	出行质量问题	客运管理问题	无服务资格牌、车辆故障、假冒工作人员诈骗、未提供合理改签方式、
		价格问题		价格相差大、实际支付与显示的价格不一致
		宣传问题	虚假宣传	不履行承诺、欺诈消费者、默认购买增值服务、涉骗、实际出行自费项目与描述不符、标题与实际不符
		服务问题	客服问题	司机态度恶劣、服务态度差、监督电话打不通、投诉未解决、投诉反馈无回应、租车押金不退、客服不处理、辱骂乘客、半路拒载
			强制消费	司机绕路、欺骗乘客、宰游客、强行拼车、搭载其他乘客
		安全问题	行车安全	刹车故障、刹车失控、飙车、车辆超速、车辆超载、团车不购买保险
			消防安全	安全带、安全锤、灭火器
	游	景区质量问题	安全设施问题	没有护网、事故、短路、损坏、引发火灾、拥堵、安全隐患、安全类标语
			信号差	信号差、网速慢、信号不好、断网
			景区卫生问题	有垃圾、不干净、有异味、垃圾桶周边垃圾清理不及时
			卫生间卫生问题	水池不干净、厕所便池不干净、地面不干净、卫生纸供应不到位

续表

一级指标	二级指标	三级指标	四级指标	关键词
旅游消费问题	游	价格问题		产品标明的价格与实际最终收取的不符、旅游产品价格混乱、胡乱定价、不赔差价、半路加价
		服务问题	导游服务问题	导游路线安排不合理、不管未强消的游客、行程安排过紧、压缩景点、提前散团、不讲解景区
	购	商品质量问题		假冒商品、质量次、虚假商品认证、以次充好、以假乱真、"三无"产品、假货、货不对版、劣质产品
		价格问题		高价消费、哄抬物价、购买额外服务、乱收费、收费严重偏离事实、乱扣钱、价格波动大、景区内商品天价出售
		宣传问题	虚假宣传	虚假宣传、假一赔十、"三无"产品
		服务问题	强制消费	捆绑消费、强行推销、强制购买纪念品、离团协议、被赶下车、语言恶劣、扣押身份证
			欺骗性消费	合同欺诈、怂恿购买、变相消费、违背承诺和契约、托儿哄骗、挂羊头卖狗肉、欺骗消费者、旅游景点宰客
	娱	娱乐项目体验问题	娱乐设施问题	娱乐设施、不专业、匮乏、单一、陈旧、不安全、质量不达标、不完善
			项目安排不合理	选择性回复询问、回复不及时、不顾及团队中游客身体、安排不合理
		价格问题		价格变动、不退差价、票价虚高
		宣传问题	虚假宣传	过度宣传、虚假宣传、欺骗消费者
		服务问题	售前问题	联系不到客服、黄牛售票、区别对待消费者、超售门票、主办方态度恶劣、不提供选座信息
			售后问题	不提供退款、卖家不及时发货、不出票、不退票、无法取消、拒绝退票
		安全问题	秩序问题	取票混乱、不及时维持秩序、黄牛插队、现场混乱、组织无序、现场无维持秩序人员
			消防安全问题	设备老化、消防设施不过关、安全出口宽度不足

指标体系包含"吃""住""行""游""购""娱"六大类指标,"吃"包括食品质量问题、价格问题、服务问题、宣传问题四个方面,"住"包括房间质量问题、价格问题、服务问题、宣传问题四个方面,"行"包括出行质量问题、价格问题、宣传问题、服务问题和安全问题五个方面,"游"包括景区质量问题、价格问题、服务问题三个方面,"购"包括商品质量问题、价格问题、宣传问题和服务问题四个方面,"娱"包括娱乐项目体验问题、价格问题、宣传问题、服务问题、安全问题五个方面。

根据上述维度制定海量大数据服务平台的采集规则进行文本信息抓取,如图5-5所示。

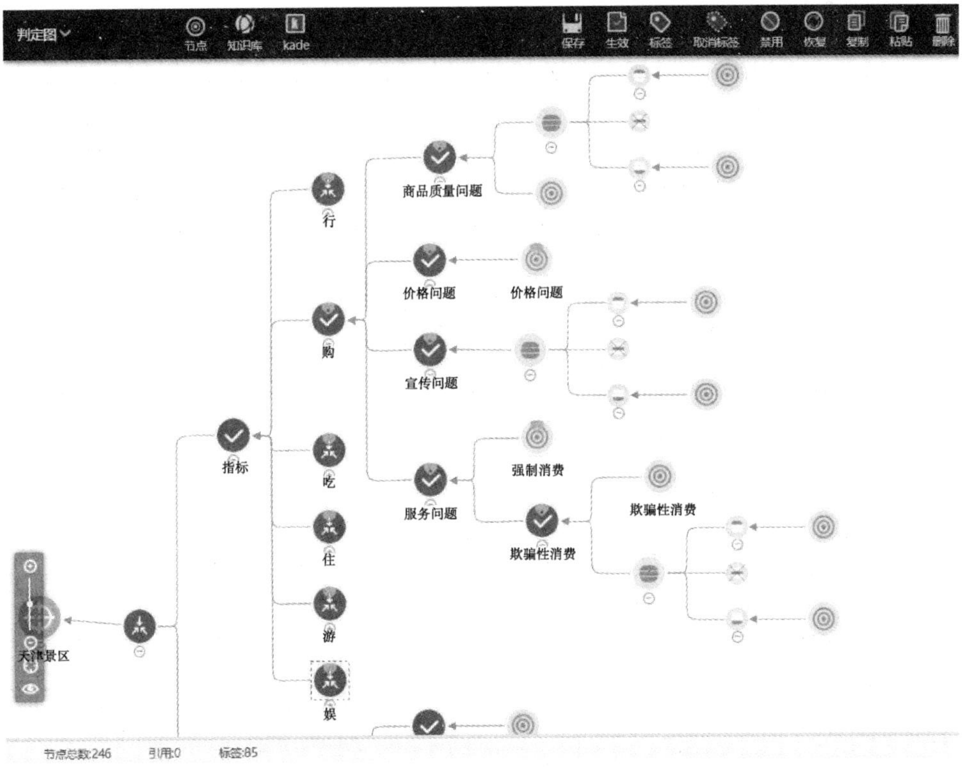

图 5-5　"旅游消费问题"大数据平台的采集规则示例

注:由于采集规则过大,本图仅为局部内容。

表 5-22 为旅游消费的政府监管的指标体系及构建采集规则所需的关键词。

表 5-22 "政府监管"采集和分词指标体系

吃	食品安全	食品加工、操作人员健康状况、餐具清洗、餐具消毒、就餐区域卫生环境、食品存储、健康证、健康合格证、操作间整洁、餐具、一次性筷子、生熟分开、进货检查记录、质量安全、过期商品、假冒伪劣
	就餐环境	就餐区域、卫生环境
	价格检查	严禁哄抬物价
	商家资质	食品经营许可证、经营者主体责任、经营主体证照、索证、索票、经营证照
住	消防安全	消防设施、消防器材、灭火器、消防栓
	卫生监督	卫生监督、不换床单、不擦马桶、客房清洁
	民宿经营资质	工商登记、开展经营、经营者主体责任、经营主体证照、索证索票、经营证照
行	运营资质	黑旅游车、黑车、业内违章、黑出租
	违规运营	业内违章、违规运营、非法揽客、大巴导游专座
	交通安全	超速、超载、激烈驾驶、交通服务、旅游高峰期安全督察
游	安全问题	消防设备、消防器材、汛期旅游安全、灭火器、消防栓、消防设施、超期未查或压力不足、消防标识、林业、消防安全管理、电磁环境测试、护栏、防护网、扶手、照明、悬崖、急弯、急流、边沟边坡、生态敏感或高风险区域、应急救援、雷电灾害、雷电安全、道路、桥梁、步道两侧、涵洞、公路、步道路沿线、缆车、栈道、危桥、老旧桥、标识牌、安全警示、警示标志、地质灾害、气象气候水文灾害、野生动物侵袭、防护设施、高风险旅游项目、监控器、出游风险提示、监视系统
	"一日游"检查	一日游
	公共服务	持证上岗、游客中心、集散中心、礼仪、礼貌、合格标志、客流量控制、客流疏散、客流引导、承载量、流量控制、客流预报、客流预警、游客分流、引导标识、节假日值班、停车场、监控中心
	导游服务	黑导、导游、领队
	市场秩序	旅游市场秩序、旅游市场意识形态、市场执法监督、协调机制、"一法一条例"、文化旅游市场、扫黄打非、市场秩序督导检查、落实
	厕所革命	厕所革命、卫生间、厕所数量、厕所建设标准、厕所卫生管理条例、厕所卫生条例
购	价格检查	明码标价、价格欺诈、标价、价格、不合理低价、欺客、宰客
	虚假宣传	虚假宣传、超范围经营、霸王条款、不合理低价宣传、虚假广告、超范围宣传、字眼
	强制消费	诱骗、误导、诱导、强制、强迫
	商品质量	假货、伪劣、违规、假冒
娱	设施安全维护	维护保养、安全监测、安全检测、养护、安全防护、专人看管、定期
	安全标识	提示、标识、警示
	运营资质	运营资质、资格证

· 208 ·

关于旅游消费市场的政府监管，指标体系和旅游消费问题保持一致，也分为"吃""住""行""游""购""娱"六个方面：对于"吃"的政府监管包括食品安全、就餐环境、价格、商家资质；"住"方面的监管包括消防安全、卫生监督、民宿经营资质；"行"方面的检查主要集中在旅游大巴车辆及出租车上，监管内容包括运营资质、违规运营、交通安全检查；"游"方面的监管是此次网络调查的重点，包括安全问题、公共服务、导游服务、旅游市场秩序、"一日游"检查、厕所革命这几个方面；"购"方面的监管内容有对于价格、虚假宣传、强制消费、商品质量这几个方面的检查；"娱"包括设施的安全维护、安全标识、运营资质的检查。

根据上述维度制定海量大数据服务平台的采集规则进行文本信息抓取，如图5-6所示。

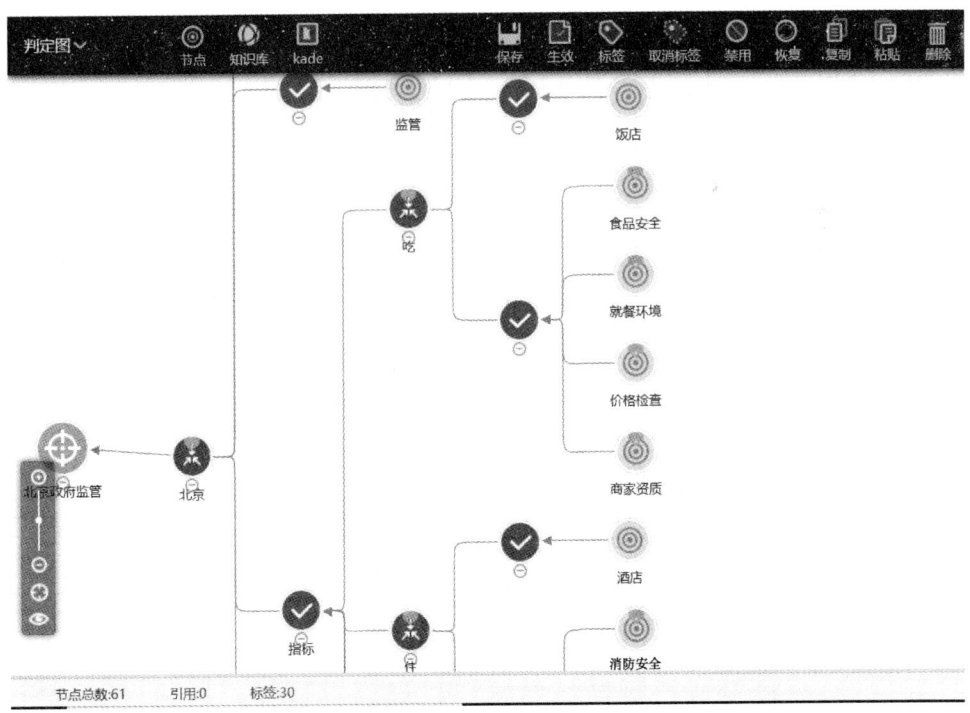

图5-6 "政府监管"大数据平台的采集规则示例

注：由于采集规则过大，本图仅为局部内容。

（二）分析方法

通过设定的采集规则，按照采集指标抓取2018年7月到2019年6月这12个月的文本信息数据，并经过文本去重、筛选等过程，提高数据质量，在文本分析中采用了PowerBI分析工具进行数据分析。PowerBI能够从Excel电子表格或本地数据库，通过交互式实时仪表板，进行丰富的建模和实时分析，从而生成可操作的结果。

二、总体结果

（一）数据样本信源统计

按照上述文本信息采集方法，本次调查抓取了从2018年7月1日至2019年6月30日的网络文本数据，共计911232条文本数据。

这些文本数据主要来自图5-7所示的信源，其中资讯类占比最高，达到74.79%，其次依次为微信公众号18.92%，论坛2.60%，博客1.34%，微博1.34%，贴吧0.62%，问答0.39%。

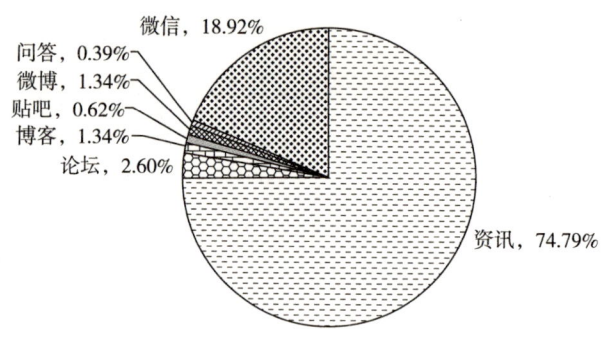

图5-7 数据样本信源占比（百分比）

（二）京津冀三地"旅游消费问题"占比

京津冀三地旅游消费服务问题，主要划分为"吃""住""行""游""购""娱"六个方面，占比具体如表5-23所示。可以看出，"游"方面的消费问题占比最高，为33.35%，"购""住"和"吃"的占比次之，分别为20.70%、19.04%和13.07%，"娱"和"行"的占比相对较低，为8.20%和5.64%。

表5-23 京津冀三地"旅游消费问题"各方面指标占比

一级指标	占比	二级指标	占比	三级指标	占比
游	33.35%	景区质量问题	91.09%	安全设施问题	4.21%
				信号差	42.97%
				景区卫生问题	41.71%
				卫生间卫生问题	11.11%
		价格问题	2.27%		100.00%
		服务问题	6.64%	导游服务问题	100.00%
购	20.70%	商品质量问题	48.50%		100.00%
		价格问题	40.24%		100.00%
		宣传问题	1.55%	虚假宣传	100.00%
		服务问题	9.71%	强制消费	41.79%
				欺骗性消费	58.21%
住	19.04%	房间质量问题	68.07%	卫生问题	25.69%
				硬件设施问题	74.31%
		价格问题	3.26%		100.00%
		宣传问题	28.36%	虚假宣传	40.74%
				虚假订单	59.26%
		服务问题	0.32%	退改签	100.00%
吃	13.07%	食品质量问题	83.40%	吃出异物	6.15%
				食品安全	93.85%
		价格问题	11.78%		100.00%
		服务问题	1.45%	服务员态度差	100.00%
		宣传问题	3.37%	虚假宣传	100.00%
娱	8.20%	娱乐项目体验问题	22.20%	娱乐设施问题	14.84%
				项目安排不合理	85.16%
		价格问题	0.98%		100.00%
		宣传问题	35%	虚假宣传	100.00%
		服务问题	10.49%	售前问题	84.88%
				售后问题	15.12%
		安全问题	31.34%	秩序问题	1.95%
				消防安全问题	98.05%

续表

一级指标	占比	二级指标	占比	三级指标	占比
行	5.64%	出行质量问题	20.74%	客运管理问题	100.00%
		价格问题	1.06%		100.00%
		宣传问题	13.48%	安全问题	100.00%
		服务问题	12.06%	客服问题	23.53%
				强制消费	76.47%
		安全问题	52.66%	行车安全	96.63%
				消防安全	3.37%

在"吃"的方面,"食品质量问题"比较突出,占比为83.40%。其中"食品安全"问题占比较高,为93.85%,具体体现为在景区内或景区周围用餐后出现恶心、呕吐、腹泻等现象。

在"住"的方面,"房间质量问题"表现比较明显,占比为68.07%,其中"硬件设施问题"占比最高,为74.31%,房间内配套设施不齐全是主要问题,例如空调不好用、房间内有异味、一次性洗漱用品不配备等。

在"行"方面,主要问题则体现在"安全问题"上,占比52.66%,其中,"行车安全"问题最为突出,占比为96.63%,表现为大巴司机超速、激烈驾驶,大巴司机驾驶不规范都会严重危害游客的人身安全。

在"游"的方面,"景区质量问题"是主要问题,占比为91.09%,其中"信号差"占比为42.97%,尤其在人流密集的情况下,景区内网络信号接收不到,电话打不出去是网上评价中集中反映的问题;另外,"景区卫生问题"占比也相对较高,为41.71%,具体表现为景区内垃圾箱清理不及时,地表有垃圾等现象。

在"购"方面,主要问题则主要体现在"产品质量问题"和"价格问题"上,占比分别为48.50%、40.24%,游客在景区购物时经常会买到一些"三无"产品,劣质产品,被商家欺骗,商品价格也不合理。

(三)京津冀三地旅游消费"政府监管"占比

根据网络文本调查显示,在京津冀三地政府及相关部门市场监管主要集中在"游""购""行"和"住"方面,分别占比为86.30%、6.00%、3.25%和

2.22%,总体来看,"游"方面占比最高,在政府监管中是重点,这也与消费问题中"游"的占比最高相符合,表明政府监管与消费问题重点一致。

表 5-24 京津冀三地旅游消费"政府监管"各方面指标占比

一级指标	比例	二级指标	比例
游	86.30%	安全问题	39.20%
		市场秩序	33.28%
		公共服务	15.93%
		导游服务	5.67%
		厕所革命	3.85%
		"一日游"检查	2.07%
购	6.00%	价格检查	39.17%
		强制消费	27.57%
		商品质量	27.76%
		虚假宣传	5.49%
行	3.25%	交通安全	83.75%
		运营资质	15.95%
		违规运营	0.30%
吃	2.22%	就餐环境	40.33%
		食品安全	37.30%
		价格检查	17.25%
		商家资质	5.12%
住	1.45%	消防安全	58.59%
		卫生监管	30.10%
		民宿经营资质	11.32%
娱	0.79%	安全标识	50.97%
		设施安全维护	37.54%
		运营资质	11.49%

具体来看,在"游"方面,市场监管主要集中在"安全问题"和"市场秩序"上,占比分别为 39.20%、33.28%,其次"公共服务"方面的市场监管也较高,占比为 15.93%。

在"购"方面,"价格检查"占比较高,为 39.17%,"强制消费"和"商品质量"占比相对较高，分别为27.57%和27.76%。

在"行"方面，各部门市场监管主要集中在"交通安全"上，占比为83.75%，"运营资质"占比15.95%。

在"吃"方面，市场监管主要集中在"就餐环境"和"食品安全"两方面，占比分别为40.33%和37.30%，其次"价格检查"占比也相对较高，为17.25%。

三、京津冀主要景区"旅游消费问题"调查结果

（一）北京主要景区旅游消费问题调查结果

1. 北京5A级景区

根据网络文本调查结果显示，在北京市5A级景区的网络负面问题中，"游"方面达到44.54%，"娱"方面占23.05%，"住"方面占15.35%，"购"方面和"吃"方面占比分别为8.31%和8.14%，"行"方面的占比仅为0.61%。

其中，在"游"方面，北京市5A级景区的负面问题主要集中在"景区质量问题"，占比最高为87.69%，主要集中在"信号差"和"卫生间卫生问题"两方面。

在"娱"方面，景区网络负面问题主要集中在"宣传问题"上，其占比最高，高达56.67%，且全部集中于"虚假宣传"方面；其次，二级指标"娱乐项目体验问题"占比较高为18.00%，全部集中于"项目安排不合理"方面；最后，二级指标"服务问题"占比较低为10.67%，主要集中在"售前问题"和"售后问题"两方面。

在"住"方面，"房间质量问题"占比最高为64.18%，主要集中在三级指标中的"硬件设施问题"方面，占比高达74.91%；"宣传问题"占比较高为34.86%，主要集中在"虚假宣传"和"虚假订单"两方面。

在"购"方面，景区网络负面问题主要集中在"商品质量问题"方面，占比57.40%，全部集中在"产品质量问题"方面；"服务问题"占比较高为20.94%，主要集中在"虚假宣传方面"；其次是"价格问题"占比为20.58%。

在"吃"方面，景区网络负面问题主要集中在"食品质量问题"上，占比高达80.95%，主要表现在"食品安全"和"吃出异物"两方面；其次是"价格问题"，占比也较高为13.61%。

表5-25 北京市5A级景区网络负面问题占比情况

一级指标	比例	二级指标	比例	三级指标	比例
游	44.54%	景区质量问题	87.69%	信号差	62.27%
				卫生间卫生问题	21.28%
				景区卫生问题	10.64%
				安全设施问题	5.82%
		服务问题	8.21%	导游服务	100.00%
		价格问题	0.04%	价格问题	100.00%
娱	23.05%	宣传问题	56.67%	虚假宣传	100.00%
		娱乐项目体验问题	18.00%	项目安排不合理	100.00%
		安全问题	14.67%	消防问题	90.91%
				秩序问题	9.09%
		服务问题	10.67%	售前问题	93.75%
				售后问题	6.25%
住	15.35%	房间质量问题	64.18%	硬件设施问题	74.91%
				卫生问题	25.09%
		宣传问题	34.86%	虚假宣传	74.48%
				虚假订单	25.52%
		价格问题	0.96%	价格问题	100.00%
购	8.31%	商品质量问题	57.40%	产品质量问题	100.00%
		服务问题	20.94%	强制性消费	60.34%
				欺骗性消费	39.66%
		价格问题	20.58%	价格问题	100.00%
		宣传问题	1.08%	虚假宣传	100.00%
吃	8.14%	食品质量问题	80.95%	食品安全	84.03%
				吃出异物	15.97%
		价格问题	13.61%	价格问题	100.00%
		宣传问题	5.44%	虚假宣传	100.00%
行	0.61%	出行质量问题	72.73%	客运管理问题	100.00%
		安全问题	27.27%	行车安全	66.67%
				消防安全问题	33.33%

2. 北京4A级景区

根据网络文本调查结果显示,在北京市4A级景区的网络负面问题中,"游"

方面高达32.97%,"购"方面占比25.89%,"住"方面占比18.51%,"吃"方面占比12.50%,"娱"方面占比为7.64%,"行"方面的占比仅为2.19%。

其中,在"游"方面,景区网络负面问题主要集中在"景区质量问题"方面,占比高达94.26%,主要表现在"景区卫生问题"和"信号差"两方面。

在"购"方面,景区网络负面问题主要集中在"价格问题"和"商品质量问题",占比分别为47.54%和43.76%。

在"住"方面,问题主要集中在"房间质量问题"方面,占比为67.71%,主要表现在"硬件设施问题"上;其次,"宣传问题"占比较高为29.17%,主要表现在虚假订单和虚假宣传上。

在"吃"方面,问题主要集中在"食品质量问题"上,占比高达82.77%,主要表现在食品安全上;其次"价格问题"反映也比较集中,占比为13.32%。

表5-26 北京市4A级景区网络负面问题占比情况

一级指标	比例	二级指标	比例	三级指标	比例
游	32.97%	景区质量问题	94.26%	景区卫生问题	66.39%
				信号差	24.16%
				卫生间卫生问题	6.30%
				安全设施问题	3.15%
		服务问题	5.24%	导游服务	100.00%
		价格问题	0.50%	价格问题	100.00%
购	25.89%	价格问题	47.54%	价格问题	100.00%
		商品质量问题	43.76%	产品质量问题	100.00%
		服务问题	7.06%	欺骗性消费	62.50%
				强制性消费	37.50%
		宣传问题	1.64%	虚假宣传	100.00%
住	18.51%	房间质量问题	67.71%	硬件设施问题	73.85%
				卫生问题	26.15%
		宣传问题	29.17%	虚假订单	51.19%
				虚假宣传	48.81%
		价格问题	2.78%	价格问题	100.00%
		服务问题	0.35%	退改签	100.00%

续表

一级指标	比例	二级指标	比例	三级指标	比例
吃	12.50%	食品质量问题	82.77%	食品安全	92.74%
				吃出异物	7.26%
		价格问题	13.32%	价格问题	100.00%
		宣传问题	3.92%	虚假宣传	100.00%
娱	7.64%	宣传问题	35.90%	虚假宣传	100.00%
		安全问题	32.91%	消防问题	98.70%
				秩序问题	1.30%
		娱乐项目体验问题	21.79%	项目安排不合理	96.08%
				娱乐设施问题	3.92%
		服务问题	9.40%	售前问题	72.73%
				售后问题	27.27%
行	2.19%	出行质量问题	34.33%	客运管理问题	100.00%
		宣传问题	22.39%	虚假宣传	100.00%
		安全问题	20.90%	行车安全	92.86%
				消防安全问题	7.14%
		服务问题	19.40%	强制消费	92.31%
				客服问题	7.69%
		价格问题	2.99%	价格问题	100.00%

3. 北京3A级景区

根据网络文本调查结果显示，在北京市4A级景区的网络负面问题中，"购"方面占比为30.02%，"住"方面占比为28.67%，"吃"方面占比为17.16%，"游"和"娱"方面的占比分别为11.74%和10.84%，"行"方面的占比仅为1.58%。

其中，在"购"方面，景区网络负面问题主要集中在"价格问题"上，占比为63.91%；其次集中在"商品质量问题"上，占比为30.83%；最后集中在"服务问题"，占比为5.26%，主要是强制性消费问题比较突出。

在"住"方面，景区网络负面问题主要集中在"房间质量问题"上，占比高达83.46%，主要表现在"硬件设施问题"负面问题较为突出；其次集中在"宣传问题"，占比为9.45%，主要表现在"虚假宣传"和"虚假订单"上，占比较高。

在"吃"方面,景区网络负面问题全部集中在"食品质量问题"上,主要表现在"食品安全"上,占比高达96.05%。

在"游"方面,景区网络负面问题全面集中在"景区质量问题"上,主要表现在"信号差"和"安全设施问题"两方面,占比为75.00%和15.38%。

表5-27 北京市3A级景区网络负面问题占比情况

一级指标	比例	二级指标	比例	三级指标	比例
购	30.02%	价格问题	63.91%	价格问题	100.00%
		商品质量问题	30.83%	产品质量问题	100.00%
		服务问题	5.26%	强制性消费	85.71%
				欺骗性消费	14.29%
住	28.67%	房间质量问题	83.46%	硬件设施问题	87.74%
				卫生问题	12.26%
		宣传问题	9.45%	虚假宣传	58.33%
				虚假订单	41.67%
		价格问题	7.09%	价格问题	100.00%
吃	17.16%	食品质量问题	100.00%	食品安全	96.05%
				吃出异物	3.95%
游	11.74%	景区质量问题	100.00%	信号差	75.00%
				安全设施问题	15.38%
				景区卫生问题	9.62%
娱	10.84%	娱乐项目体验问题	35.42%	项目安排不合理	100.00%
		服务问题	27.08%	售前问题	100.00%
		安全问题	22.92%	消防问题	100.00%
		宣传问题	8.33%	虚假宣传	100.00%
		价格问题	6.25%	价格问题	100.00%
行	1.58%	出行质量问题	100.00%	客运管理问题	100.00%

(二)天津市主要景区旅游消费问题调查结果

1. 天津5A级景区

根据网络文本调查结果显示,天津市5A级景区的网络负面问题中,"行"方面占比较高,为31.32%,"娱"方面占比21.71%,"购"和"吃"方面占比分别为19.93%和15.66%,"住"和"游"占比较低分别为5.69%和5.69%。

其中,在"行"方面,网络负面问题主要集中在"服务问题",占比为47.37%,主要表现在强制消费上;其次集中在"安全问题",占比为26.14%,主要表现在行车安全问题上;最后集中在"宣传问题"上,占比为23.86%,全部表现在虚假宣传上。

在"娱"方面,主要集中在"安全问题"上,占比为75.41%,全部表现为消防问题上;其次集中在"宣传问题"上,占比为7.95%,全部表现在虚假宣传上。

在"购"方面,主要集中在"商品质量问题"上,占比为91.07%;其次集中在"服务问题"上,占比为5.36%,主要表现在欺骗性消费上。

在"吃"方面,负面问题主要集中在"食品质量问题"上,表现为食品安全问题。

表5-28 天津市5A级景区网络负面问题占比情况

一级指标	比例	二级指标	比例	三级指标	比例
行	31.32%	服务问题	47.37%	强制消费	97.62%
				客服问题	2.38%
		安全问题	26.14%	行车安全	88.62%
				消防安全问题	11.38%
		宣传问题	23.86%	虚假宣传	100.00%
		出行质量问题	2.27%	客运管理问题	100.00%
娱	21.71%	安全问题	75.41%	消防问题	100.00%
		宣传问题	7.95%	虚假宣传	100.00%
		娱乐项目体验问题	5.68%	娱乐设施问题	80.00%
				项目安排不合理	20.00%
		服务问题	3.41%	售前问题	66.67%
				售后问题	33.33%

续表

一级指标	比例	二级指标	比例	三级指标	比例
购	19.93%	商品质量问题	91.07%	产品质量问题	100.00%
		服务问题	5.36%	欺骗性消费	66.67%
				强制性消费	33.33%
		价格问题	3.57%	价格问题	100.00%
吃	15.66%	食品质量问题	81.82%	食品安全	100.00%
		价格问题	15.91%	价格问题	100.00%
		服务问题	2.27%	服务员	100.00%
住	5.69%	房间质量问题	68.75%	硬件设施问题	54.55%
				卫生问题	45.45%
		宣传问题	31.25%	虚假宣传	100.00%
游	5.69%	景区质量问题	100.00%	景区卫生问题	62.50%
				信号差	31.25%
				安全设施问题	6.25%

2. 天津4A级景区

根据网络文本调查结果显示，在天津市4A级景区的网络负面问题中，"购"方面的占比为37.07%，"行"方面的占比为20.69%，"吃"方面的占比为16.38%，"娱"方面的占比为12.07%。

其中，在"购"方面，主要集中在"商品质量问题"上，占比为93.02%；其次集中在"服务问题"上，占比4.65%，强制性消费和欺骗性消费问题均有涉及。

在"行"方面，主要集中在"宣传问题"和"安全问题"上，占比均为33.33%；其次，集中在"服务问题"上，占比为25.00%，主要表现在强制消费上。

在"吃"方面，"食品质量问题"占比78.95%，主要表现在食品安全上；"价格问题"占比21.05%。

在"娱"方面，"安全问题"占比为57.14%，全部表现在消防问题上；"娱乐项目体验问题"占比14.29%，全部表现在娱乐设施问题上；"宣传问题"占比也为14.29%，全部表现在虚假宣传上。

表 5-29 天津市 4A 级景区网络负面问题占比情况

一级指标	比例	二级指标	比例	三级指标	比例
购	37.07%	商品质量问题	93.02%	产品质量问题	100.00%
		服务问题	4.65%	强制性消费	50.00%
				欺骗性消费	50.00%
		价格问题	2.33%	价格问题	100.00%
行	20.69%	宣传问题	33.33%	虚假宣传	100.00%
		安全问题	33.33%	行车安全	100.00%
		服务问题	25.00%	强制消费	96.77%
				客服问题	3.23%
		出行质量问题	8.33%	客运管理问题	100.00%
吃	16.38%	食品质量问题	78.95%	食品安全	78.95%
				吃出异物	21.05%
		价格问题	21.05%	价格问题	100.00%
娱	12.07%	安全问题	57.14%	消防问题	100.00%
		娱乐项目体验问题	14.29%	娱乐设施问题	100.00%
		宣传问题	14.29%	虚假宣传	100.00%
		服务问题	14.29%	售前问题	50.00%
				售后问题	50.00%
住	9.48%	房间质量问题	54.55%	硬件设施问题	66.67%
				卫生问题	33.33%
		宣传问题	45.45%	虚假订单	100.00%
游	4.31%	景区质量问题	100.00%	信号差	40.00%
				景区卫生问题	40.00%
				安全设施问题	20.00%

3. 天津 3A 级景区

根据网络文本调查结果显示,在天津市 3A 级景区的网络负面问题中,"游"方面占比为 32.91%,"购"方面占比为 28.48%,"行"方面占比为 22.78%,"娱"方面占比为 10.76%。

其中,在"游"方面,"景区质量问题"占比 76.92%,主要表现在"信号差",景区卫生问题也较为突出;"价格问题"占比 13.46%;"服务问题"占比 9.62%。

在"购"方面,"商品质量问题"占比 52.94%;"价格问题"占比 23.53%;"服务问题"占比 23.53%,主要表现在欺骗性消费上,其次强制性消费现象也有出现。

在"行"方面,"安全问题"占比 50%,主要表现在消防安全问题上;"服务问题"占比 30.56%,大部分表现在强制消费上;"宣传问题"占比 19.44%,主要表现在虚假宣传上。

在"娱"方面,"娱乐项目体验问题"占比 41.18%,主要表现在项目安排不合理;"安全问题"占比 29.41%,主要表现在消防问题上。

表 5-30　天津市 3A 级景区网络负面问题占比情况

一级指标	比例	二级指标	比例	三级指标	比例
游	32.91%	景区质量问题	76.92%	信号差	48.00%
				景区卫生问题	22.50%
				卫生间卫生问题	12.50%
				安全设施问题	5.00%
		价格问题	13.46%	价格问题	100.00%
		服务问题	9.62%	导游服务	100.00%
购	28.48%	商品质量问题	52.94%	产品质量问题	100.00%
		价格问题	23.53%	价格问题	100.00%
		服务问题	23.53%	欺骗性消费	75.00%
				强制性消费	25.00%
行	22.78%	安全问题	50.00%	消防安全问题	77.78%
				行车安全	22.22%
		服务问题	30.56%	强制消费	100.00%
		宣传问题	19.44%	虚假宣传	100.00%
娱	10.76%	娱乐项目体验问题	41.18%	项目安排不合理	71.43%
				娱乐设施问题	28.57%
		安全问题	29.41%	消防问题	80.00%
				秩序问题	20.00%
		服务问题	17.65%	售前问题	100.00%
		宣传问题	11.76%	虚假宣传	100.00%

续表

一级指标	比例	二级指标	比例	三级指标	比例
吃	3.80%	食品质量问题	83.33%	食品安全	80.00%
				吃出异物	20.00%
		服务问题	16.67%	服务员	100.00%
住	1.27%	房间质量问题	66.67%	硬件设施问题	75.00%
				卫生问题	25.00%
		服务问题	33.33%	退改签	100.00%

(三) 河北省主要景区旅游消费问题调查结果

本次调查对河北11个城市的景区分别进行了网络文本分析，其中因为有关廊坊市旅游消费的网络负面评价数据量太少，所以不包括在此次调查结果之中。

通过下列图表可以看出，承德、衡水、邯郸、唐山、邢台是负面评价占比比较高的几个城市，分别为19.69%、15.18%、13.76%、12.93%、12.22%。沧州和张家口的占比较低，分别为2.02%和1.90%。

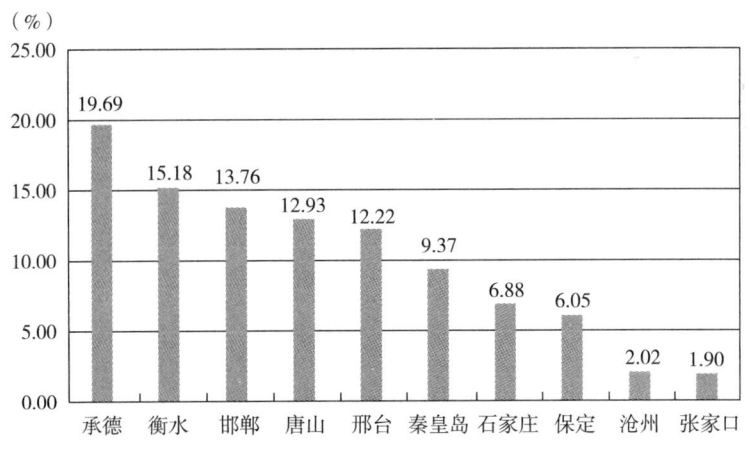

图 5-8 河北省旅游消费问题占比（百分比）

1. 河北省5A级景区

根据网络文本调查结果显示，在河北省5A级景区的网络负面问题中，"游"方面占比较高，为56.38%，"购"方面占比为26.33%，"行"和"住"方面的占比分别为6.65%和5.05%，"娱"和"吃"方面的占比较低，仅为3.19%和2.39%。

其中,在"游"方面,网络负面问题主要集中在"景区质量问题",占比为80.19%,主要表现在景区卫生问题上,卫生间的卫生问题也较为突出;其次集中在"服务问题"上,占比为14.15%,主要集中在导游服务上;"价格问题"占比较低,为5.66%。

在"购"方面,问题主要集中在"服务问题"上,占比为51.52%,主要表现在景区内存在欺骗性消费,强制性消费问题也较为突出;其次集中在"价格问题"上,占比为30.30%;"商品质量问题"占比为10.10%,"宣传问题"占比较低为8.08%,主要表现在虚假宣传上。

在"行"方面,问题主要集中在"安全问题"上,占比高达63.64%,主要表现在行车存在安全隐患,消防安全问题也较为突出;其次集中在"出行质量问题"上,占比29.09%,主要表现在客运管理问题上。

在"住"方面,问题集中于"宣传问题",占比为47.37%,主要表现在虚假订单现象较为突出上;"房间质量问题"方面的问题也亟待解决,占比为42.10%,主要表现在卫生问题;"服务问题"占比为10.53%,集中于退改签问题上。

表5-31 河北省5A级景区网络负面问题占比情况

一级指标	比例	二级指标	比例	三级指标	比例
游	56.38%	景区质量问题	80.19%	景区卫生问题	58.82%
				卫生间卫生问题	23.54%
				信号差	11.76%
				安全设施问题	5.88%
		服务问题	14.15%	导游服务	100.00%
		价格问题	5.66%	价格问题	100.00%
购	26.33%	服务问题	51.52%	欺骗性消费	78.43%
				强制性消费	21.57%
		价格问题	30.30%	价格问题	100.00%
		商品质量问题	10.10%	产品质量问题	100.00%
		宣传问题	8.08%	虚假宣传	100.00%
行	6.65%	安全问题	63.64%	行车安全	88.57%
				消防安全问题	11.43%
		出行质量问题	29.09%	客运管理问题	100.00%
		服务问题	7.27%	客服问题	100.00%

续表

一级指标	比例	二级指标	比例	三级指标	比例
住	5.05%	宣传问题	47.37%	虚假订单	88.89%
				虚假宣传	11.11%
		房间质量问题	42.10%	卫生问题	87.50%
				硬件设施问题	12.50%
		服务问题	10.53%	退改签	100.00%
娱	3.19%	娱乐项目体验问题	75.00%	娱乐设施问题	66.67%
				项目安排不合理	33.33%
		安全问题	16.67%	秩序问题	50.00%
				消防问题	50.00%
		宣传问题	8.33%	虚假宣传	100.00%
吃	2.39%	食品质量问题	88.89%	食品安全	75.00%
				吃出异物	25.00%
		宣传问题	11.11%	虚假宣传	100.00%

2. 河北省 4A 级景区

根据网络文本调查结果显示,在河北省 4A 级景区的网络负面问题中,"游"方面的占比为 45.71%,"吃"方面的占比为 31.55%,"行"方面的占比为 11.80%,"住"方面的占比为 5.58%。

其中,在"游"方面,主要集中在"景区质量问题"上,占比为 83.10%,主要表现在景区卫生问题和卫生间问题两方面;其次集中在"服务问题"上,占比 10.80%,集中表现在导游服务问题上;最后集中在"价格问题"上,占比为 6.10%。

在"吃"方面,"食品质量问题"占比 87.07%,主要表现在食品安全上;"价格问题"占比 12.93%。

在"行"方面,主要集中在"安全问题"上,占比为 78.18%,主要表现在行车存在安全隐患和消防安全隐患上;其次集中在"出行质量问题"上,主要表现在客运管理方面。

在"住"方面,问题全部表现在"房间质量问题"上,其中,卫生问题表现最为突出。

表 5-32　河北省 4A 级景区网络负面问题占比情况

一级指标	比例	二级指标	比例	三级指标	比例
游	45.71%	景区质量问题	83.10%	景区卫生问题	33.90%
				卫生间卫生问题	29.38%
				信号差	19.77%
				安全设施问题	16.95%
		服务问题	10.80%	导游服务	100.00%
		价格问题	6.10%	价格问题	100.00%
吃	31.55%	食品质量问题	87.07%	食品安全	76.56%
				吃出异物	23.44%
		价格问题	12.93%	价格问题	100.00%
行	11.80%	安全问题	78.18%	行车安全	69.77%
				消防安全问题	30.23%
		出行质量问题	21.82%	客运管理问题	100.00%
住	5.58%	房间质量问题	100.00%	卫生问题	73.08%
				硬件设施问题	26.92%
购	3.22%	商品质量问题	50.00%	产品质量问题	100.00%
		服务问题	50.00%	强制性消费	100.00%
娱	2.15%	娱乐项目体验问题	60.00%	娱乐设施问题	83.33%
				项目安排不合理	16.67%
		安全问题	40.00%	消防问题	80.00%
				秩序问题	20.00%

3. 河北省 3A 级景区

根据网络文本调查结果显示，河北省 3A 级景区的网络负面问题中，"游"方面占比为 57.78%，"购"方面占比为 16.67%，"行"方面占比为 15.15%，"吃"方面占比为 5.30%。

其中，在"游"方面，"景区质量问题"占比为 84.21%，主要是卫生间的卫生问题和信号差两方面比较突出；"服务问题"占比为 13.16%；"价格问题"占比为 2.63%。

在"购"方面，"商品质量问题"占比为 68.18%，集中于产品质量问题；"服务问题"占比为 22.73%，主要表现为景区内存在强制性消费和欺骗性消费；

"价格问题"占比为9.09%。

在"行"方面,"安全问题"占比为85.00%,主要表现在行车存在安全隐患方面;"出行质量问题"占比为10.00%,集中于客运管理问题上。

在"吃"方面,"食品质量问题"占比为100.00%,主要表现在食品安全上。

表5-33 河北省3A级景区网络负面问题占比情况

一级指标	比例	二级指标	比例	三级指标	比例
游	57.58%	景区质量问题	84.21%	卫生间卫生问题	39.06%
				信号差	35.94%
				景区卫生问题	17.19%
				安全设施问题	7.81%
		服务问题	13.16%	导游服务	100.00%
		价格问题	2.63%	价格问题	100.00%
购	16.67%	商品质量问题	68.18%	产品质量问题	100.00%
		服务问题	22.73%	强制性消费	60.00%
				欺骗性消费	40.00%
		价格问题	9.09%	价格问题	100.00%
行	15.15%	安全问题	85.00%	行车安全	88.24%
				消防安全问题	11.76%
		出行质量问题	10.00%	客运管理问题	100.00%
		服务问题	5.00%	强制消费	100.00%
吃	5.30%	食品质量问题	100.00%	食品安全	71.43%
				吃出异物	28.57%
住	5.30%	房间质量问题	71.43%	卫生问题	80.00%
				硬件设施问题	20.00%
		宣传问题	28.57%	虚假宣传	100.00%

四、京津冀旅游消费"政府监管"调查结果

(一)北京市旅游市场政府监管

根据网络文本调查结果显示,在北京市旅游消费政府监管中,"游"方面的占比最高,为72.59%,其次是"购"方面的占比,为22.46%,另外"行"方面和"住"方面占比分别为2.26%和1.74%,最后占比最少的是"吃"和

"娱"这两方面,占比分别为 0.64% 和 0.32%。

其中,在"游"方面,"安全问题"占比最高为 31.99%,其次是"市场秩序"占比 31.95%,最后是"导游服务",占比约为 12.84%。

在"购"方面,"商品质量"占比最高为 43.27%,其次是"价格检查"占比 34.07%,最后是"强制消费",占比约为 21.55%。

在"行"方面,"运营资质"占比最高为 70.13%,其次是"交通安全"占比 29.33%,最后是"违规运营",占比约为 0.53%。

表 5-34 北京市旅游消费政府监管情况占比

一级指标	二级指标	比例	三级指标	比例
北京	游	72.59%	安全问题	31.99%
			市场秩序	31.95%
			导游服务	12.84%
			公共服务	12.64%
			"一日游"检查	7.42%
			厕所革命	3.16%
	购	22.46%	商品质量	43.27%
			价格检查	34.07%
			强制消费	21.55%
			虚假宣传	1.11%
	行	2.26%	运营资质	70.13%
			交通安全	29.33%
			违规运营	0.53%
	住	1.74%	消防安全	85.94%
			卫生监督	10.76%
			民宿经营资质	3.30%
	吃	0.64%	就餐环境	50.71%
			食品安全	39.81%
			商家资质	5.21%
			价格检查	4.27%
	娱	0.64%	安全标识	69.81%
			设施安全维护	27.36%
			运营资质	2.83%

第五章 京津冀旅游消费体验式调查结果

（二）天津市旅游市场政府监管

根据网络文本调查结果显示，在天津市旅游消费政府监管中，"游"方面的占比最高，为96.49%，其次是"行"方面的占比，为1.84%，另外"住"方面和"购"方面占比分别为0.54%和0.41%，最后占比最少的是"吃"和"娱"这两方面，占比分别为0.37%和0.35%。

其中，在"游"方面，"市场秩序"占比最高为35.43%，其次是"安全问题"占比26.21%，最后是"导游服务"，占比约为15.93%。

在"行"方面，"交通安全"占比最高为91.01%，其次是"运营资质"占比6.74%，最后是"违规运营"，占比约为2.25%。

在"住"方面，"消防安全"占比最高为92.31%，其次是"民宿经营资质"和"卫生监督"占比均为3.85%。

表5-35 天津市旅游消费政府监管情况占比

一级指标	二级指标	比例	三级指标	比例
天津	游	96.49%	市场秩序	35.43%
			安全问题	26.21%
			导游服务	15.93%
			"一日游"检查	14.35%
			公共服务	7.10%
			厕所革命	0.98%
	行	1.84%	交通安全	91.01%
			运营资质	6.74%
			违规运营	2.25%
	住	0.54%	消防安全	92.31%
			民宿经营资质	3.85%
			卫生监督	3.85%
	购	0.41%	价格检查	55.00%
			商品质量	40.00%
			强制消费	5.00%
			虚假宣传	—

续表

一级指标	二级指标	比例	三级指标	比例
天津	吃	0.41%	食品安全	66.67%
			就餐环境	22.22%
			价格检查	5.56%
			商家资质	5.56%
	娱	0.41%	安全标识	70.59%
			设施安全维护	29.41%
			运营资质	—

(三) 河北省旅游市场政府监管

本次调查对河北11个城市的景区分别进行了网络文本分析，通过下列图表可以看出，石家庄、邢台是网络上政府对于旅游消费市场监管占比最高的两个城市，分别占比17.83%、11.13%，其次邯郸、保定、秦皇岛、张家口、廊坊、唐山几个城市之间占比的差别不是很大，分别为9.51%、9.07%、8.89%、8.82%、8.72%、8.64%，承德、衡水和沧州的占比较低，分别为6.28%和6.19%和4.92%。

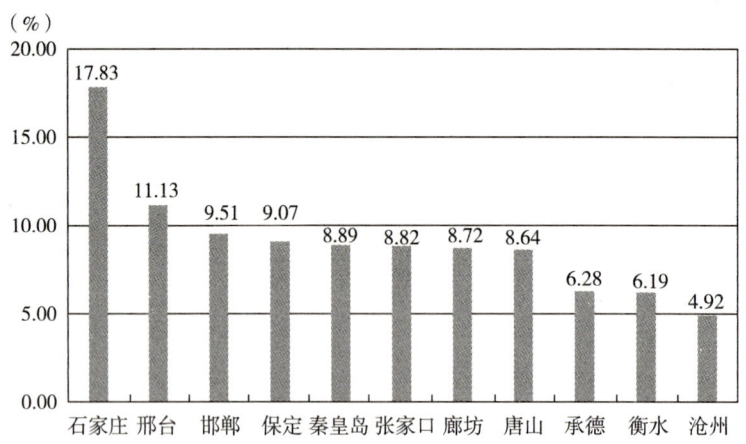

图5-9 河北省11个城市市场监管网络声量占比（百分比）

根据网络文本调查的结果，可以看出在河北省旅游消费政府监管中，"游"方面的占比为86.76%，是监管占比最高的一部分，其他五部分占比则相对较小，"购"方面的占比，为5.44%，另外"行"方面和"吃"方面占比分别为3.29%和2.29%，最后占比最少的是"住"和"娱"这两方面,占比分别为1.41%和0.81%。

其中,在"游"方面,"安全问题"占比最高为39.51%,其次是"市场秩序"占比33.31%,最后是"导游服务",占比约为5.38%。

在"购"方面,"价格检查"占比最高为39.97%,其次是对"强制消费"的检查占比28.53%,最后是"商品质量检查",占比约为25.31%。

在"行"方面,"交通安全"检查占比最高为85.19%,其次是"运营资质"检查,占比14.56%。

表5-36 河北省旅游消费政府监管情况占比

一级指标	二级指标	比例	三级指标	比例
河北	游	86.76%	安全问题	39.51%
			市场秩序	33.31%
			公共服务	16.09%
			导游服务	5.38%
			"厕所革命"	3.89%
			"一日游"检查	1.83%
	购	5.44%	价格检查	39.97%
			强制消费	28.53%
			商品质量	25.31%
			虚假宣传	6.19%
	行	3.29%	交通安全	85.19%
			运营资质	14.56%
			违规运营	0.25%
	吃	2.29%	就餐环境	40.24%
			食品安全	37.25%
			价格检查	17.39%
			商家资质	5.12%
	住	1.41%	消防安全	57.26%
			卫生监督	31.04%
			民宿经营资质	11.70%
	娱	0.81%	安全标识	50.64%
			设施安全维护	37.72%
			运营资质	11.64%

第五节　结论与建议

一、研究结论

（一）体验调查结论

京津冀三地旅游消费市场调查自2016年开始，从在线旅游平台、旅行社、景区三方面设置指标体系进行体验调查。之后的2018年和2019年都根据实际情况对指标进行了微调。总体而言，连续多年的体验指标大部分都保持了一致，统计口径基本一致，适合跨年度比较。

1. 近年来体验调查指标结果稳步上升，京津冀三地旅游消费环境总体趋势向好

第一，京津冀三地旅游消费全程体验调查得分连续三年稳中有升。根据体验结果，综合在线旅游平台、旅行社和景区三方面的平均得分，2017年全程体验调查得分为80.00，2018年按照2017年相同指标得分为83.53、按照新指标得分为79.78，2019年按照新指标得分为86.71。可以看出，三年来得分稳中有升，表明在政府相关部门、社会力量的共同努力下，京津冀三地旅游消费市场中的系列消费问题得到了改善，各个方面表现持续向好。

第二，近三年旅游消费合同签约情况有所改善。在京津冀三地旅游消费的旅行社合同签约率方面，2017年和2018年调查结果中，全程体验调查的合同签约率分别为63.33%、73.00%。2019年调查结果中，全程体验调查的合同签约率为78%，2019年合同签约率有所上升。总体来看，合同签约情况有所改善。

第三，近三年调查结果显示，强制消费现象有所改善。经过三年的调查比较，在2017年、2018年、2019年的体验调查中，"没有强制消费项目"的指标得分分别为33.33、50.00、63.99，三年持续升高。此外，强制消费金额在团费金额中的比例也逐渐下降，2017年、2018年、2019年分别为34.30%、31.00%、14.38%。可以说，在各方共同努力下，无论是强制消费项目占比还是

强制消费金额占比,这两方面都得到了逐步改善。

2. 旅行社依然是问题比较集中的服务环节,在合同、导游、强制消费、交通饮食等方面仍需要进一步加强

由前文可知,在2016年至2019年连续四年调查中,虽然不少指标得分有所增加,但在与游客关联最密切的旅行社方面,每年在全程体验指标中都是得分最低的,是问题比较集中的服务环节。

第一,京津冀三地旅游消费调查中,2019年合同签约率为73%,虽有上升,但与100%的签约规定仍有差距。《中华人民共和国旅游法》(2018年修正)第五十七条明确要求"旅行社组织和安排旅游活动,应当与旅游者订立合同"。此外,京津冀三地的地方旅游法规中也均有关于合同方面的要求,《北京市旅游条例》第五十二条明确规定"旅行社应当与旅游者签订一日游包价旅游合同"。《天津市旅游条例》第三十八条明确规定"旅行社应当依照法律、法规规定与旅游者订立旅游合同"。《河北省旅游条例》第三十条也提及合同约定"旅行社违反旅游合同约定损害旅游者利益经调查情况属实的,县级以上人民政府旅游主管部门应当根据旅游者的实际损失,责令旅行社予以赔偿"。作为保障消费者权益的重要法律文件,旅游合同的缺失给消费者旅游体验过程中带来隐患,也给消费维权造成困难,这也是后期监管的重点方向。

第二,导游的服务规范和服务监管还有待加强。部分导游还存在旅游中途自行离团、景点无讲解、随意压缩景点游览时间等一系列问题,而被游客广为诟病的强制消费项目也是由导游直接引导造成的。因此,导游是旅游消费行程中陪伴游客时间最长、影响最大的因素,如果缺乏有效监管,必然导致游客体验满意度下降,影响城市旅游形象。

3. 各景区厕所卫生情况总体较好,但仍然存在一些细节问题有待改善

近年来,习近平总书记指出抓"厕所革命"是提升旅游业品质的务实之举,强调厕所问题不是小事情,是城乡文明建设的重要方面。倡导推进"厕所革命",彰显了从小处着眼、从实处入手的务实作风,为新时代推动旅游业大发展、实施乡村振兴战略注入了强大动力。

各景区的厕所卫生情况较好,景区卫生得分达到94.63分,总体指标得分较高。但从体验员的反馈来看,仍然存在一些细节问题有待改进,例如,垃圾清理

不及时、厕所少、排队时间长、洗手池无水、有异味等。

（二）网络文本调查结论

（1）在京津冀三地旅游消费的"吃住行游购娱"六要素中，"游"是问题表现最多的旅游消费方面，其次是"购"和"住"。总体而言，京津冀三地旅游消费中，"游"的负面信息占比为33.35%，占比相对最多，具体表现在景区质量问题，例如信号差等。其次是"购"，负面信息占比为20.70%，具体表现为商品质量问题、价格问题等方面。此外，"住"的负面信息占比为19.04%，具体表现在房间质量问题、宣传问题方面。再进一步比较细项指标，这三方面都在质量上问题突出，亟待改进。

（2）在"政府监管"方面的网络文本信息中，按照旅游"吃住行游购娱"六要素分解，"游"是提及最多的方面，也表明政府关注重点在"游"方面，其次是"购"和"行"。在京津冀三地旅游消费市场监管中，涉及"游"方面的网络文本信息在政府监管全部信息中占比高达86.30%，其中，"安全问题""市场秩序""公共服务"是监管的重点，例如针对景区的安全防范、应急救援、客流预警进行旅游安全专项检查，加强旅游公共服务设施建设，加快"厕所革命"计划进程、加大旅游标识和无障碍设施的改造升级力度。此外，打击非法"一日游"也是监管的重点，优化一日游交通、信息供给结构，提升服务质量。

其次，"购"和"行"的政府监管占比也相对较高，例如检查购物店是否明码标价、合法经营，杜绝价格欺诈、虚假宣传、诱导购物等违法违规行为，集中整治目前旅游市场存在的黑车、黑导、黑社、黑店等"四黑"乱象，对旅游客运大巴、旅游包车的经营资质进行检查。

二、对策建议

（一）进一步加大相关法律法规宣传和落实力度

政府相关部门应进一步加大《旅游法》和京津冀三地旅游消费相关法律法规的宣传和落实力度，同时进一步细化相关法律条文，强化市场监管。近年来体验调查结果显示，《旅游法》和京津冀三地旅游消费相关法律法规的公布对于改善京津冀三地旅游服务质量方面发挥了积极作用，调查结果连续三年持续向好，表明京津冀三地旅游市场监管在依法治理上取得了显著效果，且进展良好。

不过,部分体验调查结果表明,在法律相对完善的情况下,依然存在违法违规现象,因此,首先要进一步加大法律法规的宣传力度,宣传是贯彻落实的前提,只有知法、懂法,才能依法、守法。在这个过程中,务必让旅游消费相关法律法规的有关规定被广大旅游从业者、消费者、相关经营者熟知。

其次,政府相关部门还要进一步加大法律法规的落实力度,通过技术创新和治理方式创新保证执法效果。例如《北京市旅游条例》第二十五条明确指出"向旅游者提供的旅游电子行程单应当包括提供服务的旅行社名称、导游姓名及联系电话,旅游客运车辆牌号、驾驶人员姓名,景区名称及游览时间,就餐点、购物店名称及具体停留时间等内容。"此外在天津、河北的行业法律法规中也有类似要求,但目前电子行程单中关于导游信息、车辆信息模糊甚至缺失,而且体验调查中发现导游也较少佩戴纸质导游证,游客难以了解导游从业情况,不利于消费者的知情和监督。

最后,根据旅游消费市场发展过程中出现的新现象新问题,进一步细化行业法律条文,强化行业监管。目前,某些无旅游资质企业通过社交媒体非法发布旅游产品组织出游,该类线路多以网络社群、俱乐部会员联谊名义组织,但实际为旅游消费,打"擦边球"经营,因此有必要进一步细化行业法律条文予以规范管理。

(二)行业主管部门进一步加强和创新监管机制

行业主管部门进一步增强问题导向,对网络舆情暴露出的旅游消费问题加强有针对性监管,通过旅游大数据技术创新持续完善监管机制。

在本次网络文本调查中,通过对京津冀三地"旅游消费问题"各方面指标占比和"政府监管"各方面指标占比的对比分析,可以给政府主管部门提供监管线索和方向。具体来说,在"旅游消费问题"各指标中,占比由大到小的顺序为游(33.35%)、购(20.70%)、住(19.04%)、吃(13.07%)、娱(8.20%)、行(5.64%);在"政府监管"各指标中,占比由大到小的顺序为游(86.30%)、购(6.00%)、行(3.25%)、吃(2.22%)、住(1.45%)、娱(0.79%)。可以看出,政府监管在主要方向上准确抓住了旅游消费问题,其中"游""购"就是在旅游消费中问题最突出的两方面,而政府监管也给予了高度关注,"消费问题—政府监管"的匹配度很高。

但在部分细节方面，例如，在旅游消费问题中，"住"的问题也比较突出，占比高达19.04%，包括房间质量、宣传问题（虚假订单）等方面，而在政府监管所监测的文本信息中，关注这方面的内容相对较少，占比仅为1.45%，而且也多表现在消防安全、卫生监管等常规方面，在"住"这方面，目前"消费问题—政府监管"的匹配度还有待于提升。而为了提高监管效率和针对性，可以借助旅游大数据技术创新持续完善监管机制。

（三）进一步完善社会监督渠道

完善社会监督渠道，强化社会舆论监督，进一步改善旅游消费环境。旅游行业涉及的经营链条长，经营环节多，服务水平差异明显，一旦监督不到位，就容易导致服务质量问题。

因此，有必要加强对京津冀三地旅游行业的社会监督，完善社会监督渠道，逐步建立健全旅游服务社会监督员制度，对旅行社、景区、旅游从业人员以及为消费者提供交通、住宿、餐饮、购物、娱乐等服务的相关经营者进行监督；积极发挥新闻媒体的舆论监督作用，曝光扰乱旅游市场秩序的典型事件，利用舆论力量挤压违法行为的生存空间，树立优秀旅游服务典范，提升消费者的满意度，把旅游业培育成京津冀区域经济一体化中的战略性支柱产业和人民群众更加满意的现代服务业。

（四）消费者要理性文明消费和强化维权意识

随着生活水平的提高，旅游需求越来越大，面对众多的旅游线路和宣传信息，消费者要理性消费、文明消费、健康消费，强化维权意识。

首先，在出游前要了解旅游线路信息，理性文明消费。旅行社所推广宣传的实际上是一种旅游产品，消费者在与旅行社签订合同之前就应做详细了解，尤其是旅游线路产品介绍中的旅游项目信息，做到心中有数，建立合理的旅游期望，对于低价团甚至零团费线路要警惕，养成理性的消费习惯。此外，在旅游过程中也要注意风俗禁忌，文明出游。

其次，要有维权意识，加强自身权益的保护。根据本次体验式调查，旅行社的合同签约率还未百分之百实现，这一现象可能导致后期一旦出现消费纠纷，游客维权困难。因此，消费者要有维权意识，在旅游出行前务必签订合同，注意合同中的不合理条款内容，最大限度地保护自身利益。

再次，消费者需要辨明旅游产品是否为有旅游资质的企业提供，对某些组织或个人（如户外俱乐部、自驾游俱乐部、保健品销售企业、培训机构等）通过网上论坛、微信群、QQ群或线下形式发布旅游产品组织出游，消费者尤其是老年人群体要提高警惕意识，这类旅游产品有可能存在"低价团""买保健品送旅游""买理财送免费游"、隐性消费、强制消费、发布"免责声明"涉及逃避法律责任等问题，导致后期维权成本高。

最后，消费者在旅游活动中发现自己的合法权益受到侵害时，在与旅游经营者协商不成功的情况下，应及时向当地旅游投诉受理机构或者有关调解组织申请调解，必要时可以通过法律途径来切实保护自己的权益。

参考文献

英文参考文献：

[1] Althaus, S. L. & Tewksbury, D.. Agenda setting and the "new" news: Patterns of issue importance among readers of the paper and online version of the New York Times [J]. Communication Research, 2002, 29 (2): 180 – 207.

[2] Arlt W. G. The second wave of Chinese outbound tourism [J]. Tourism Planning & Development, 2013, 10 (2): 126 – 133.

[3] Arndt J. Word of mouth advertising: A Review of the literature [M]. New York: Advertising Research Foundation Inc., 1967: 88 – 89.

[4] Asur S., Huberman B. A., Szabo G., et al. Trends in social media: Persistence and decay [A] //Proceedings of the Fifth International AAAI Conference on Weblogs and Social Media [C]. Palo Alto, California: Aaai Press, 2011: 434 – 437.

[5] Basuroy S., Chatterjee S., Ravid S. A. How critical are critical reviews? The box office effects of film critics, star power, and budgets [J]. Journal of Marketing, 2003, 67 (4): 103 – 117.

[6] Basuroy, Suman, Subimal Chatterjee, and S. Abraham Ravid. How critical are critical review? The box office effects of film critical, star power, and budgets [J]. Journal of Marketing, 2003 (8).

[7] Baumeister R. F., Bratslavsky E., Finkenauer C. et al. Bad is stronger than good [J]. Review of General Psychology, 2001, 5 (4): 323.

[8] Baumeister, Roy F., Ellen Bratslavsky, Catrin Finkenauer, and Kathleen D.

Vohs. Bad is stronger than good [J]. Review of General Psychology, 2001, 5 (4).

[9] Beeton S. Smiling for the camera: the influence of film audiences on a budget tourism destination [J]. Tourism Culture & Communication, 2001, 3 (1): 15–25.

[10] Bigne J. E., Sanchez M. I., Sanchez J. Tourism image, evaluation variables and after purchase behavior: inter – relationship [J]. Tourism Management, 2001, 22 (6): 607–616.

[11] Brandyn Bok, Daniele Caratelli. Mac – economic nowcasting and forecasting with big data [R]. Federal Reserve Bank of New York Staff Reports, No. 830, 2017.

[12] Brown T. J., Barry T. E., Dacin P. A. et al. Spreading the word: Investigating antecedents of consumers positive word – of – mouth intentions and behaviors in a retailing context [J]. Journal of the Academy of Marketing Science, 2005, 33 (2): 123–138.

[13] Brown, Tom J. Barry. Spreading the word: Investigating antecedents of consumers positive word – of – mouth intentions and behaviors in a retailing context [J]. Journal of the Academy of Marketing Science, 2005 (2).

[14] Bulchand Gidumal J., Melián González S., Lopez Valcarcel B. G. A social media analysis of the contribution of destina – tions to client satisfaction with hotels [J]. International Journal of Hospitality Management, 2013, 35 (1): 44–47.

[15] Burt R. S. Structural Holes: The social structure of competition [M]. Cambridge MA: Harvard University Press, 1995: 8–45.

[16] Burt R. S. The social capital of opinion leaders [J]. Annals of the American Academy of Political & Social Science, 1999, 566 (1): 37–54.

[17] Busby G., Klug J. Movie – induced tourism: the challenge of measurement and other issues [J]. Journal of Vacation Marketing, 2001, 7 (4): 316–332.

[18] Cachia R., Ramón Company, Costa O. D. Grasping the potential of online social networks for foresight [J]. Technological Forecasting & Social Change, 2007, 74 (8): 1179–1203.

[19] Castells, M. Communication, power and counter – power in the network society [J]. International Journal of Communication, 2007, 1 (1): 238–266.

[20] Cha M., Haddadi H., Benevenuto F. et al. Measuring user influence in twitter: The million follower fallacy [A] // Proceedings of the Fourth International AAAI Conference on Weblogs and Social Media [C]. Palo Alto, California: Aaai Press, 2010: 10 – 17.

[21] Chen X., Gao H., Fu Y. Situation analysis and prediction of web public sentiment [C] // Information Science and Engineering, 2008. ISISE'08. International Symposium, 2009.

[22] Chen Z., Lurie N. H. Temporal contiguity and negativity bias in the impact of online word of mouth. [J]. Journal of Marketing Research, 2013, 50 (4): 463 – 476.

[23] Chi C. G. Q, Qu H. Examining the structural relationships of destination image, tourist satisfaction and destination loyalty: An integrated approach [J]. Tourism Management, 2008, 29 (4): 624 – 636.

[24] Deci E. L., Ryan R. M. Intrinsic motivation and self – determination in human behavior [J]. Contemporary Sociology, 1985, 3 (2).

[25] Dellarocas. C. The digitization of word – of – mouth: Promise and challenges of online feedback mechanisms [J]. Management Seience, 2003, 49 (10).

[26] Dreyer P. A., Roberts F. S. Irreversible – threshold processes: Graph – theoretical threshold models of the spread of disease and of opinion [J]. Discrete Applied Mathematics, 2009, 157 (7): 1615 – 1627.

[27] Ekdale B., Namkoong K., Fung T. K. F. et al. Why blog? (then and now): Exploring the motivations for blogging by popular American political bloggers [J]. New Media & Society, 2010, 12 (2): 217 – 234.

[28] Ekeh, P. P. Social exchange theory: The two traditions [M]. Cambridge: Harvard University Press, 1974.

[29] Epley N., Keysar B., Van B. L. et al. Perspective taking as egocentric anchoring and adjustment [J]. Journal of Personality & Social Psychology, 2004, 87 (3): 327 – 339.

[30] Fakharyan M., Jalilvand M. R., Elyasi M. et al. The influence ofonline

word of mouth communications on tourists' attitudestoward Islamic destinations and travel intention: Evidence fromIran [J]. African Journal of Business Management, 2012, 6 (38): 10381.

[31] Farrell H., Drezner D. W. The power and politics of blogs [J]. Public Choice, 2008, 134 (1-2): 15-30.

[32] Fiske S. T. Attention and weight in person perception: The impact of negative and extreme behavior [J]. Journal of Personality & Social Psychology, 1980, 38 (6): 889-906.

[33] Flynn L. R., Goldsmith R. E., Eastman J. K. Opinion leaders and opinion seekers: Two new measurement scales [J]. Journal of the Academy of Marketing Science, 1996, 24 (2): 137-147.

[34] Freeman B., Chapman S. Is \" YouTube \" telling or selling you something? Tobacco content on the YouTube video-sharing website [J]. Tobacco Control, 2007, 16 (3): 207-210.

[35] Freeman L. C. A set of measures of centrality based on betweenness [J]. Sociometry, 1977: 35-41.

[36] Fu F., Liu L., Wang L. Empirical analysis of online social networks in the age of Web 2.0 [J]. Physica A, 2008, 387 (2-3): 675-684.

[37] Gilbert D. T., Malone P. S. The correspondence bias [J]. Psychological Bulletin, 1995, 117 (1): 21-38.

[38] Gnambs T., Batinic B. Convergent and discriminant validity of opinion leadership multitrait-multimethod analysis across measurement occasion and informant type [J]. Journal of Individual Differences, 2011, 32 (2): 94-102.

[39] Greaves N., Skinner H. The importance of destination image analysis to UK rural tourism [J]. Marketing Intelligence & Planning, 2010, 28 (4): 486-507.

[40] Gretzel U., Yoo K. H. Use and impact of online travel reviews [A] //Information and Communication Technologies in Tourism, Enter 2008, Proceedings of the International Conference in Innsbruck, Austria [M]. DBLP, 2008: 35-46.

[41] Gumpert, G., Cathcart, R. Inter/Media: Interpersonal communication in

a media world [M]. New York: Oxford University Press, 1986.

[42] Haridakis P., Hanson G. Social interaction and co-viewing with YouTube: Blending mass communication reception and social connection [J]. Journal of Broadcasting & Electronic Media, 2009, 53 (2): 317-335.

[43] Haythornthwaite C., Wellman B. Work, friendship, and media use for information exchange in a networked organization [J]. Journal of the American Society for Information Science, 1998, 49 (12): 1101-1114.

[44] Heath, R. G., Stipp, H. The secret of television's success: emotional content or rational information? After fifty years the debate continues [J]. Journal of Advertising Research, 2011, 51 (2): 112-121.

[45] Herr P. M., Kardes F. R., Kim J. Effects of word-of-mouth and product-attribute information on persuasion: An accessibility-diagnosticity perspective [J]. Journal of Consumer Research, 1991: 454-462.

[46] Ho S. S., Mcleod D. M. Social-psychological influences on opinion expression in face-to-face and computer-mediated communication [J]. Communication Research, 2008, 35 (2).

[47] Hoffman D. L., Fodor M. Can you measure the ROI of your social media marketing? [J]. MIT Sloan Management Review, 2010, 52 (1): 41-49.

[48] Hoffman L. H. Is internet content different after all? A content analysis of mobilizing information in online and print newspapers [J]. Journalism & Mass Communication Quarterly, 2006, 83 (1): 58-76.

[49] Huang S., Gross M. J. Australia's destination image amongmainland Chinese travelers: An exploratory study [J]. Journal of Travel & Tourism Marketing, 2010, 27 (1): 63-81.

[50] Huang W., Zhao Y., Yang S. et al. Analysis of the user behavior and opinion classification based on the BBS [J]. Applied Mathematics & Computation, 2008, 205 (2): 668-676.

[51] Hughes K., Wang J., Shu M. Exploring the travel patterns preferences and recommendations of Chinese universitystudents living in Australia [J]. Journal of Hos-

pitality and Tourism Management, 2015 (23): 12 – 22.

[52] Jalilvand M. R., Samiel N., Dini B. et al. Examining the structuralrelationships of electronic word of mouth, destination image tourist attitude toward destination and travel intention: Anintegrated approach [J]. Journal of Destination Marketing & Management, 2012, 1 (1): 134 – 143.

[53] Jeffres L. W., Neuendorf K. A., Atkin D. Spirals of silence: expressing opinions When the Climate of Opinion Is Unambiguous [J]. Political Communication, 1999, 16 (2): 115 – 131.

[54] Jepsen A. L. Information search in virtual communities: is it replacing use of off – line communication? [J]. Journal of Marketing Communications, 2006, 12 (4): 247 – 261.

[55] Jr. W. P. E, Marton K., Seo M. Moving beyond "just the facts": The influence of online news on the content and structure of public affairs knowledge [J]. Communication Research, 2004, 31 (1): 82 – 108.

[56] Kalyanaraman S., Sundar S. S. The psychological appeal of personalized content in web portals: Does customization affect attitudes and behavior? [J]. Journal of Communication, 2006, 56 (1): 110 – 132.

[57] Katz E., Blumler J. G., Gurevitch, M. Utilizations of mass communication by the individuals. In E. Katz & J. G. Blumler (Eds.), The uses of mass communication: Current perspectives on gratifications research (pp. 19 – 32). Beverly Hills, CA: Sage, 1974.

[58] Kendra J. M., Wachtendorf T. Reconsidering convergence and converger legitimacy in response to the World Trade Center disaster [J]. Research in Social Problems & Public Policy, 2003 (11): 97 – 122.

[59] Kim S. – H. Talking on \" Sunshine in North Korea \": A test of the spiral of silence as a theory of powerful mass media [J]. International Journal of Public Opinion Research, 2004, 16 (1): 39 – 62.

[60] Kleinke S. Emotional commitment in public political internet message boards [J]. Journal of Language & Social Psychology, 2008, 27 (4): 409 – 421.

［61］Knobloch‐Westerwick S. , Sharma N. , Hansen D. L. , Alter S. Impact of popularity indications on readers' selective exposure to online news［J］. Journal of Broadcasting & Electronic Media, 2005, 49 (3): 296–313.

［62］Lasorsa D. J. Political Outspokenness: Factors working against the spiral of silence［J］. Journalism Quarterly, 1991 (68): 131–140.

［63］Lazarsfeld Paul, Elihu Katz. Personal influence［M］. Illinois, The Free Press, 1995.

［64］Lazarsfeld Paul F. Bemard berelson, and hazel gaudet, The people's choice how the voter makes up his mind in a presidential campaign［M］. New York: Columbia University Press, 1948.

［65］Lee J. K. The effect of the Internet on homogeneity of the media agenda: A test of the fragmentation thesis［J］. Journalism and Mass Communication Quarterly, 2002, 84 (4): 745–760.

［66］Lim J. Convergence of attention and prominence dimensions of salience among major online newspapers［J］. Journal of Computer‐Mediated Communication, 2010 (15): 293–313.

［67］Liu K. M. , Chen W. , Bu J. J. et al. User modeling for Recommendation in Blogspace［C］. WI‐IATW'07 Proceedings of the 2007 IEEE/WIC/ACM International Conferences on Web Intelligence and Intelligent Agent Technology. IEEE Computer Society Washington, USA, 2007: 79–82.

［68］Liu S.‐H. , Liao H.‐L. , Zeng Y.‐T. Why people blog: An expectancy theory analysis［J］. Issues in Information Systems, 2007, 8 (2): 232–237.

［69］Liu Xudong, Fahmy, Shahira. Exploring the spiral of silence in the virtual world : Individuals' willingness to express personal opinions in online versus offline settings［J］. Journal of Media & Communication Studies, 2011, 3 (2): 45–57.

［70］Lopez‐Escobar E. , Llamas J. P. , McCombs M. E. , Lennon F. R. Two levels of agenda setting among advertising and news in the 1995 Spanish elections［J］. Political Communication, 1998, 15 (2): 225–238.

［71］Ma E. , Liu Y. , Li J. et, al. Anticipating Chinese tourists arrivals inAustralia: A time series analysis [J]. Tourism Management Perspectives, 2016 (17): 50-58.

[72] Marilyn Roberts, Wayne Wanta, Tzong-Houng (Dustin) Dzwo. Agenda setting and issue salience online [J]. Communication Research, 2002 (29): 452-465.

[73] Markus H., Zajonc R. B.. The cognitive perspective in social psychology [M]. In G. Lindzey, & E. Aronson (eds.), The Handbook of Social Psychology (3rd ed., Vol. 1, pp. 137-230). New York: Random House, 1985.

[74] Mcentire D. A., Havidán Rodríguez, Quarantelli E. L. et al. Local emergency management organizations [A] // Handbook of Disaster Research [M]. Springer New York, 1970.

[75] McGuigan J. The cultural public sphere [J]. European Journal of Cultural Studies, 2005, 8 (4): 427-443.

[76] Mehdi Bakhshaee, Ehsan Khadivi, Rahman Movahed [J]. Journal of Voice, 2016, 30 (2): 158-160.

[77] Michael Chau, Jennifer Xu. Mining communities and their relationships in the blogs: A study of online hate groups [J]. International Journal of Human-Computer Studies, 2007, 65 (1): 57-70.

[78] Mitchelstein E., Boczkowski P. J. Between tradition and change: A review of recent research on online news production [J]. Journalism, 2009, 10 (5): 562-586.

[79] Moy P., Domke D., Stamm K. The spiral of silence and public opinion on affirmative action [J]. Journalism and Mass Communication Quarterly, 2001, 78 (1): 7-25.

[80] Nah S., Veenstra A. S., Shah, D. V. The Internet and anti-war activism: A case study of information, expression, and action [J]. Journal of Computer-Mediated Communication, 2006 (12): 230-247.

[81] Nahapiet J., S. Ghoshal. Social capital, intellectual capital and the organizational advantage [J]. The Academy of Management Review, 1998 (23): 242-

266.

[82] Nardi B., Schiano D., Gumbrecht M., Swartz L. Why we blog [J]. Communications of the ACM, 2004, 47 (12): 41-46.

[83] Noelle-Neumann E. Spiral of silence: A theory of public opinion [J]. Journal of Communication, 1974, 24 (2): 43-51.

[84] Outing S., Ruel L. The best of eyetrack III: What we saw when we looked through their eyes [EB/OL]. [2010-04-14], http://poynterextra.org/eyetrack2004/main.htm.

[85] Packer J., Ballantyne R., Hughes K. Chinese and Australiantourists' attitudes to nature, animals and environmental issues: Implications for the design of nature-based tourism experiences [J]. Tourism Management, 2014 (44): 101-107.

[86] Packer J., Ritchie B., Ballantyne R. Travel experiences of Chinese visitors to Australia: China tourism research symposium [C]. Brisbanze: China Tourism Research Symposium, 2011.

[87] Palen L., Vieweg S., Liu S. B. et al. Crisis in a networked world: Features of computer-mediated communication in the April 16, Virginia Tech Event [J]. Social Ence Computer Review, 2009, 27 (4): 467-480.

[88] Parker E. B., Short J., Williams E. et al. The Social Psychology of Telecommunications. [J]. Contemporary Sociology, 1978, 7 (1): 32.

[89] Phelps J. E., Lewis R., Mobilio L., Perry D., Raman N. Viral marketing or electronic word-of-mouth advertising: Examining consumer responses and motivations to pass along email [J]. Journal of Advertising Research, 2004, 45 (4): 333-348.

[90] Powers E. B., Shibutani T. Human nature and collective behavior: Papers in honor of herbert blumer [J]. Social Forces, 1972, 50 (3): 413.

[91] R. van der Merwe, G. van Heerden. Finding and utilizing opinion leaders: Social networks and the power of relationships [J]. S. Afr. J. Bus. Manage, 2009, 40 (3): 65-76.

[92] Raghuram Iyengar. Christophe van den Bulte, John Eichert, and Bruce

West. How Social Network and Opinion Leaders Affect the Adoption of New Products [J]. GfK MIR, 2011 (3): 16-25.

[93] Reese S. D., Danielian L. H.. Intermedia influence and the drug issue: Converging on cocaine [A].//P. J. Shoemaker. Communication campaigns about drugs: Government, media, and the public [M]. New Jersey: Lawrence Erlbaum Associates, 1989.

[94] Roberts M., Wanta W., Dzwo T.-H. Agenda setting and issue salience online [J]. Communication Research, 2002, 29 (4): 452-465.

[95] Rojas H., Puig-i-Abril E. Mobilizers mobilized: Information, expression, mobilization and participation in the digital age [J]. Journal of Computer-Mediated Communication, 2009, 14 (4): 902-927.

[96] Rosenberry J. Few Papers Use Online Techniques to Improve Public Communication [J]. Newspaper Research Journal, 2005, 26 (4): 61-73.

[97] Rozin P., Royzman E. B. Negativity Bias, Negativity Dominance, and Contagion [J]. Personality & Social Psychology Review, 2001, 5 (4): 296-320.

[98] Rozin, Paul, Edward B. Royzman. Negativity Bias, Negativity Dominance, and Contagion [J]. Personality and Social Psychology Review, 2001 (5).

[99] Samuel Popkin. The Reasoning Voter [M]. Chicago: University of Chicago Press, 1991.

[100] Schmallegger D., Carson D. Destination image projection on consumer-generated content websites: A case study of theFlinders Ranges [J]. Information Technology & Tourism, 2009, 11 (2): 111-127.

[101] Shah D., Cho J., Nah S., Gotlieb M., Hwang H., Lee N. et al. Campaign ads, online messaging, and participation: Extending the communication mediation model [J]. Journal of Communication, 2007, 57 (4): 676-703.

[102] Shen K. N., Khalifa M. Explore multidimensional conceptualization of social presence in the context of online communities [J]. International Journal of Human-Computer Interaction, 2008, 24 (7): 722-748.

[103] Singer J. B. The metro wide web: Changes in newspapers' gatekeeping

role online [J]. Journalism and Mass Communication Quarterly, 2001, 78 (1): 65–80.

[104] Skowronski J. J., Carlston D. E. Negativity and Extremity Biases in Impression Formation: A Review of Explanations [J]. Psychological Bulletin, 1989, 105 (1): 131–142.

[105] Sparks B. A., Browning V. The impact of online reviews on hotelbooking intentions and perception of trust [J]. Tourism Management, 2011, 32 (6): 1310–1323.

[106] Sparks B., Pang W. Chinese outbound tourists: Understandingtheir attitudes, constraints and use of information sources [J]. Tourism Management, 2009, 30 (4): 483–494.

[107] Sun T., Youn S., Wu G., Kuntaraporn M. Online word–of–mouth (or mouse): An exploration of its antecedents and consequences [J]. Journal of Computer–Mediated Communication, 2006 (11): 1104–1127.

[108] Treadway D. C., Breland J. W., Williams L. M., Cho J., Yang J., Ferris G. F. Social influence and interpersonal power in organizations: Roles of performance and political skill in two studies [J]. Journal of Management, 2013, 39 (6): 1529–1553.

[109] Utpal M. Dholakia, Richard P. Bagozzi, Lisa Klein Pearo. A social influence model of consumer participation in network–and small–group–based virtual communities [J]. International Journal of Research in Marketing, 2004, 21 (3): 241–263.

[110] Wang Y., Fesenmaier D. R. Assessing motivation of contribution in online communities: An empirical investigation of an online travel community [J]. Electronic Markets, 2003, 13 (1): 33–45.

[111] Wayne Wanta, Y. Hu. Time–lag differences in the agenda setting process: an examination of five news media [J]. International Journal of Public Opinion Research, 1994: 225–240.

[112] Weare C., Lin W.–Y. Content analysis of Word World Web: Opportuni-

ties and challenges [J]. Social Science Computer Review, 2000 (18): 272 - 292.

[113] Wei Wei, Hui Gao, Li She. Opinion mining for web public sentiment based on dynamic knowledge base [J]. International Symposium on Emergency Management, 2009: 199 - 203.

[114] Wu M., Perace P. L. Chinese recreational vehicle users inAustralia: A netnographic study of tourist motivation [J]. Tourism Management, 2014 (43): 22 - 35.

[115] Xia Z. Y., Yu Q, Wang L. The Public Crisis Management in Micro - blogging Environment: Take the Case of Dealing with Governmental Affairs via Micro - blogs in China [J]. Advances in Intelligent and Soft Computing, 2012 (141): 627 - 633.

[116] Xiang Z., Gretzel U. Role of social media in online travel information search [J]. Tourism Management, 2010, 31 (2): 179 - 188.

[117] Yang Y. F., Yeh H. C., Wong W. K. The influence of social interaction on meaning construction in a virtual community [J]. British Journal of Educational Technology, 2010, 41 (2): 287 - 306.

[118] Ye S., Wu S. F. Measuring message propagation and social influence on Twitter. com [M]. Springer Berlin Heidelberg, 2010: 216 - 231.

[119] Yoo K. H., Lee Y., Gretzel U. et al. Trust in Travel - related Consumer Generated Media [A] // Information and Communication Technologies in Tourism 2009 [C]. Springer Vienna, 2009: 49 - 59.

[120] Zoey Chen Nicholas H. Lurie. Temporal contiguity and negativity bias in the impact of online word of mouth [J]. Journal of Marketing Research, 2013 (8).

中文参考文献：

[1] 陈力丹. 媒介对舆论的社会控制机制——沉默的螺旋 [J]. 国际新闻界, 1998 (1): 47 - 49 + 77.

[2] 陈培, 张红, 杜雪楠. 基于网络游记的城市旅游目的地形象探究——以西安市为例 [J]. 资源开发与市场, 2014 (11): 1401.

[3] 陈先红,潘飞.基于社会网理论的博客影响力测量[J].现代传播,2009,000(001):117-121.

[4] 陈旭辉,景礼.意见领袖的识别偏差及影响因素研究——基于量表—社会网方法比较视角[J].现代传播(中国传媒大学学报),2015,37,232(11):146-151.

[5] 陈旭辉,柯惠新.网民意见表达影响因素研究——基于议题属性和网民社会心理的双重视角[J].现代传播(中国传媒大学学报),2013(3):123-128.

[6] 陈旭辉,苏晓娟,崔丽霞.基于社交媒体关系互动的旅游城市形象负面偏差引导策略——以"青岛天价虾"事件为例[J].旅游学刊,2017,032(007):47-56.

[7] 陈志军,杨洪,刘嘉毅,伍新叶.基于崀山游客旅游形象感知的形象重塑和传播研究——博客+文本挖掘法视角[J].中南林业科技大学学报(社会科学版),2015(2):44.

[8] 崔蕴芳.网络舆论形成机制研究[M].北京:中国传媒大学出版社,2012.

[9] 戴光全,陈欣.旅游者摄影心理初探——基于旅游照片的内容分析[J].旅游学刊,2009(7):71-77.

[10] 戴光全,谭剑萍.基于报纸媒体内容分析和信息熵的广交会综合影响力时空分布[J].地理学报,2012(8):1109-1124.

[11] 戴海波.大学生网络论坛中的意见领袖分析——以淮阴师范学院西祠讨论版为例[J].新闻界,2009(5):83-84,121.

[12] 戴维·迈尔斯.社会心理学(第8版)[M].北京:人民邮电出版社,2006.

[13] 丹尼斯·麦奎尔.受众分析[M].北京:中国人民大学出版社,2006.

[14] 丁汉青,王亚萍.SNS网络空间中"意见领袖"特征之分析——以豆瓣网为例[J].新闻与传播研究,2010(3):83-92+112.

[15] 丁汉青.消费者搜索网络口碑的动机与行为分析[J].青年记者,

2012（13）：78－79.

[16] 丁学君．网络口碑可信度的影响因素［J］．技术经济，2012，31（11）：122－128.

[17] 丁雪峰，胡勇，赵文．网络舆论意见领袖特征研究［J］．工程科学与技术，2010，42（2）：145－149.

[18] 窦尚孝，孔海燕．基于IPA法的中国出境游客对韩国饭店业服务满意度分析——以济州岛为例［J］．旅游论坛，2015（2）：42－47.

[19] 杜阿宁．互联网舆情信息挖掘方法研究［D］．哈尔滨：哈尔滨工业大学，2007.

[20] 杜筠．网络传播中意见领袖的角色分析［J］．东南传播，2009（5）：124－126.

[21] 段兴利．网络意见领袖的产生、特征及培养［J］．科学·经济·社会，2010，028（003）：78－81.

[22] 范向丽，郑向敏．内容分析法在旅游安全研究中的应用——以我国女性游客安全事故报道研究为例［J］．北京第二外国语学院学报，2010（3）：37－44.

[23] 甘惜分．新闻理论基础［M］．北京：中国人民大学出版社，1981.

[24] 高俊波，杨静．在线论坛中的意见领袖分析［J］．电子科技大学学报，2007（6）．

[25] 葛继宏，肖曲．影视旅游行为及其影响因素分析［J］．当代电影，2018，267（6）：118－122.

[26] 古斯塔夫·勒庞．乌合之众——大众心理研究［M］．南宁：广西师范大学出版社，2007.

[27] 关新华，李健仪，谢礼珊．旅游公共服务质量对旅游目的地形象的影响［J］．旅游科学，2015（5）：27－38.

[28] 关新华．旅游公共服务质量对旅游目的地形象的影响［J］．旅游科学，2015（5）：27.

[29] 郭风华，王琨，张建立，李仁杰．成都"五朵金花"乡村旅游地形象认知——基于博客游记文本的分析［J］．旅游学刊，2015（4）：84.

[30] 郭光华. 论网络舆论主体的"群体极化"倾向 [J]. 湖南师范大学社会科学学报, 2004 (11).

[31] 郭国庆, 陈凯, 何飞. 消费者在线评论可信度的影响因素研究 [J]. 当代经济管理, 2010, 32 (10): 17-23.

[32] 郭庆光. 传播学概论 [M]. 北京: 中国人民大学出版社, 1999.

[33] 郭文, 黄震方, 王丽. 影视旅游研究: 一个应有的深度学术关照——20年来国内外影视旅游文献综述 [J]. 旅游学刊, 2010, 25 (10).

[34] 韩运荣, 喻国明. 关于舆论领袖的"素描" [J]. 新闻知识, 2005 (6): 10-11.

[35] 何舟, 陈先红. 双重话语空间: 公共危机传播中的中国官方与非官方话语互动模式研究 [J]. 国际新闻界, 2010 (8): 21-27.

[36] 胡曾颖. 以"熊猫文化"为核心的成都旅游文创商品品牌管理策略研究 [D]. 成都: 电子科技大学, 2018.

[37] 胡兴报, 苏勤, 张影莎. 国内旅游者网络旅游信息搜寻动机与搜寻内容研究 [J]. 旅游学刊, 2012 (11): 105-112.

[38] 胡泳. 我们需要什么样的网络意见领袖? [J]. 新闻记者, 2012 (9): 8-13.

[39] 胡泳. 众声喧哗: 网络时代的个人表达与公共讨论 [M]. 南宁: 广西师范大学出版社, 2008.

[40] 胡勇等. 网络舆论形成过程中意见领袖形成模型研究 [J]. 四川大学学报 (自然科学版), 2008 (4).

[41] 黄静, 郭昱琅, 王诚, 等. "你摸过, 我放心!" 在线评论中触觉线索对消费者购买意愿的影响研究 [J]. 营销科学学报, 2015, 11 (1): 133-151.

[42] 黄敏学, 王峰, 谢亭亭. 口碑传播研究综述及其在网络环境下的研究初探 [J]. 管理学报, 2010, 7 (1): 138-146.

[43] 黄莎, 陈金华, 陈秋萍. 基于网络信息嵌入性的旅游目的地形象传导研究 [J]. 人文地理, 2012 (3): 109-114.

[44] 江金波, 赫瑞娜. 基于结构方程模型的城市旅游形象影响路径研究——以西安市为 [J]. 人文地理, 2015 (3): 130-131.

[45] 金立印. 网络口碑信息对消费者购买决策的影响: 一个实验研究 [J]. 经济管理, 2007, 29 (22).

[46] 凯斯·桑斯坦. 网络共和国——网络社会中的民主问题 [M]. 上海: 上海人民出版社, 2003.

[47] 柯惠新, 祝建华, 孙江华. 传播统计学 [M]. 北京: 北京广播学院出版社, 2003.

[48] 拉塞·斯皮司. 互联网心理学 [M]. 北京: 中国轻工业出版社, 2001.

[49] 赖胜强, 唐雪梅, 朱敏. 网络口碑对游客旅游目的地选择的影响研究 [J]. 管理评论, 2011, 23 (6): 68-75.

[50] 李宏, 喻葵, 夏景波. 负面在线评论对消费者网络购买决策的影响: 一个实验研究 [J]. 情报杂志, 2011, 30 (5): 202-207.

[51] 李宏. 旅游目的地形象测量的内容与工具研究 [J]. 人文地理, 2007 (2): 48-52.

[52] 李萍, 陈田, 王甫园, 王新歌. 基于文本挖掘的城市旅游社区形象感知研究——以北京市为例 [J]. 地理研究, 2017 (6): 1106.

[53] 李秋雨, 朱麟奇, 刘继生. 中国旅游业对经济增长贡献的差异性研究 [J]. 中国人口资源与环境, 2016, 26 (4): 73-79.

[54] 李炜. 论社区归属感的培育 [J]. 东岳论丛, 2002 (3): 46-48.

[55] 李仪凡, 陆雄文. 虚拟社区成员参与动机的实证研究——以网络游戏为例 [J]. 南开管理评论, 2007 (5).

[56] 利昂·费斯廷格. 认知失调理论 [M]. 杭州: 浙江教育出版社, 1999.

[57] 廖圣清. 上海市民的意见表达及其影响因素研究 [J]. 新闻大学, 2010 (2).

[58] 林聚任, 社会网络分析: 理论、方法与应用 [M]. 北京: 北京师范大学出版社, 2009.

[59] 刘滨谊, 刘琴. 中国影视旅游发展的现状及趋势 [J]. 旅游学刊, 2004, 19 (6).

[60] 刘常昱，胡晓峰，司光亚，罗批. 给予小世界网络的舆论传播模型研究[J]. 系统仿真学报，2006（18）.

[61] 刘济群. 国外社交媒体影响力研究述评——进展与启示[J]. 现代情报，2016，36（3）：158-166.

[62] 刘建明. 基础舆论学[M]. 北京：中国人民大学出版社，1988.

[63] 刘萌玥，陈效萱，吴建伟，赵玉宗，唐顺英. 旅游景区网络舆情指标体系构建——基于马蜂窝网全国百家5A级景区的游客评论[J]. 资源开发与市场，2017（1）：80.

[64] 刘逸，保继刚，朱毅玲. 基于大数据的旅游目的地情感评价方法探究[J]. 地理研究，2017（6）：1091.

[65] 刘毅. 内容分析法在网络舆情信息分析中的应用[J]. 天津大学学报（社会科学版），2006（7）.

[66] 刘毅. 网络舆情研究概论[M]. 天津：天津人民出版社，2007.

[67] 刘智兴，马耀峰，李森，牛亚莉，魏婷. 基于游客感知—认知的北京市旅游形象影响因素评价研究[J]. 干旱区资源与环境，2015（3）：203-208.

[68] 罗家德，郑孟育，谢志棋. 实践性社群内社会资本对知识共享的影响[J]. 江苏社会科学，2007（3）：139-140.

[69] 罗家德. 社会网分析讲义（第二版）[M]. 北京：社会科学文献出版社，2010.

[70] 马克斯韦尔·麦库姆斯. 议程设置：大众媒介与舆论[M]. 北京：北京大学出版社，2008.

[71] 马秋芳. 旅游地媒体符号的内容分析——以陕西省为例[J]. 旅游科学，2011（3）：35-44.

[72] 马勇. 关中印象：旅游媒体TGC中的袁家村乡村旅游地形象感知研究[J]. 特区经济，2018（1）：114.

[73] 迈克尔·R. 所罗门，卢泰宏，杨晓燕. 消费者行为学[M]. 北京：中国人民大学出版社，2009：362.

[74] 孟小平. 揭示公共关系的奥秘——舆论学[M]. 北京：中国新闻出版社，1989.

[75] 庞闻，马耀峰，郑鹏．五种旅游信息传播模式的比较与整合［J］．旅游学刊，2012（5）：74-79．

[76] 彭兰．网络新闻学原理与应用［M］．北京：新华出版社，2003．

[77] 彭敏，杨效忠．微博在旅游网络营销和管理的应用初探［J］．旅游论坛，2012（4）：86-90．

[78] 朴学东，李雪敏，陈健，等．微博旅游营销模式：北京市东城区旅游局官方微博的案例研究［J］．北京第二外国语学院学报，2011（9）：1-5．

[79] 邱立坤，龙志炜．层次化话题发现与跟踪方法及系统实现［J］．广西师范大学学报（自然科学版），2007，25（2）：157-160．

[80] 邱凌云．网上口碑的信息效价与情感线索对说服效果的影响机制研究［J］．营销科学学报，2008（4）：32-44．

[81] 沈体雁，黄宁，彭长江，等．中国景区网络形象指数研究——基于互联网内容分析方法［J］．旅游学刊，2015（6）：80-90．

[82] 宋晓兵，丛竹，董大海．网络口碑对消费者产品态度的影响机理研究［J］．管理学报，2011，8（4）：559-566．

[83] 宋振春，赵彩虹，李旭东．中国出境旅游的社会认知研究——跨文化交流视角的网络文本分析［J］．旅游学刊，2018（3）：75-88．

[84] 唐雪松，林雁．股市传闻、会计信息透明度与散户认知负向偏差——一项实验研究［J］．财经研究，2014（5）：31-41．

[85] 陶贤都，隋明晓．网络媒体与传统媒体议程互动——以杨丽娟事件为例［J］．华中科技大学学报（社会科学版），2009（2）．

[86] 陶晓波．口碑类型、传播形态与网络负面口碑可信度——以3G手机为例［J］．华东经济管理，2011（9）：118-122．

[87] 田卉，柯惠新．网络环境下的舆论形成模式及调控分析［J］．现代传播，2010（1）．

[88] 涂红伟，严鸣．国外消费者意见领袖研究述评与展望［J］．国外经济与管理，2014（5）．

[89] 王辰瑶，方可成．不应高估网络言论——基于122个网络议题的实证分析［J］．国际新闻界，2009（5）．

[90] 王纯阳. 基于 SEM 的旅游目的地形象影响因素研究——以张家界为例 [J]. 经济管理, 2010 (3): 92.

[91] 王红国, 刘国华. 国外旅游目的地形象测量方法述评 [J]. 旅游科学, 2009 (6): 63-66.

[92] 王凯, 黄炯, 马庆国. 博客撰写者博客使用行为的影响因素及影响机理——一份基于 264 份样本的实证研究 [J]. 新闻与传播研究, 2008 (2).

[93] 王龙. 旅游目的地形象测量内容的研究综述 [J]. 旅游科学, 2012 (4): 65-76.

[94] 王晓光. 博客社区内的互动交流结构: 基于评价行为的实证研究 [J]. 新闻与传播研究, 2010 (4): 56-58.

[95] 王晓玉, 晁钢令. 产品危机中口碑方向对消费者态度的影响 [J]. 营销科学学报, 2008, 4 (4): 1-12.

[96] 王玉珠. 舆情事件中微博, 微信的议题共生与变化——以"东莞扫黄"事件为例 [J]. 新闻界, 2015 (11): 59-63.

[97] 王媛, 许鑫, 冯学钢, 吴文智. 基于文本挖掘的古镇旅游形象感知研究——以朱家角为例 [J]. 旅游科学, 2013 (5): 86-95.

[98] 温暖. 生态文化和旅游融合发展的法律保障 [J]. 新经济, 2019 (2).

[99] 郗河, 徐金发, 罗时鑫, 黄国群. 网络口碑与传统口碑对消费者购买决策影响的比较研究 [J]. 财贸经济, 2008 (2): 98-128.

[100] 肖亮, 赵黎明. 互联网传播的台湾旅游目的地形象——基于两岸相关网站的内容分析 [J]. 旅游学刊, 2009 (3): 75-81.

[101] 肖燕雄, 陈志光. 匿名、假名与实名之别——以铜须事件为例解析网络论坛中的网民行为 [J]. 当代传播, 2007 (4).

[102] 谢雪莲. 基于形象结构理论下旅游目的地形象感知差异研究——以洪雅县柳江古镇为例 [J]. 环球人文地理, 2017 (10): 216.

[103] 熊伟, 叶淋玮. 我国虚拟旅游网站的功能评价研究 [J]. 人文地理, 2011 (2): 154-160.

[104] 徐菊凤. 北京市居民旅游行为特征分析 [J]. 旅游学刊, 2006, 21

(8): 34-39.

[105] 徐康宁,陈丰龙,刘修岩. 中国经济增长的真实性:基于全球夜间灯光数据的检验[J]. 经济研究,2015(9):17-29.

[106] 徐文海,邓颖颖,皮君. 基于竞争力评价的旅游目的地形象提升研究——以海南国际旅游岛为例[J]. 中南财经政法大学学报,2014(3):59.

[107] 徐小波. 中国旅游城市形象感知特征与分异[J]. 地理研究,2015(7):1367.

[108] 许春晓,莫莉萍. 旅游目的地品牌资产驱动因素模型研究——以凤凰古城为例[J]. 旅游学刊,2014(7):77-87.

[109] 杨妮,高军,路春燕,王鑫. 基于SEM的城市旅游形象与游客行为意愿关系研究——以西安市为例[J]. 干旱区资源与环境,2015(2):191.

[110] 杨雪青. 网络口碑感知价值对购买意向的影响研究[J]. 西南农业大学学报,2011,9(5):28-31.

[111] 夷俊丞. 全域旅游视野下影视文化与旅游产业融合发展研究——以恩施州为例[D]. 恩施:湖北民族学院,2018.

[112] 尤永,吕瑞超,林堃. 网络传播对"两级流动传播"理论的影响[J]. 今传媒,2010(1).

[113] 余红,叶雨婷. 网络论坛不同类型ID的议题框架——以人民网强国社区的中日论坛为例[J]. 华中科技大学学报(社会科学版),2008(2).

[114] 余红. 网络时政论坛舆论领袖研究——以强国论坛中日论坛为例[D]. 武汉:华中科技大学,2007.

[115] 余红. 网络舆论领袖地位稳定性探析——以人民网强国社区《中日论坛》为例[J]. 新闻与传播研究,2008(6):72-80.

[116] 喻国明. 中国社会舆情年度报告(2010)[M]. 北京:人民日报出版社,2010.

[117] 张高军,李君轶,张柳. 华山风景区旅游形象感知研究——基于游客网络日志的文本分析[J]. 旅游科学,2011(4):87.

[118] 张伦. 基于社会化媒体的个体影响力测量研究[J]. 当代传播,2014(1):30-33.

[119] 张攀,杨进,周星. 中国旅游业发展与区域经济增长——254个地级市的面板数据[J]. 经济管理,2014(6):116-126.

[120] 张希. 影视节目的受众参与对影视旅游动机的影响研究——以《奔跑吧兄弟》节目受众为例[D]. 武汉:武汉大学,2017.

[121] 张运来,李跃东. 基于内容分析法的老年人旅游动机研究[J]. 北京工商大学学报(社会科学版),2009(5):101-106.

[122] 张珍珍. 旅游形象研究中问卷调查和网络文本数据的对比——以西安旅游形象感知研究为例[J]. 旅游科学,2014(6):73.

[123] 张志安. 上海市民使用网络媒体的特征、动机及评价[J]. 新闻大学,2010(2).

[124] 赵金楼,成俊会. 基于SNA的突发事件微博舆情传播网络结构分析——以"4·20四川雅安地震"为例[J]. 管理评论,2015(1):148-157.

[125] 赵刘,程琦. 基于网络文本的无锡旅游形象IPA模型分析与对策[J]. 旅游论坛,2017(6):74.

[126] 赵宇翔,朱庆华. Web 2.0环境下影响用户生成内容的主要动因研究[J]. 中国图书馆学报,2009(9).

[127] 郑丽娟,王洪伟. 基于情感本体的在线评论情感极性及强度分析:以手机为例[J]. 管理工程学报,2017(2):47-54.

[128] 钟栎娜. 旅游地感知结构重构——基于文本与复杂网络分析的研究[J]. 旅游学刊,2015(8):88-95.

[129] 周永博,沈敏,魏向东,等. 遗产旅游地意象媒介传播机制——苏州园林与江南古镇的比较研究[J]. 旅游学刊,2012(10):102-109.

[130] 朱翠兰,侯志强. 基于网络口碑的旅游目的地形象感知——以厦门市为例[J]. 热带地理,2013(4):489.